本书是《"2025湖南智造"导向下的制造企业生产运营技术管理与实施对策研究》项目的研究成果（湖南省哲学社会科学基金项目，项目编号：16YBG021）

国 | 研 | 文 | 库

企业智能制造生产运营
技术管理及对策研究

陈 兵————著

光明日报出版社

图书在版编目（CIP）数据

企业智能制造生产运营技术管理及对策研究／陈兵著 . --北京：光明日报出版社，2021.5

ISBN 978－7－5194－5965－9

Ⅰ.①企… Ⅱ.①陈… Ⅲ.①智能制造系统—制造工业—工业企业管理—生产管理—运营管理—研究—中国

Ⅳ.①F426.4

中国版本图书馆 CIP 数据核字（2021）第 068209 号

企业智能制造生产运营技术管理及对策研究
QIYE ZHINENG ZHIZAO SHENGCHAN YUNYING JISHU GUANLI JI DUICE YANJIU

著　　者：陈　兵

责任编辑：朱　宁　　　　　　责任校对：陈永娟
封面设计：中联华文　　　　　　责任印制：曹　净

出版发行：光明日报出版社
地　　址：北京市西城区永安路 106 号，100050
电　　话：010-63169890（咨询），010-63131930（邮购）
传　　真：010－63131930
网　　址：http：//book. gmw. cn
E － mail：zhuning@ gmw. cn
法律顾问：北京德恒律师事务所龚柳方律师

印　　刷：三河市华东印刷有限公司
装　　订：三河市华东印刷有限公司
本书如有破损、缺页、装订错误，请与本社联系调换，电话：010-63131930

开　　本：170mm×240mm
字　　数：359 千字　　　　　　印　　张：20
版　　次：2021 年 5 月第 1 版　　印　　次：2021 年 5 月第 1 次印刷
书　　号：ISBN 978－7－5194－5965－9
定　　价：98.00 元

目　录
CONTENTS

第一章

智能制造企业生产运营战略

第一节　智能时代企业生产运营面临的形势

一、现代生产运营环境

自从有了人类社会就有了生产运营。然而,现代意义的生产运营是对传统、古老生产的巨大升华,也是我们要研究、发展和应用的先进生产运营。现代生产运营大大提高了生产力,极大地推动了工业社会的进步。比起第一次、第二次和第三次工业革命,以智能制造为代表的现代生产运营环境发生了巨大的变化,表现为以下方面。

(一)产品市场寿命周期缩短及全生命周期延长

随着竞争的激烈,新产品层出不穷,产品更新换代加快,产品越发"短命"。但是随着技术的进步及质量的提高,产品全生命周期反而延长,产品越发"长寿"。

(二)全球化的市场竞争日趋激烈

互联网的普及已经使世界变小,信息时代让生产运营国际化、全球化,全球范围的市场竞争空前激烈。

(三)市场需求日益多样化、个性化

随着消费水平、收入水平的提高,人们的市场需求走出共性消费时代,迈向多样化及个性化时代,对生产运营提出了更高要求,增加了生产运营的复杂性和难度。

(四)供应链运营管理模式迅速发展

企业独善其身的管理模式已经难以为继,取而代之的是整个供应链的管理,企业之间的纵横交错的联系已经密不可分,全供应链的高效运作才能带来链上企

业的真正高效,共赢形成了趋势,企业竞争进化到供应链竞争,供应链竞争迅猛发展。

(五)按订单小批量、单件生产模式成为主流

市场需求日益多样化、个性化引发了按订单小批量、单件生产模式,这种主流生产模式引发了生产模式的革命性变革。

(六)智能制造是大势所趋

以智能制造为代表的先进制造成为第四次工业革命的标志,智能制造成为工业强国争夺的高科技和高技术领域,智能制造是世界工业瞄准的方向,其发展势不可当。

二、智能生产运营系统与传统生产运营系统比较

智能生产与传统生产的系统特点有诸多不同,如表 1.1 所示。

表 1.1　智能生产与传统生产系统特点

传统生产运营系统特点	智能制造生产运营系统特点
低成本、稳定的质量、标准产品	高质量、定制产品
统一的市场	多元化细分市场
稳定的需求	需求多变化
产品生命周期长	产品生命周期短
产品开发周期长	产品开发周期短
以操作效率为主	以整个过程效率为主
规模经济	规模经济与范围经济融合
大批量	批量或单件生产
刚性生产	柔性生产
管理费用高	管理费用低
库存大;按计划生产	库存小;按订单生产
多样化——高成本	多样化——低成本
缺乏工人技能培训投入	工人技能培训投入高
管理者和雇员之间的关系差	沟通与合作关系

传统生产运营系统特点	智能制造生产运营系统特点
创新与生产相分离	创新与生产相结合
与供应商之间的关系差	与供应商之间相互依存
对客户需求变化响应慢	对客户需求变化响应快
互联网应用少	互联网+制造
传统制造技术	先进制造技术
传统制造技术	智能制造技术

第二节 建立智能制造企业的生产运营战略

一、生产运营战略相关概念及内容

战略一词起始于战争,后来广泛运用于各领域,企业管理是应用最多的领域。企业经营管理起始于战略,战略规定了企业经营管理的方针、政策,明确了企业发展方向,它是企业生存发展的指导思想,它贯穿于企业整个生命周期,其重要性及地位首屈一指。

(1)战略具有整体性。战略服务于组织全体,具有系统性和完整性。

(2)战略具有长远性。战略面向未来,面向长远,战略计划往往是长期计划。

(3)战略具有指导性。战略比较笼统、概括,以大政方针为主,以原则和思想为主,有重大指导意义。

(4)战略具有相对稳定性。战略一旦确定后就不轻易改变了,不稳定的战略能让企业无所适从,相对稳定的战略能坚定企业奋斗目标,最终获得成功。

(5)战略不同于战术。战术属于策略范畴,它有局部性、具体性、方法性和短期性特点。战略指导战术,战术服务于战略。

(一)企业战略

把战略管理应用到企业管理中就形成了企业战略。企业战略是决定企业长期绩效的决策和行动。一个完整的战略应包括经营范围、成长方向、竞争优势和协同效应,如表1.2所示。

表 1.2 企业战略四大内容

企业战略内容	战略内容定义及子内容
经营范围	指经营领域。包括企业现在所从事的事业活动范围以及将来拟从事的事业活动范围
成长方向	指发展线路。包括市场渗透方向、市场开发方向、产品开发方向、多元化方向
竞争优势	指企业通过资源配置的模式与经营范围的决策,在市场上形成的与其竞争对手不同的竞争地位。包括技术、质量、人力资源、财务、销售等各个具体优势
协同效应	指协调、合作、一体化效应。包括投资、研发、制造、营销、管理等协同效应

战略按照重要性,即高、中、低档次划分,企业战略可以划分为公司战略、业务战略和职能战略,如表 1.3 所示。

表 1.3 企业战略层次

层次	特点	具体战略	
公司战略	全公司的整体战略,具有全面的统领作用,属于最高层次战略	增长战略	扩大现有业务范围,增加新业务,增加所提供的产品数量,扩大服务的市场范围,谋求规模扩大
		稳定战略	保持现状,不对公司现有业务进行重大的变革,以同样的产品和服务持续不断地服务于同样的客户,保持市场份额,维持公司的现有业务
		更新战略	包括紧缩战略和扭转战略,削减成本,缩小规模,砍掉不盈利业务,扭转不利业务,重组业务
业务战略	中间层次战略,承上启下,贯彻公司战略,指导职能战略	成本领先战略	在生产、营销和其他运营领域中保持高效率,制造费用保持在低水平上,千方百计降低成本,追求行业成本的最低
		差异化战略	提供与众不同的产品,满足顾客差异化需求,做到与众不同,别有特点,实施创新
		聚焦战略	企业选择产业中特定的细分市场或顾客群,集中资源服务于特定市场,而不是试图服务于广阔的市场
职能战略	职能部门战略	企业内主要职能部门的短期战略计划,它是用来支持企业业务或竞争战略的战略。主要包括研发、营销、生产、财务、人力资源等方面的职能战略	

(二)生产运营战略

生产运营战略就是企业为了实现公司愿景和完成公司使命,在企业战略的总体框架下,围绕产品设计、生产和交货等各个环节设计出的一套有效配置和运用企业内外各种资源,进而提高生产运营系统的效率和效果的政策和计划。

(1)运营战略的研究目的:为支持和完成企业的总体战略目标服务。

(2)运营战略的研究对象:生产管理运营过程,提高劳动生产率,有效利用资源,生产制造技术应用,生产管理运营系统。

(3)运营战略的实施重点:低成本、高质量、快速响应、柔性服务。

(4)运营战略的层次:业务层战略。

(5)竞争重点的确定:分析自身的资源状况,辨析和确定订单赢取要素和订单资格要素。

运营战略系统理论:综合运用运营系统的各要素,合理配置要素,扬长避短,发挥整体优势,按照系统工程组织生产制造。

(6)智能制造运营战略比起传统制造运营战略有所不同,表现为以下方面。

首先,传统制造运营战略强调低成本、高效率,追求规模经济,追求高产稳产;智能制造运营战略突出对产品竞争力的实现,充分发挥竞争优势,以智能技术、智能生产、高科技实现企业的整体竞争优势。

其次,智能制造综合现代竞争理论以竞争力提高为出发点,把运营系统各要素(如生产类型、技术、管理系统等)有机地结合起来,实施要素能力倍增,扬长避短与取长补短,系统工程理论和整体观念得以淋漓尽致发挥,形成整体优势;把传统制造的局部最优变成整体最优。

二、生产运营战略决策

正确的决策是战略管理的首要任务,生产运营战略要决策以下五大问题:自制与外包、产品结构一体化与模块化、预测制造与订单制造、高效供应链与敏捷供应链、配送网络的选择。

(一)自制与外包

企业根据业务性质、根据自身实力,在制造过程中选择是自制还是外包。一般是自制能发挥自己优势竞争力的业务及产品,外包次要或非优势业务。如果选择自己制造某种产品,则需要建造相应的工厂,组织并安排生产,亲自实施生产作业;如果决定外包,则要挑选合适的供应商或承包商,做好甲方合同管理,不必配备生产资源。例如,决策产品的自制与外包时,自制决定了要自建制造厂,外购决定了应成立经销公司;决策装配时,自制决定了应建设装配厂,外购决定了建立采购中心。

(二)产品结构一体化与模块化

如果满足以下条件则适合选择产品一体化制造:资源足够,企业已经纵向一体化,掌握一体化专利,细分市场有众多竞争者,多维度使制造复杂化,组织是刚性组织。

如果满足以下条件则适合选择产品模块化制造:各模块有更高效的生产商,本产品属于高度横向产业,企业技术、资源、能力有限,供应商掌握市场主控权;各模块各有专利系统的盈获利性。

(三)预测制造与订单制造

预测制造就是推式制造,先预测市场需求,根据预测再组织生产,先产后销,按计划生产,生产动力是预测。其优势为:交货快速;防止缺货造成的机会损失;按计划生产可以均衡生产;能充分利用资源,提高生产率,减低制造成本。其劣势为:增加成品库存,占用资金,低成本制造的好处被高成本库存的坏处抵消;预测的不准确造成生产量的过多或过少;品种有限,不能满足顾客独特的需求。

订单制造就是拉式制造,先销售,取得订单后再依照订单来生产,生产动力是订单。其优势为:按需生产避免库存积压;提高服务质量满足顾客个性化需要;容易取得差异化营销的成功。其劣势为:制造难度大,制造成本高,制造效率低,价格较高影响需求量。

(四)高效供应链与敏捷供应链

高效供应链的特点是"实物成本"较低。实物成本是供应链各环节发生的成本,如采购成本、生产成本、物流成本、库存成本、销售成本。

敏捷供应链的特点是"市场协调成本"较低。市场协调成本是供需不平衡造成的成本,供过于求的积压成本、供不应求的机会损失成本,都是市场协调成本。

一般的决策准则是:对于共性需求产品,应该采用高效供应链。对于个性需求产品,应该采用敏捷供应链。

(五)配送网络的选择

按照产品库存的位置和交付方式的不同,应选择不同的配送网络,例如:制造商存货加直送;制造商存货、直送加在途并货;分销商存货加承运人交付;分销商存货加到户交付;制造商/分销商存货加顾客自提;零售商存货加顾客自提。①

---

① 陈荣秋,马士华.生产运作管理[M].北京:机械工业出版社,2017.(课件.)

三、生产运营战略要素、内容及架构

(一)生产运营战略要素

生产运营战略要素包括四个基本要素,即:成本、时间、质量和柔性。

(1)成本。追求降低运作过程的成本,强化成本管理,实施成本战略,力图取得成本竞争优势。

(2)时间。时间是有限且宝贵的资源,快速开发新产品,快速生产,快速销售,快速满足需求是竞争力的表现,准时化生产体现了精确时间观念。

(3)质量。质量是企业生命,质量高、质量稳定是运营战略必含的要义,设计、生产和产品都有质量标准。

(4)柔性。柔性追求顾客化和个性化产品,品种柔性、产量柔性、生产线柔性、组织柔性都是运营战略的重要柔性。

(二)生产运营战略内容

生产运营战略包括的基本内容有:产品开发与设计、生产计划、作业计划、工作设计、工作研究、库存管理、地址选择、设施布置、供应链管理、项目管理、设备管理、质量管理、组织管理、先进制造技术管理。

(三)生产运营战略框架

生产运营战略的架构包括纵横两个方向。在纵向上,从产品设计、物料采购、加工制造,直到销往市场;在横向上,扩展到企业其他部门做全面的系统分析。

供应商能力、运营能力和企业能力构成了运营战略框架的基础,其中供应商能力和运营能力由技术、系统、人员等支持系统决定,企业能力由研发、财务管理、人力资源管理、信息系统和销售决定。

企业首先用战略视野,在新产品开发及售后服务支持下,确定顾客需求,从而对拟生产的新老产品进行决策,依据竞争要素和市场环境来决定执行的优先等级及需求,最后决定价格、交货速度、质量与可靠性、制造柔性。[1]

四、生产运营战略模式

(一)生产运营战略模式分类

按照不同的分类标准划分,生产运营战略模式有不同命名的模式。

---

[1] 王海军.运营管理[M].北京:中国人民大学出版社,2013.(课件.)

(1)按照生产性质分类,可分为处理转换模式及加工装配模式。其中处理转换模式是用原材料生产出产品,改变、转化原材料,变成一种新产品;加工装配模式是对零配件进行加工、组合装配,成为一个完整的制品。

(2)按照生产驱动方式分类,可分为备货生产模式和订单生产模式。其中备货生产模式是按照预测,事先按照计划生产、备货;订单生产模式是依据已有的顾客订单来生产,即按照订单来设计、装配、加工、转换。

(3)按照过程的流动结构分类,可分为加工车间模式、批量流程模式、装配线模式和连续流程模式。其中加工车间模式是单件生产,批量流程模式是成批生产,装配线模式是流水生产,连续流程模式是连续生产。

(二)生产运营战略模式与竞争优势的获得

生产运营战略模式与竞争优势关系密切,企业通过选择不同的战略模式可以获得相应的竞争优势,如图 1.1 所示。

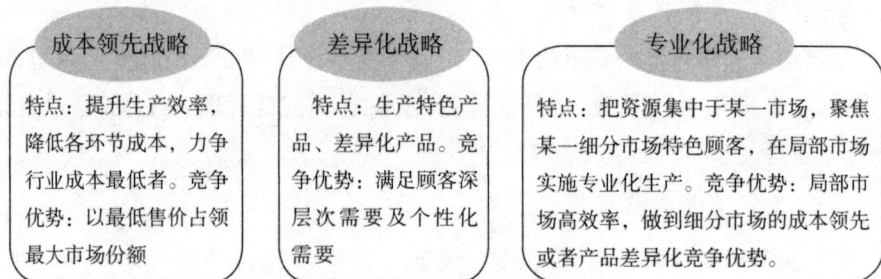

图 1.1　几种生产运营模式与竞争优势

五、生产运营战略建立流程

(一)生产运营战略建立目标

以企业总体战略为总大纲,从生产制造角度去保障总体战略的实现。建立生产运营各项职能,把顾客的要求转变为对生产运作系统建立的具体任务,规定特定职责,完善运营功能。制订生产运营计划,保证生产制造的人财物及信息的合理搭配,提高生产资源利用效率。科学组织生产,选择有效的制造方式方法,组织、协调和控制好制造过程,确保高质量、准时、良好服务地完成各项生产制造任务,满足顾客要求。

(二)生产运营战略建立流程

(1)市场细分,明确市场需求,确定目标市场。

(2)确定产品要求、类别、形式、每一产品的边际利润。

(3)确定每类产品的订单优先级。

(4)确定每组的订单赢得要素和订单资格要素。

(5)将订单赢得要素转化为特定的运作职责要求。

(6)确定生产运作系统的目标。

(7)调整、优化运作系统中的结构化要素和非结构化要素。

(三)生产运营战略建立的关键因素

生产运营战略建立的关键是要识别关键成功因素、建构组织与配备人员、把生产运营管理和其他活动相结合。

1.识别关键成功因素

识别出关键成功因素,并千方百计满足这些因素的要求,就抓住了矛盾的主要方面,运营战略的建立就事半功倍,而且这种战略十分有效。如表1.4所示。

表1.4　生产运营战略常见关键成功因素

关键成功因素	决策内容
产品	产品线、产品宽度、产品深度、产品长度、产品关联度、标准产品、个性产品
质量	高质量、中等质量、低质量
流程	生产环节、流水线、生产步骤
选址	靠近市场、靠近资源、靠近供应商、靠近优良地理、靠近优良人文环境
设施布置	产品专业化、工艺专业化、工序
人力资源	人才数量、人才类型、人才专业
供应链	供应链类型、供应链数量
库存管理	库存水平、订货点、订货期
制造技术	传统技术、先进制造技术、智能制造技术
设备管理	预防维修、事后维修

2.建构组织与配备人员

依据战略目标和将要完成的生产制造任务,构建组织结构。组织结构要确定管理层次、管理幅度,设定职能部门,确定组织金字塔的扁平程度,确定组织的柔性程度,确定组织制度。此外,还需设定岗位,配备人员。人员配备要注意人员数量、年龄、专业、特长及性格合理配置,实现人才优化组合。

3.把生产运营管理和其他活动相结合

企业经营管理是一项系统工程,各项业务战略必须合作,各项活动必须联合,方能取得良好效果。公司的使命、战略不同,联合就有所不同。只有生产运营战略与营销战略、财务战略和人力资源战略等有效结合,才能实现总体战略规划。

六、生产运营战略分析方法

生产运营战略属于企业中间层次战略,其制定的正确性关系到战略实施的成败,意义重大。其分析要求高,技术性强,难度大,有许多行之有效的分析方法,实践中又有不少可以利用的战略分析工具,常用分析工具有 SWOT 分析、行业竞争五力分析图、波士顿矩阵图、通用矩阵图和平衡记分卡。

(一)SWOT 分析法

该方法通过调查,将与研究对象密切相关的各种主要内部优势、劣势和外部的机会和威胁等列举出来,画成矩阵图,用系统分析的思想,把各种因素相互匹配加以分析,得出一系列结论,进而依据结论做出相应决策。

企业内部因素是 S(strengths,优势)、W(weaknesses,劣势),企业外部因素是 O(opportunities,机会)、T(threats,威胁)。寻找各自内外部因素要力求全面,力求抓住主要影响因素,避免遗漏,对各个影响因素根据重要性合理分配权数,这需要分析者有丰富的分析经验,尽量采用头脑风暴法、德尔菲法、专家分析法,力图准确。生产运营角度的各因素举例如下。

(1)优势:设备先进;技术强大;掌握智能制造技术;生产高效率;规模经济;产品质量高;制造成本低。

(2)劣势:设备老化;管理混乱;缺少关键技术;研究开发落后;资金短缺。

(3)机会:新产品出现;新市场出现;新需求出现;有利的宏观环境出现;竞争对手失误。

(4)威胁:出现新的竞争对手;替代产品增多;市场紧缩;经济衰退;客户偏好改变;突发事件。

SWOT 分析步骤:

罗列组织内部的优势和劣势,以及外部的机会和威胁——优势与劣势,机会与威胁相互组合,形成 SO、ST、WO 和 WT 策略——对 SO、ST、WO 和 WT 策略分别进行甄别和选择,确定组织目前应采取的具体战略与方针,如表 1.5 所示。

表 1.5　SWOT 分析矩阵

	优势	劣势
	了解企业优势	了解企业劣势
机会	SO 策略	WO 策略
掌握外部环境的机会因素	利用优势,抓住机会的策略方案	克服劣势,抓住机会的策略方案
威胁	ST 策略	WT 策略
掌握外部环境的风险因素	利用优势,回避威胁的策略方案	克服劣势,回避威胁的策略方案

(二)波士顿矩阵分析法

本方法通过业务优化组合来实现企业现金流量的平衡。把相对市场份额作为横坐标,它代表企业在行业中的竞争地位;把行业增长率作为纵坐标,它代表行业吸引力。这样就把整个空间分为 4 个象限,形成了 4 种不同的业务组合。

(1)问题业务。处于高增长、低相对市场份额象限,这一类产品或业务是投机性的,风险较大。对有前途的问题业务可投资发展,否则应该放弃。

(2)明星业务。处于高增长、高相对市场份额象限,这一类产品或业务处于快速增长市场,且占有市场份额支配地位,现金流量的正负取决于新工厂、设备和产品开发对投资的需要量。明星业务大部分应该加以发展。

(3)现金牛业务。处于低增长、高相对市场份额象限,这一类产品或业务能产生大量现金,未来发展前景有限。此业务应该保持。

(4)瘦狗业务。处于低增长、低相对市场份额象限,这一类产品或业务既不能产生大量现金的流入与流出,此类业务即将被淘汰。此业务应该放弃。

波士顿矩阵分析法的应用步骤:评价各项业务的前景—评价各项业务竞争地位—在波士顿矩阵里标上各业务位置—根据业务位置确定各业务的实施策略。

(三)通用矩阵分析法

此法克服波士顿矩阵法把两个坐标只分为高、低两种水平的粗略做法,把各坐标细化为高、中、低 3 个档次,这样就把波士顿矩阵的 4 个象限分化为 9 个象限,使战略选择更加丰富。如表 1.6 所示。

其分析步骤为:定义各因素—估测内部因素和外部因素的影响—对内部和外部因素的重要性进行估计,得出衡量实力和吸引力的标准—把各业务标在矩阵上—对各业务制定策略。

表 1.6 通用矩阵策略选择

		竞争力		
		高	中	低
产业吸引力	高	扩大投资,谋求主导地位	市场细分,追求主导地位	专门化,采取并购策略
	中	选择细分市场,大力投入	选择细分市场,专门化	专门化,谋求小块市场份额
	低	维持低位	减少投资	放弃

(四)内外部矩阵分析法

此法用 9 个方格表示企业各业务的竞争地位,用于多部门企业业务组合分析及竞争战略研究。它基于两个量值,内部因素评价加权总分(IFE)作为 X 轴,外部因素评价加权总分(EFE)作为 Y 轴。分数分为 3 个等级:3.0~4.0 代表强势地位,2.0~3.0 代表中势地位,1.0~2.0 代表弱势地位,在两个数轴上的 3 个等级形成了 9 个方框,根据各业务部门加权总分确定在矩阵上属于哪个方框。如表 1.7 所示。

表 1.7 内外部矩阵示意

		内部因素评价加权总分(IFE)		
		(4.0~3.0)强	(3.0~2.0)中	(2.0~1.0)弱
外部因素评价加权总分(EFE)	(4.0~3.0)高	I	II	III
	(3.0~2.0)中	IV	V	VI
	(2.0~1.0)低	VII	VIII	IX

不同的方格代表不同的战略意义:整个矩阵被划分为三个区域。区域一,第Ⅲ、Ⅴ、Ⅶ格组成的对角线;区域二,第Ⅰ、Ⅱ、Ⅳ格组成的对角线左上方区域;区域三,第Ⅵ、Ⅷ、Ⅸ格组成的对角线右下方区域。落入对角线左上方的由第Ⅰ、Ⅱ、Ⅳ格组成区域的业务是增长型和建立型业务,应采用加强型战略(市场渗透、市场开发和产品开发)或一体化战略或投资与扩展战略;落入Ⅲ、Ⅴ、Ⅶ格组成的对角线区域的业务,应采用保持型、选择型或盈利型战略,例如市场渗透产品开发等;落入Ⅵ、Ⅷ、Ⅸ格组成的对角线右下方区域的业务,应采用收获型或剥离型战略。

七、生产运营战略的决策流程

正确的决策就是成功的一半,而决策按照科学的流程进行,就容易获得正确的决策。生产运营流程如下。

(1)分析经营战略、竞争战略、环境及客户需求。

(2)对产品竞争态势进行分析。

(3)估计产品竞争态势得出对生产运营系统的目标及要求。

(4)围绕目标及要求设计生产运营系统。

(5)分析生产运营系统的运作结果如何,根据运作结果对系统进行改善。

八、生产运营战略决策匹配

市场销售的好坏最终决定了企业经营状况的好坏,而市场销售必须有生产运营的有力支持,因此生产运营战略的决策必须服务于销售,其决策必须与市场销售匹配,割裂市场与生产运营的结果是两个方面都会做得十分糟糕。

匹配是指企业的运营资源能力与市场需求相符合的状态。如图 1.2 所示。

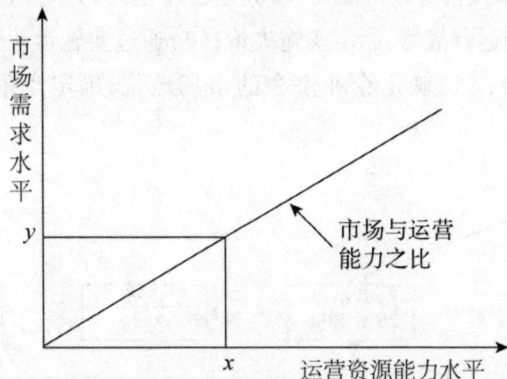

图 1.2　运营资源能力与市场需求匹配

匹配有两个途径,即根据需求调整资源和根据资源寻找市场。①

途径一,根据需求调整资源。其方法是:(1)调查市场、分析市场从而掌握市场,这可以通过市场细分、市场定位及竞争者活动来掌握市场;(2)确定自己的竞争地位;(3)制定本企业的生产运营绩效目标;(4)根据生产运营绩效目标来描述市场需求;(5)依据市场需求做生产运营决策,决策瞄准需求,决策是为了满足需求,决策领域要适当,决策具体而切实可行;(6)观察实施决策,调整运营资源,真正提升运营能力,提高竞争力。如图 1.3 所示。

途径二,根据资源寻找市场。其方法是:(1)企业从认识自身出发,认识自己

---

① 宋克勤.运营管理教程[M].上海:上海财经大学出版社,2010.(课件.)

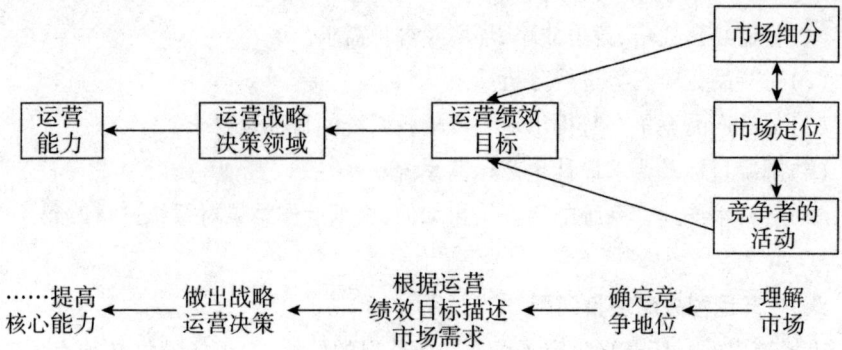

图 1.3　根据需求调整资源

有形与无形资源,掌握自身运营能力,掌握运营流程;(2)掌握自身核心能力与核心竞争力;(3)制定运营战略,制定实施决策;(4)通过实施运营策略观察绩效,分析绩效的市场潜力;(5)确定企业潜在的市场地位,确定竞争地位。如图 1.4所示。

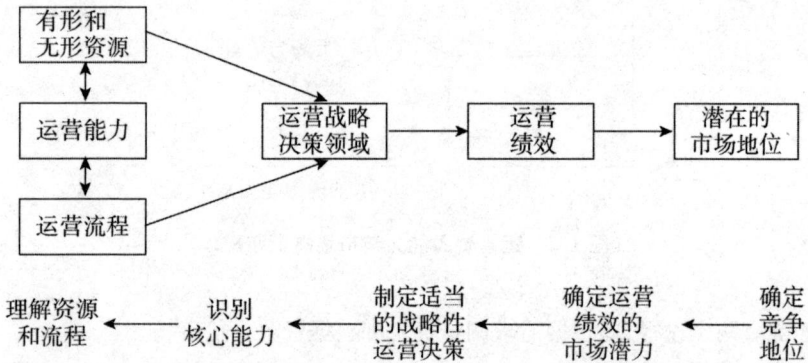

图 1.4　根据资源寻找市场

第二章

智能制造系统

第一节 制造系统——制造的架构

一、制造系统的定义

人类社会的发展过程也是经济的发展过程。人们为了生存、为了更优质地生活,必须不断地生产各种物资产品,因此生产制造是人类社会最基本的活动。而制造过程必须有序进行,所谓制造就是投入各种资源,通过合理组织生产运作,采用适当的方法、技术、手段和工具,将原材料转化为最终产品。制造由于其复杂性,应该以系统的观念为指导,以系统方法来进行,同样也要以系统论来分析和研究,尤其是现代社会生产更是如此。所以,生产制造要以建立制造系统为基础。

制造系统是一种资源转化整体系统,其作用是将投入的人力、物力和财力等资源,通过加工运作,改变其物理、化学等性质,变成产品或半成品的运作系统,其组成部分由硬件、软件及转换过程构成。其目的是实现资源转换以满足社会需求。通过定义,我们可以看出制造系统具有如下特点。

(1)结构特点:制造系统是一个相对完整的有机整体,其构成由制造过程、相关的硬件和软件所组成,各组成部分互相配合,有机结合,并非彼此孤立分割。

(2)功能特点:制造系统是一个输入输出系统,输入的是原材料、能源等资源,输出的是产品或半成品,实现的是功能转化,将初级品转化为产品或半成品,以满足顾客的需要。

(3)过程特点:制造系统的过程是生产制造,它采用各种工艺、技术、方法、工具,将原材料变换成产品或半成品,是一系列活动,包括市场分析、产品设计、工艺规划、制造装备、检验包装、销售服务和报废处理等环节。

二、制造系统的基本类型

按照不同的分类标准,制造系统可以分为不同类型。根据制造过程的连续性与否,我们可以将制造系统划分为离散型制造系统和连续型制造系统。

(一)离散型制造系统

产品往往有许多零部件构成,如果各零件的生产加工是各自进行的,各零件生产部门彼此独立运作,生产出各自的零件,然后由装配部门组装这些零部件,最后形成产成品,那么以这种类型制造的系统就是离散型制造系统。例如机械制造、家具制造、电子设备制造常常属于这种类型,其典型特征是"分散—集合"。

(二)连续型制造系统

制造过程有固定不变的工艺流程,加工循序有确定的先后之分,机器设备按照流程布置,被加工对象按照循序连续不断地经过各作业场所,依次被加工,从头到尾完成一系列加工过程,像这样的连续不断的制造系统就是连续型制造系统。这种连续制造很适合流水线作业,生产效率也很高,其典型特征是"一气呵成"。

智能制造在这两种制造系统都常见,但更多的是离散型的。①

三、制造系统的发展阶段

人类的生产制造,其发展是由低级到高级的过程,由于各发展阶段采用的技术、方法和工具不同,伴随着制造阶段的升级,制造系统也相应地变化升级。从低级到高级,制造系统经历了 5 个不同的发展阶段:刚性制造系统、数控加工系统、柔性加工系统、计算机集成制造系统和智能制造系统。

(一)阶段一:刚性制造系统

从第一次工业革命开始,直到 20 世纪 50 年代初期,生产制造处于刚性制造系统阶段。此时采用专用机床,采用自动化单台设备,或者使用流水生产线,实现自动化生产,追求大批量生产。由于生产任务比较固定,产品类型变化少,生产设备效率较高,所以可以实现制造效率的提高,产量高、成本低、经济效益不错,很适合大规模共性需要的经济不发达阶段。所运用的技术包括继电器程序控制、组合机床、自动化生产线等。

(二)阶段二:数控加工系统

从 20 世纪 50 年代开始,制造系统进入到数控加工系统阶段,随着数控技术

---

① 薛伟,蒋祖华.工业工程概论(第 2 版)[M].北京:机械工业出版社,2015.(课件.)

的发展,出现了制造的数控化(NC),表现在机器设备的装备数控化,操作过程的数控化;此后,在 60 和 70 年代,计算机在工业领域应用的日益广泛,进一步出现了计算机数控(CNC)。这一时期是数字化制造的时代,数控加工系统是数控技术和计算机技术发展的产物。

此阶段应用的生产设备往往有数控车床、数控铣床、加工中心、自动上下料装置、机械手等。其代表技术有数控技术、计算机编程技术等。

数控加工系统具有如下特点:柔性好、有一定的可调性,加工精度提升,错误率低,产品质量明显提高,数控技术使自动化水平提高,因此加工速度快,其柔性适应多品种、中小批量的生产,因此它是对刚性生产的一种改善。

(三)阶段三:柔性加工系统

此阶段起始于 20 世纪 60 年代末,70 年代高速发展。其主要内容是产生了计算机直接数控(DNC)加工系统、柔性制造单元(FMC)、柔性制造系统(FMS)和柔性制造生产线(FML)。所使用的典型制造技术有成组技术(GT)、DNC、FMC、FMS、FML、离散系统理论与方法、计算机仿真技术、车间计划与调度、制造过程诊断与监控技术等。

综观其内容及技术,柔性加工系统的突出特点就是两个字"弹性",其柔性是数控加工系统柔性的升级,表现为生产过程可调,技术、工艺和设备能够根据订单灵活调整,不但适应性强,而且生产过程高效率,适应于多品种、中小批量乃至单件产品的生产,能满足市场多样需求、个性化需求、特殊性需求,适合了买方市场的到来。

(四)阶段四:计算机集成制造系统

20 世纪 80 年代,制造系统进入到计算机集成制造系统,至今没有停止发展的步伐。其内容体现在以计算机为基础的集成,包括计算机信息集成、过程集成和企业集成。采用的技术有现代制造技术、管理技术、计算机技术、信息技术、自动化技术、系统工程技术、环境工程技术等。

该系统的显著特征是集成性,避免了单一过程的互相孤立,强调制造全过程的系统性和集成性,真正做到了名副其实的系统制造,其整体性、效率性、质量性、经济性更加好。

(五)阶段五:智能制造系统

这是 21 世纪的主流发展方向,是最先进的制造系统。其主要内容为:将人工智能融合到制造系统的每一个环节而形成的人机一体化制造。在制造过程中能进行智能活动,使死板机械的制造过程具有了"人的思想",让机器能"思考",诸如分析、推理、判断、构思和决策等。代表技术有人工智能(AI)、并行工程(CE)、虚拟制造(VM)、特征分析、加工过程的智能监视、诊断和控制、信息网络技术、敏捷技术、生产过程的智能调度等。

智能制造系统结合了以上所有四种制造系统的优点,其先进性大为提升,效率、柔性、质量、成本、智能性均有无比的优越性,也是世界工业未来的前景。

总之,纵观制造系统的发展历程,虽然阶段有不同,但是我们还是可以提炼出不同系统的一些基本特性。制造系统是人、机、物的组合系统,结构多样复杂,多种因素制约着系统运行。从系统工程的角度来分析和描述该系统,可以把它归纳为七性。

(1)集合性:它是多要素的集合体。

(2)相关性:每一要素有关联性,关联的程度、关联的性质可以多样,要素必须彼此联合才能完成生产制造任务。

(3)目的性:要素的组合具有目的性,为达到目标进行有机组合。

(4)环境适应性:环境决定系统,系统也要适应环境。

(5)动态性:系统随着环境和条件的变化而改变,没有一成不变的系统。

(6)反馈性:系统运作能够反映生产运作问题,给我们调整和改善的机会。

(7)随机性:系统也有一定随机性。

四、制造系统结构流

制造系统运行过程,其本质是按照顾客的需要,将输入资源经过加工改造,把它转化成顾客需要的产品,然后予以输出。系统的运行过程比较复杂,且有一定的规律,这种动态过程的有效进行必须借助四股流动来实现,它们分别是物料流、信息流、资金流和工作流。四股流虽然反映四个不同方面问题,但是它们各自要流畅顺利,而且总体上要和谐,才能使整个制造系统顺利运行。制造系统的运行效率取决于四股流是否顺利正常。如图 2.1 所示。

(一)物料流

制造过程首先表现为制造系统内的物料流动。物料从系统入口端进入系统,沿着制造流程由前向后移动,依次通过各加工环节,最终从出口端输出产品,此过程伴随着废弃物的产生。这样就完成了整个物料流动过程。顾客要的就是物,所以物料流的好坏便代表了生产顺利与否。

(二)信息流

制造过程必然产生大量生产信息,信息流是其他三种流的表现。信息流对制

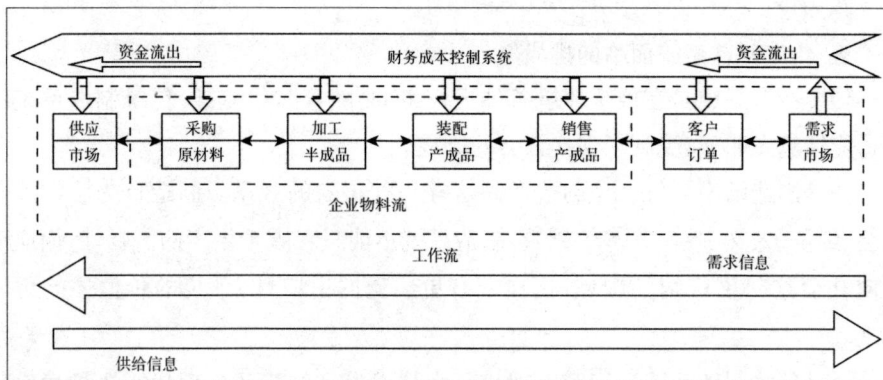

图 2.1 制造系统的"四流"

造系统在运行中产生的信息在内部各单元传递与交换,并与外部传递各种数据、情报和知识。信息根据流向可以分为需求信息和供给信息。需求信息从需求方向供应方流动,如客户订单、生产计划、采购合同等,它是物料流的引发原因,它拉动物料流动;供给信息从供应方向需求方流动,如入库单、完工报告单、库存记录、提货单等。信息流还需经过信息系统处理,例如信息采集、提取、加工、转化、传递,信息最终才能发挥作用。

（三）资金流

物料的流动伴随资金的流动。其过程为,制造系统运行会消耗一定的资源,资源具有价值,消耗资源就意味着消耗资金,即资金流出企业;但产品或半成品卖给顾客并收到货款后,资金才能收回来,此时资金流入企业,从而产生利润。资金流是生产的生命流,正如人体里的血流一样重要,资金流困难必然造成生产无法顺利进行,资金断流企业将倒闭。为了合理使用资金,加快资金周转,企业要建立强有力的财务成本控制系统,高效率的财务成本控制系统有助于开源节流,使资金流不断,从而提高资金周转率,提高资金使用效率,通过资金的流动来加快物料的流动提高经营效益。

（四）工作流

信息、物料、资金三股流无法自动生成,是需要人力推动的,需要人为安排、组织、管理和实施,即进行一系列工作,这种有关人员的安排、技术的组织与分布等业务活动就构成了工作流。工作流带动各种流的流速、流量,工作流是系统中其他流畅通的有力保障。因此,科学安排工作、合理操作、加强控制这些工作流内容,都有助于其他流的流量增大,流速加快,提高企业整体经济效益。

五、传统制造系统面临的挑战

传统制造系统是在传统环境条件下产生的,随着时代变迁,传统制造系统的不适应性越发明显,受到了现代社会的挑战。

一是制造已不再仅仅是制造产品这样一种狭隘的观念。制造行为已经涉及社会、经济、人文、政治等多个领域,制造系统不能只着眼于生产的流畅性,而应该面向社会这一更广阔的领域,这样才有更广泛的适应性,系统的价值才能更好体现。

二是传统制造系统不能跟上现代科学技术发展的步伐。现代制造技术表现为数字化、柔性化、敏捷化、客户化、网络化与全球化,传统制造系统难以满足这些要求,客观上迫切需要先进的现代制造系统来适应新技术的要求。

三是市场需求和全球分布式网络化对制造系统提出了高要求。传统制造系统由于其局限性还适应不了。

四是传统制造系统管理模式难以适合新形势的要求。新技术要求生产管理要组织扁平,组织柔性化,响应速度快,组织虚拟化,人性化管理,网络化管理。因此企业管理制度和管理体制要进行改革、创新。

五是制造系统的信息及信息量急剧增长。传统制造系统的信息处理无法适应要求,信息系统效率差,不适合信息化要求。

六是制造系统和制造过程的复杂性问题变得十分突出。复杂性问题需要先进制造系统解决,传统制造系统在功能上还不能做到这一点。

六、现代制造系统的发展趋势

近年来,制造自动化技术的研究发展迅速,发展趋势可用"六化"简要描述。

（一）制造全球化

现代的制造业是面向全球的制造业,世界就是一个大市场。表现为以下方面。

（1）市场的国际化,产品销售的全球网络正在形成。顾客不再局限于某一地区,产品销售到世界各地,销售网络也是世界性的,尤其是互联网技术的普及,电子商务的发展,世界一体化越来越明显。

（2）产品设计和开发的国际合作。国际技术合作十分紧密,利用他国的智力资源,取长补短十分普及。

（3）产品制造的跨国化。各国企业利用自身优势，分工合作，同时由于跨国公司的发展，跨国制造变得切实可行。

（4）制造企业在世界范围内的重组与集成。世界范围的企业兼并趋势明显，企业收购、参股普及，实施控股、共同控制、联营等形式就是重组与集成的形式。

（5）制造资源国际共享。资源虽然有地区性，但是通过跨国协调，能实现共享，给予各方极大利益，能够取长补短。

（6）全球制造的体系结构将要形成。

（二）制造敏捷化

敏捷的本意是快速反应，制造系统的敏捷可以归结为柔性、快速重构能力和快速集成制造。柔性指可变通，具有灵活性，包括组织柔性、机器柔性、工艺柔性、运行柔性和扩展柔性等。快速重构能力指快速重新构建，包括快速机构重组、快速组织改造。快速化的集成制造工艺制造响应的快速。总之，敏捷化是以快速响应为特点的。

（三）制造网络化

它包括企业内部的网络化和企业外部的网络化。首先是实现内部各部门的网络联结，全企业一盘棋，实现部门互联、过程互联、环境互联，实现制造环境与企业中工程设计、管理信息系统等各子系统的集成。其次是实现企业之间的网络化，实现企业间的资源共享、组合与优化利用，通过网络实现异地制造。

（四）制造虚拟化

使用虚拟技术，使用建模技术，使用仿真技术，模拟现实世界，以计算机为基础，结合多种技术，例如现代制造工艺、计算机图形学、并行工程、人工智能、人工现实技术和多媒体技术，使多学科知识综合，将实际生产制造过程以形象化方式展现出来，给予人们真实感受。

（五）制造智能化

智能制造是最先进的制造，是世界制造业的大势所趋。智能制造系统是一种由智能机器和人类专家共同组成的人机一体化智能系统，它在制造过程中能进行智能活动，诸如分析、推理、判断、构思和决策等。智能制造使冷漠的物资制造过程变得具有思想性，仿佛物资制造过程也有了人的智力。

（六）制造绿色化

制造业的现实是既创造了财富，又污染了环境。为了保护人类家园，归还人类优良的生态环境,必须实施绿色制造,回收资源,减少废气、废水、废渣排放,文明生产,生产健康产品,无公害作业,实施环境保护性生产,使生产可持续性发展。

第二节　智能制造系统——现代制造系统的高端

一、智能制造系统的产生背景

智能制造系统(Intelligent Manufacturing System,IMS)的产生有其历史背景,它是环境背景的应运而生的产物,其产生背景可以概括为在传统制造环境下的四个转变。

一是制造信息的爆炸性时代的到来。有关制造的海量信息层出不穷,客观上要求对信息要快速、准确处理,企业要有高效率的信息管理系统,有快速信息处理能力,这就对制造系统提出了智能化要求。

二是专业人才和专门知识缺乏。人才是企业发展的根本,技术知识是先进工业的基础。在发展中国家,技术型专业人才奇缺,技术和知识落后,拖了技术工业发展的后腿,严重制约民族工业的发展;而在发达国家,由于制造企业向第三世界转移,造成人才输出和技术输出,使本国技术力量削减,同样形成人才匮乏,知识不足,使发达国家工业发展后劲不足。

三是市场竞争越来越激烈。顾客要求更加多样,市场变化更加捉摸不定,为了赢得市场,争取顾客,必须在制造过程迎合顾客要求,要求在制造活动中更加敏捷,更加柔性,更加智能化,这对智能制造系统的出现提出了需求。

四是制造业的全球化的发展遇到了"自动化孤岛"的连接和全局优化问题。"自动化孤岛"是CIMS、ERP、PDM等应用的结果,其迫切要求把"自动化孤岛"连接起来,使全局得以优化,但是各国及各地区的标准、数据不统一,人机接口不匹配,联结很困难,这种矛盾的解决只能依靠智能化制造系统来解决。

总之,以上四大变化的历史背景催生了智能制造系统的诞生,它们是智能制造系统存在的土壤。

二、智能制造系统的产生过程

随着经济的发展和消费水平的提高,人们的消费从单一品质、从大规模向多种和小批量转化,个性化消费时代来临,对多品种的需要,对中小批量产品的需要成为主流,这对生产制造提出了新的要求,催生了智能制造系统的产生和随后的改变。从 20 世纪初开始,科学技术的飞速发展,也要求制造过程必须以系统方式进行,尤其是数字化、自动化、计算机和网络技术的发展,更是要求工业制造必须以先进的制造系统进行。

1950 年,美国 MIT 诞生了第一台三坐标数控铣床,与此同时,在美国制造业出现了机电一体化概念,不久又出现了数控(NC)概念。机电一体化技术发展不到两年,随后出现的是计算机数控(CN),再深入发展,又形成了一系列如下技术:计算机直接控制又称群控(DNC)、计算机辅助制造(CAM)、计算机辅助设计(CAD)、成组技术(GT)、计算机辅助工艺规程(CAPP)、工业机器人技术(RO-BOT)。

如此多新技术的应用,一改从前的大规模、大批量、单品种生产模式,使制造模式变得更为多品种、小批量,使制造过程变得柔性、可调,刚性生产成为弹性生产。可以说,现代制造系统以柔性化系统为显著特点,其代表性应用设备有柔性制造系统(FMS)、柔性制造单元(FMC)和柔性制造自动线(FML)等。柔性制造系统(FMS)是最为典型的代表。柔性制造自动线(FML)是一种先进的智能制造系统。

美国 MALROSE 公司最先建立并使用 FMS。1963 年,该公司制造了多品种柴油机零件的数控生产线,这是世界第一条柔性制造线。不过,英国 MOLIN 公司是第一个提出 FMS 概念的公司,该公司在 1965 年取得了发明专利。1967 年起FMS 概念广为流传,FMS 形成了世界范围的广泛应用。在随后的 30 年左右的时间,FMS 在工业发达国家不断应用,技术越来越成熟。据统计,1985 年,美国、德国、日本三国已投入运行的 FMS 有 500 多套,1988 年世界各国累计达到800 套,上世纪 90 年代达到大约 1000 套,至 2012 年,共有 4000 多套 FMS 在运行。

中国的起步研究是 1984 年,中国的第一套 FMS 是 1986 年从日本引进的,此后不断地有国产 FMS 问世。

三、智能制造系统的内容

(一)智能制造系统定义

智能制造系统是指在制造过程中,采用高度集成且柔性的方式,并利用计算机对人脑的分析、判断、思考和决策等行为进行模拟,以实现对制造环境中部分脑力劳动的延伸或取代。

智能制造系统由智能制造模式、智能生产和智能产品组成。其中,智能产品是智能制造系统运行的结果,智能产品表现出在使用过程的智能化,智能产品使用时具有自我感知、诊断、适应和决策多种功能,具有部分人脑的"思考"特点,即智能化特点,产品的智能化产生于智能化生产,生产行为成就了产品智能化,产品智能化与生产智能化有良好的配合关系。

智能生产是智能制造系统的关键,也是智能制造的核心内容,它是指在产品形成过程中的智能化,具体指设计、加工、操作、流程、技术、工艺等的智能化,它代表执行力的智能化,它决定了智能制造的智能化水平。

智能制造模式是一种管理智能化,它把智能技术和管理有机结合,在机床、设备、车间、班组里实施智能化管理,以优化资源配置,科学排班,合理调度,改善环节连接,使物流顺利,现场指挥、现场监控做得充分发挥能力,节省时间,节省成本,提高工作效率,做到精细化生产。

智能制造是世界工业发展的未来方向,不少工业化发达国家都在千方百计争夺智能制造的高地。我国也把智能制造作为一种国策,引领中国工业参与世界工业的竞争。加快推进智能制造,是实施中国制造 2025 的主攻方向。国务院制定了《中国制造 2025》发展纲要,指引我国工业走智能化道路,使制造业与信息化深度融合,走"互联网+制造"的工业强国之路,实现制造业转型升级,使中国追赶世界工业强国,从一个制造业大国变成制造业强国。

在实现智能制造的过程中,关键的前期工作是建设一个有效的智能制造系统。但是我国各企业情况各异,建设智能制造系统缺乏统一标准,企业实施难以落实。为了解决标准问题,指导企业建设系统,根据《中国制造 2025》的战略部署,工业和信息化部国家标准化管理委员会共同组织制定了《国家智能制造标准体系建设指南》。该指南从硬件和软件两个角度指导企业规范建设自己的智能制造系统:硬件方面是智能装备、制造技术;软件方面是管理系统的软件,即所谓智能制造系统。

(二)智能制造系统的特征

1.自组织能力

自组织能力是指 IMS 中的各种智能设备,能够按照工作任务的要求,自行集结成一种最合适的结构,并按照最优的方式运行,起到自我优化作用,使部件自动调节处于组织最佳状态,这是自动调节组织的智能化。完成任务以后,该结构随即自行解散,当下一个任务到来时,这些智能设备再次集结,再次进行自组织,以便完成下一个任务。

2.自律能力

IMS 能根据周围环境和自身作业状况,实施动态监测,及时发现问题,及时处理,控制作业不发生大的偏离,全程自行监督、自行调节、自行控制,使操作达到最佳状态,使行动与计划保持一致。这种自律性表现出很强的抗干扰能力,能够自适应,具有很强的容错能力。

3.自学习和自维护能力

IMS 也是一个学习系统,有利于知识的积累和深化,系统运行过程就是学习过程,增加新知识,更正错误知识,深化知识,扩大知识面,丰富知识库;此外,系统具备自维护能力,能对系统故障进行自我诊断、自我排除、自我修复,维护系统的良好状态。

4.整个制造环境的智能集成

IMS 不但能使各生产环节做到智能化,还能使整个制造环境做到智能集成。这是 IMS 与面向制造过程中的特定环节、特定问题的"智能化孤岛"的根本区别。IMS 涵盖了产品的市场、开发,制造,服务与管理整个过程,并把它们集成为一个整体,系统地加以研究,实现整体的智能化。[①]

(三) 智能制造系统的关键技术

1.人工智能技术

人工智能技术具有一定的"智力",能用计算机模拟专家的智力活动,延伸扩展人的脑力劳动,这就是人工智能技术的应用领域,其包括的技术有专家系统、人工神经网络、模糊逻辑。

2.并行工程

把传统的按照先后循序加工,变成并行工作、同时操作,是一种提高效率、节省时间的优化智能技术。

3.虚拟制造技术

在产品正式生产以前,使用虚拟制造技术模拟生产过程,展现整个制造过程,事先给制造者一个清晰感受,做到事先调整、事先改善,使随后的制造过程更加高效率;做到时间短、成本低、产量高,这是一种虚拟优化技术。

4.信息网络技术

网络技术是一种连接技术,联通各种信息,集成所有部门环节,实现知识和信息共享,使信息流动更加顺利。

---

① 邓朝辉.智能制造技术基础[M].武汉:华中科技大学出版社,2017.(课件.)

5.人机一体化

把人与机器有机结合,突出人的作用,强化机器功能的发挥,使人与机器配合良好,互相促进发挥各自作用,使它们相辅相成。

6.自组织与超柔性

自行组成一种最佳结构,在结构和运行两方面均表现为柔性,即所谓超柔性,如同一群人类专家组合在一起,具有生物特性。

(四)未来智能制造系统研究及应用热点

1.计算智能

计算智能是符号化的人工智能技术,它以规定的符号表达及彰显人工智能。它在设计过程及制造过程应用较多,代表性技术有模糊逻辑、人工神经网络、遗传算法。

2.知识库建立及运用

知识库对知识的积累、处理、表达、提取都有极大作用,是知识暴增环境下的知识储备智能制造技术,在制造领域以形式语言、语义方式有较多应用。

3.模型智能化

制造领域广泛采用各种模型,直观展现各种过程及效果,模型的产生和展现均智能化,起到很好的说明作用,其技术有产品模型、程序模型、操作模型。

4.计量信息学的智能化应用

制造过程力求精准,是数量化的制造,要求应用计量信息,需要检测,这些都赋予计量过程的智能化。

5.设计智能化

将设计思想转化为具体设计方案需要智能技术支持,创意—概念—初步设计—最终设计,整个设计方案的形成过程便是一种智能技术运用。

6.特征空间结构

建立特征空间数学结构,对特征空间予以定性及定量分析。

7.自律性制造装备

该种装备能自我调节、自我适应、自我改造,其自动性使设备一直处于最佳状态。

8.网络通信技术和数据处理技术

高速网、先进通信设备、通信协议,这些都是网络通信技术的使用范围。对海量数据进行收集、加工、处理、储存,实施大数据技术,及时为生产制造提供数据支撑。

9.智能检测

制造过程中智能监控、智能分析、智能调度、智能规划、智能仿真、智能控制。

10.决策支持系统

对制造予以分析,进行论证,预测结果,做出决策意见,以决策支持系统服务于制造。

四、智能制造系统架构建立

智能化转型要以构建智能制造系统为开端,搭好系统框架就给智能制造提供了舞台。

(一)确立企业智能制造系统目标

总体来看,企业实施智能制造的总目标是:满足用户个性化需求,提高生产灵活性,实现决策优化,提高资源生产率和利用率,创造价值机会,实现作业平衡。该总目标可以归结为一句话:"生产效率的提高"。其表现为:资源及设备利用率提高,技术水平提升,产品质量上升,成本降低,制造周期缩短。结合省情,湖南企业智能制造应有的目标有以下方面。

1.满足个性化独特需要

通过智能设计缩短产品研制周期,以智能装备增加生产的弹性,依靠柔性制造系统来适应可变的生产,能够灵活地完成单件、小批量的生产,从而满足顾客个性化的特殊需要。

2.高质量完成复杂零件加工

针对复杂零件加工,利用智能制造技术,实时掌握加工状况,及时应变,及时决策,对制造过程实时纠正错误,精准操作,高质量完成加工工作。

3.实现能源节约及高效利用

利用传感器等手段实时掌握能源使用情况,利用智能设计方法把能耗与功效合理匹配,优化能源使用方法,改变生产的地域和组织方式,与电网深度合作,实现能源节约。节能降耗的最终结果是实现可持续发展。

4.增加产品核心价值及附加价值

通过智能设计和智能生产,提升产品档次,增添功能,强化核心价值,附加更多价值。

(二)树立建造企业智能制造系统的方针——标准化建设

智能制造系统复杂,应坚持标准化的思想,使不同企业的智能系统有共同基础,有可比性,有兼容性,有一定的替代性。按照标准设计和建设,才能够构建出高效高质的智能制造系统,充分发挥系统的强大作用。因此,企业应以《国家智能制造标准体系建设指南》为蓝本,加强标准的实施和监督,在基础共性、关键技术、重点行业三方面予以标准化,并坚持动态完善,建立与国际接轨、符合湖南省情、适应企业自身特点的智能制造系统。

(三)规划实施与按步推进

智能制造系统的构建工作,本身就是一项系统工程,需要整体规划,分步实施。具体应做到以下几点。

1.整合计划与分类实施

通盘考虑,统筹规划,收集整理国内外各种标准,结合行业领域特点,制定企业自身的标准体系,形成相互衔接、彼此配套的标准体系。标准的实施应该分类开展。

2.实用为先与留有余地

系统的建设要以满足需要为最高原则,不实施过高过昂贵的建设,避免闲置及浪费,但又要为未来发展做好准备,给系统的升级留下空间。

3.跨界融合与轻重缓急

智能制造本身就是计算机技术、通信技术、信息技术、机械技术、电子技术等多学科的融合,它需要集成生产各环节,互联各要素,它需要跨越不同行业,实施不同专业制造的融合。实施中要分清轻重缓急来推进,优先实施瓶颈项目,优先制定数据接口和通信协议标准。

4.中国特色与国内外标准

建设智能制造系统要以国家标准为基础,参考先进国家的标准,再充分考虑本省标准的适用性,建设有自主知识产权的标准,使企业标准与国家、国际标准接轨,从而建成兼容性强、开放度高、好用的标准体系。

(四)智能制造体系建设三步走

虽然智能制造系统建设复杂,但是企业可以遵守如下基本步骤。

步骤一,参考其他各类智能制造系统,抽取其共性特征,以生命周期、系统层级、智能功能三个维度搭建系统框架,确立本系统标准的具体内容。

步骤二,把生命周期和系统层级两个维度构成一个平面,从上往下依次扫过智能功能维度的五个层级,分别形成智能装备、智能工厂、智能服务、工业软件和大数据、工业互联网五类关键技术标准,然后形成:

标准体系=基础共性标准+关键技术标准+重点行业标准。

步骤三,对形成的标准体系分解细化,建立标准体系框架。

（五）如何建造智能制造系统

1.以系统化思想建设企业智能制造系统

智能制造系统由许多有机联系、相互作用的要素组成,它是一个有特定功能、结构和环境的整体。智能制造系统的四个要素是:资源、环境、结构和功能。此系统表现出一般系统的五性:整体性、关联性、环境适应性、目的性和层次性。但由于智能制造系统多属于复杂系统,因此它还具有其他特点,例如系统的功能和属性多样,组成要素多维化,它是人机互动系统。此系统是为了实现特定目的而创立的人造系统,它兼有实体系统和概念系统的特征,其系统状态随时间推移和环境变化而动态改变,它与外界发生物质、能量和信息的交换,属于自适应和自调节的开放系统。智能制造系统由广泛坚实的科学理论和技术作支撑。建立此系统的前提是树立系统观念,目的是达到最优平衡与协调,以技术运用为解决问题的手段,以控制和反馈为保障。智能制造系统的建立必须先确定整体架构,然后把构成要素整合匹配,实现1+1>2的综合效应。该系统是科学性与艺术性的融合,是定性分析与定量分析的结合,是多学科、多技术的跨界集成。

2.构建智能制造系统三维空间结构

为了体现智能制造系统的系统化、综合化、最优化、程序化和标准化特点,可以利用霍尔三维结构作为系统建立的理论依据。如图2.2所示。

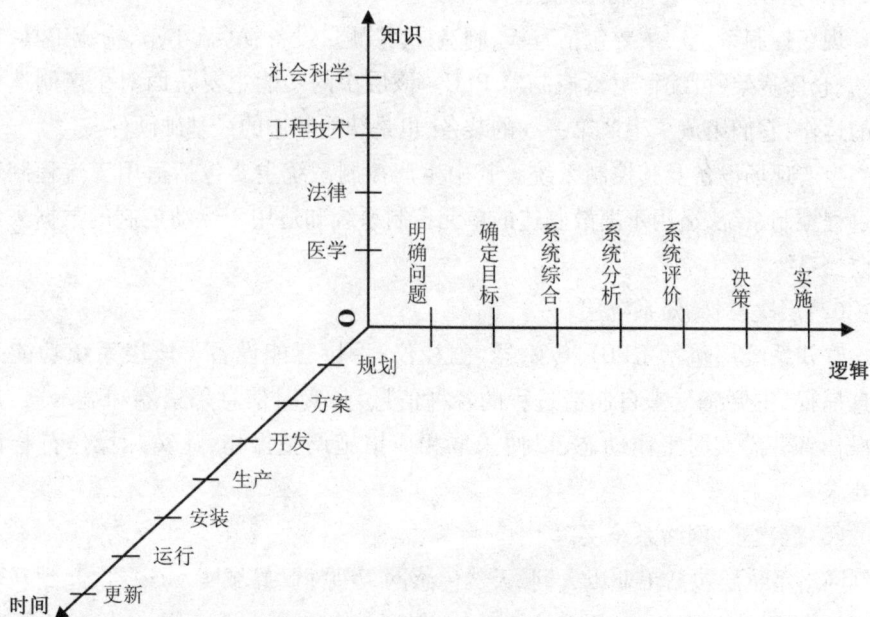

图2.2 系统构造霍尔三维空间

29

(1)时间维。是指系统的工作阶段或进程,从规划到更新的整个过程或寿命周期可以分为七个阶段:规划阶段、设计阶段、分析或研制阶段、运筹或生产阶段、系统实施或安装阶段、运行阶段、更新阶段。

(2)逻辑维。是指系统工程每个阶段工作所应遵从的逻辑顺序和工作步骤,也分为七步:摆明问题、系统设计、系统综合、模型化、最优化、决策、实施计划。

(3)知识维或专业维。是指系统运作所需要的知识或可以应用的专业领域。

另外,智能制造系统不但是工程技术硬系统,也是经营管理软系统,因此,切克兰德软性构建方法也可以使用,其步骤有七:认识问题、根底定义、建立概念模型、比较及探寻、选择、设计与实施、评估与反馈。

霍尔三维和切克兰德方法论都能指导中国智能制造系统的建立,不过,前者针对技术问题,后者针对经营管理问题;前者的核心内容是优化分析,后者却是比较学习;前者以定量分析为主,后者以定性分析为主。

3.智能制造系统层次

在《国家智能制造标准体系建设指南(2018年版)》中,把智能制造系统整体结构划分为六个层次,从基础到高级分别为现场控制层、感知层、网络层、制造执行层、管理层和协同层。这些不同层次各有自己的功能,它们分别发挥作用并相互配合才能确保整个智能制造系统正常运作。

(1)层次一:现场控制系统层。

现场控制系统层主要包括看板、制造设备、测量设备、AGV小车、物流工具、装卸站、仓库货架、可编程逻辑控制器PLC。该层次的功能主要是面对生产制造现场的运作,它们组成了生产第一线的装备,也是智能制造的最基础硬件。

生产现场设备及其控制系统。其中生产控制系统主要包括适用于流程制造的过程控制系统、适用于离散制造的单元控制系统和适用于运动控制的数据采集与监控系统。

(2)层次二:感知系统层。

感知系统层包括RFID、传感器、测控仪、手持智能设备。该层系统功能是信息捕捉,主要感受来自制造过程的各种信息,是实时信息采集器和显示器,帮助操作者获悉实时工作动态,以便采取相应措施调整操作,让实际操作符合计划要求。

(3)层次三:网络系统层。

网络系统层包括工业以太网、天然传感网、互联网、局域网。该层次起到互联互通的作用,让各部门、各环节连成一体,保证信息在全企业范围内共享,以至于同外界实施广泛的互联互通,它是"互联网+制造"的信息建设主要部分。

（4）层次四：制造执行系统层。

制造执行系统层包括智能设备网关管理、SIM 卡管理、车间作业排产、NC 代码管理、生产调度、质量管理、资源管理、物料管理与监控、应急处理、零配件管理、日程安排、产品追溯、在制品管理、大数据管理。该层次面对实际执行与操作，解决一切工作过程的问题，是执行力的体现，工作效率体现于此系统。

（5）层次五：管理系统层。

管理系统层包括企业资源计划、供应链管理、客户关系管理、人力资源管理、CAD/CAPP/CAM/PDM、数字化样机和仿真、产品生命周期管理、产品设计知识库、工艺知识库、商业智能、绩效管理、专家决策支持系统。该层次主要解决智能化管理问题，采用传统及现代管理理论，用现代管理方法、采用先进管理工具，管理所有层次的运作。

（6）层次六：协同系统层。

协同系统层包括智能管理与服务、智能电子商务、企业门户、零售管理、分销管理、投资管理、供应商评价与选择、智能物流、智能配送。该层次主要面向企业外部协同，与各种外部关系相协调，站在供应链角度以至全行业角度改善各种关系。①

4.中国式智能制造系统构建措施

依据霍尔三维结构，参考发达国家智能制造系统模型，我们可以建设中国式的智能制造系统。此系统从生命周期、系统层级和智能功能三个维度构建，与霍尔三维对应关系为：生命周期——时间维；系统层级——逻辑维；智能功能——知识维或专业维。如图 2.3 所示。

（1）生命周期维度构建。生命周期是指由设计、生产、物流、销售、服务等一系列相互联系的价值创造活动组成的链式集合。在产品智能化后，产品生命周期也随之智能化。在产品生命周期的早期，首先，应该进行市场调查及市场分析，设计顾客导向的产品，制定产品发展战略；其次，进行原材料采购，依据产品设计来组织生产，并实施生产过程的质量控制，确保顾客满意的产品被生产出来，同时实施高效率的生产原材料物流管理，确保运输、仓储的效率；最后，大力开展市场促销，提供良好的售后服务。总之，产品生命周期各阶段相互关联，彼此影响，建立产品全生命周期各阶段的管理框架是生命周期维度构建的要旨。

（2）系统层级维度构建。系统层级维度由低级到高级分为五层：设备层、控制

---

① 辛国斌.国家智能制造标准体系建设指南（2015 年版）解读［M］.北京：电子工业出版社，2016：47—52.

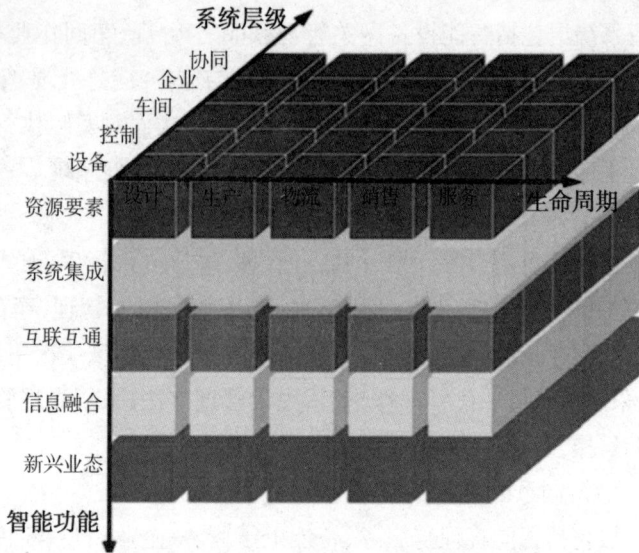

图 2.3　中国式智能制造系统架构

层、车间层、企业层和协同层。五个层级的装备智能化步步升级,互联网 IP 协议联系着它们。构建过程如下。

第一步,铺设设备层。购买基本的设备和应用基本设备技术,包括传感器、仪器仪表、条码、射频识别、机械、装置。

第二步,发展控制层。延伸设备层,尽量利用包括各种控制的技术,例如可编程逻辑控制器(PLC)、监视控制与数据采集系统(SCADA)、分布式控制系统(DCS)和现场总线控制系统(FCS)。

第三步,建立车间层。将设备技术和控制技术进一步扩展,建立车间管控型的中层智能化,中层智能化包括制造执行系统(MES)。MES 又包括工厂信息管理系统(PIMS)、先进控制系统(APC)、历史数据库、计划排产和仓储管理。

第四步,搭建企业层。这是独立企业整体的高层级智能化,包括企业资源计划系统(ERP)、生产生命周期管理(PLM)、供应链管理系统(SCM)、客户关系管理(CRM)。

第五步,扩展协同层。这是最高级的智能层,由产业链上各企业互联互通、协同运作、合作共赢,求得整条产业链的智能生产、服务和供应。

(3)智能功能维度构建。该维度包括资源要素、系统集成、互联互通、信息融合、新兴业态。构建过程如下。

第一步,获取资源要素。包括各种原材料、设备、能源及人力资源。其中,人力资源是最宝贵和最关键的资源,智能制造需要大量高技术人才,招聘、培养、开发和善用人才成了资源获取的首要任务。

第二步,把系统集成。即通过二维码、射频识别、软件技术,把零散的原材料、设备集成,实施集成化制造。企业开展射频识别技术研究和应用,是集成的关键。

第三步,建设工业互联网。尤其是建设物联网,使各设备无缝衔接,各机器与实体、环境互联互通,实现网络协同互动,实现精准快速决策。

第四步,数据化建设。实现数据融合,建立大数据处理系统,推广使用云计算,做到数据处理的海量、快速、精准、实时,为决策服务。

第五步,发展新兴业态。包括个性化定制、远程运维和工业云等。

最后,在建设智能制造系统的过程中,应该明确每一种功能与系统层次和生命周期在系统架构图中的位置。例如,可编程逻辑控制器(PLC),位于智能制造系统架构生命周期的生产环节、系统层级的控制层级,以及智能功能的系统集成;工业机器人位于智能制造系统架构生命周期的生产环节、系统层级的设备层级和控制层级,以及智能功能的资源要素;工业互联网位于智能制造系统架构生命周期的所有环节、系统层级的设备、控制、车间、企业和协同五个层级,以及智能功能的互联互通。

五、柔性制造系统

按照《国家智能制造标准体系建设指南(2018 年版)》的指导意见,从层次上看,智能制造系统可以初步划分为六个层次。在企业实际的智能制造实践中,不少企业结合自身特点,根据企业战略、任务、目标和所生产产品具体情况,在整体智能制造系统中,进一步建立了具有独特功能的子系统,这些子系统能够专业性地完成专门的任务,而且这些子系统往往贯穿于不同的层次系统,在所有层次发挥作用。它们是智能制造整体系统有效性的基础,强大的智能制造整体系统首先由子系统功能的有效表现出来。

(一)柔性制造系统的定义

柔性制造系统(Flexible Manufacturing System,FMS)是数控加工设备、物料运储装置和计算机控制系统等组成的自动化制造系统。它包括多个柔性制造单元,能根据制造任务或生产环境的变化迅速进行调整,适用于多品种、中小批量生产。

柔性制造系统的柔性表现在可变性,能够根据不同的生产制造任务来调整加工过程、改变工艺,因此它能适应顾客特殊要求,适应环境变化,能满足多品种、中小批量生产,甚至单件产品制造。这种柔性的达到需要实施柔性化控制,控制的硬件基础是计算机控制柔性工作站和集成物料运储装置,它们根据调整后的设计方案,依据新的生产作业计划,调控制造过程,改变工序,改善工艺,重新集成制造流程,从而控制并完成整个制造。

(二)柔性制造系统特点

柔性制造系统的显著特点就是突出"柔性"二字,柔性是相对于刚性来说的,柔性表示可调,代表适应能力强,具体表现就是当顾客要求改变、环境改变时,依然可以制造出满足市场需要的优质产品,而这种柔性是短期、中期和长期的柔性。

具体来说,其特点包括以下方面。

(1)数控加工。加工控制数字化,使控制精准、快速和自动化,这是数控技术应用的领域。

(2)物料运储装置自动化。这表现为物料信息自动化、物料流动自动化,二者的自动化引发了物料运储装置的柔性化。

(3)计算机控制系统。整个制造过程,从头到尾实施计算机控制,取代传统的人工控制,不但大幅度提高制造效率,而且增加了柔性化。

(4)提高了设备利用率。设备功能得到有效发挥,避免设备及功能闲置和浪费,而且设备占地面积小,节约作业空间。

(5)减少直接劳动工人数。自动化设备取代人工,节约人力资源成本,但并不大幅度增加设备成本。

(6)过程质量和产品质量都得以提高。柔性化避免了质量的波动,它是质量管理的极为有效方法,有利于提升质量管理工作。

(7)减少在制品库存。减少在制品数量,压缩库存,节约库存成本,从而加速资金周转,提高运营效率。

(8)投资高、风险大,开发周期长、管理水平要求高。柔性制造系统的建设面临很多不定因素,投资额大,其开发是否成功难以保证;开发难度大,需要较高的人力物力和财力;开发时间较长,成功后的回报时间也长;同时对企业的管理要求高,低水平的管理不能适应柔性制造系统的要求。

(三)柔性制造系统组成及功能

柔性制造系统的整体柔性功能由三个系统构成,它包括加工系统、运储系统和计算机控制系统。每一个系统又有自己的构成成分,有自己的功能特点。如图2.4所示。

(1)加工系统包括加工设备、辅助设备、检测设备。它处理的都是加工过程,

```
                           柔性制造系统
        ┌─────────────────────┼─────────────────────┐
     加工系统               运储系统            计算机控制系统
   ┌───┬───┬───┐          ┌────┬────┐        ┌────┬────┬────┐
  加工 辅助 检测          工件  刀具       过程  过程  过程
  设备 设备 设备           流    流        控制  调度  监视
```

| 加工 | 辅助 | 检测 | | 工件 | 刀具 | | 过程 | 过程 | 过程 |
| 设备 | 设备 | 设备 | | 流 | 流 | | 控制 | 调度 | 监视 |

以任意顺序自动加工多种工件，自动更换工件和刀具，增加功能后可实现工件自动清洗与测量等

满足可变节拍生产的物料自动识别、存储、输送和交换的要求。增加功能后可实现刀具预调和管理等

加工系统和运储系统的自动控制和作业协调；在线数据自动采集和处理；运行仿真仅故障诊断等

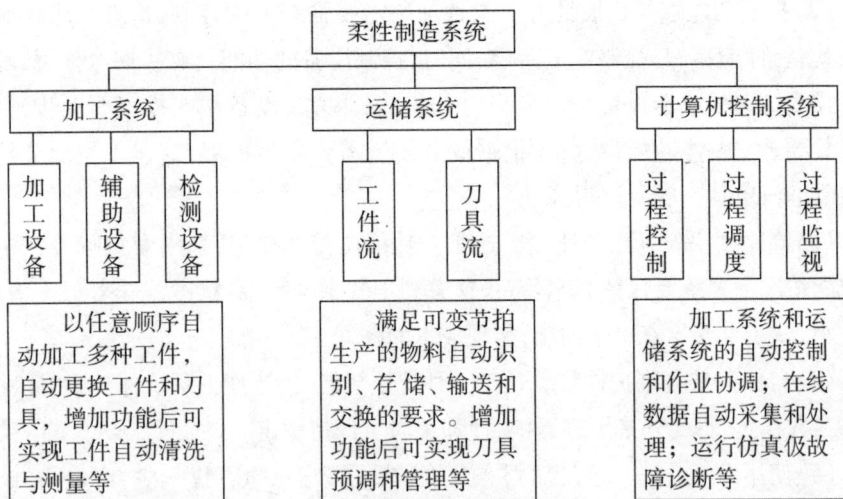

图 2.4 柔性制造系统构成及功能

以具体的现场设备为主要工具,自动加工各种原材料,工件及刀具实施自动更换、自动清洗、自动测量,保证实际操作过程的自动化。这些是最基本的柔性化,是柔性系统的基础。

(2)运储系统包括工件流、刀具流。其处理的是生产物流和生产储备,通过它们能识别加工节拍,调整或适应节拍,从而调节或适应输送量,调节或适应存储量,控制物流速度,调配物流量,确保库存量的最佳。这些是流通角度的柔性化,关系到加工系统柔性化能否在流动领域保证实现。

(3)计算机控制系统包括过程控制、过程调度、过程监控。其处理的是生产制造信息,对加工系统和运储系统产生的信息实时采集、分析、处理,以自动化方式协调各种作业,排除故障,自动控制加工过程和运储过程。

六、柔性加工系统

(一)柔性加工系统功能要求

对柔性加工系统,要确保其功能完整,并能有效发挥作用,该系统应该符合以下基本要求。

(1)工序集中。这样可以集中利用加工时间,防止时间分散带来的不经济性,节省准备时间,避免多次更换工序花费的更换时间;工序集中可以集中物流量,避免分散物流引起的没有规模经济效益;集中工序还能减少装夹次数,减少装夹工作量。总之,工序集中能够带来集中性规模效应。

（2）控制功能强与扩展性好。柔性加工需要强有力的控制,这就要求控制设备要优良,性能良好,控制幅度足够;同时,控制设备的功能具有扩展余地,能够在今后需要的时候改造设备予以升级,扩展控制能力。设备功能投资要逐步进行,一开始要建立基本功能,此后才根据业务发展需要逐步扩展,这样不但能节约成本,还能降低风险,容易取得成功。

（3）高刚度、高精度、高速度。这是对功能质量的要求,高刚度意味着在条件稳定的情况下系统要保持基本稳定,这有利于效率提高;高精度意味着加工精准,误差小;高速度意味着快速加工,实现成本的降低。

（4）自保护与自维护性好。这是一种抗干扰能力,让加工系统保持良好性能,保持参数稳定,不受外来因素影响,使加工质量保持稳定。

（5）使用经济性好。这是对财务角度的要求,它意味着投入少,产量高,成本低,效益高,符合经济要求。

（二）柔性加工系统配置

柔性加工系统具有各自零件配置和辅助装置配置,其配置形式多样,组合也各不相同。加工设备类从形式上看有两种:一种是棱体类零件,例如立式、卧式、立卧两用加工设备;另一种是回转体零件,例如数控车床、车削加工中心机床。

这些设备的配置形式分为互替式、互补式和混合式。

（1）互替式是一种并联配置,各机床功能可互相代替,一个设备异常,其他设备可以取而代之,不影响整体工作,保证了工作稳定性,因此其工艺柔性大,工艺范围宽。

（2）互补式是一种串联配置,各机床功能互相补充,各自完成特定的加工任务,每一机床的功能都必须正常,才能使整体功能良好,任何一个设备异常将使整体功能为零。因此这种连接虽然生产率高,但是降低了可靠性。

（3）混合式是一种互替式与互补式相结合的配置,它结合了前两种配置形式的优点,克服了其缺点,具有更好的适应性。

对于加工系统的辅助装置,其配置形式有以下几种。

（1）组合夹具。它是利用标准化夹具零部件,快速拼装所需夹具。

（2）柔性夹具。一部夹具能为多个加工对象服务。

（3）托盘。承载工件和夹具完成加工任务,是各加工单元间的硬件接口。

（4）托盘交换器。连接加工系统和物料运储系统桥梁。①

① 王芳,赵中宁.智能制造基础与应用[M].北京:机械工业出版社,2018.(课件.)

七、工件运储系统

(一)工件运储系统组成

工件运储系统可以看成柔性制造系统里的物流系统,完成各种内部生产物流及存储任务,它基本上都是物流设施。它的组成部分分别是工件装卸站、托盘缓冲站、自动化仓库、物料运载装置。

(1)工件装卸站:负责物料的上下、装卸,是工件进出的门户,通常设在 FMS 入口,由人工或机械完成装卸。

(2)托盘缓冲站:它是一个临时存储站点,加工过程的中间物品及工件,临时存放于托盘缓冲站,起到过渡作用,缓冲前一道工序过量加工,为下一道加工做准备,调节前后加工环节的连接。

(3)自动化仓库:它一般为多层立体布局结构,仓库容量大,存储条件好,保管物料较好,仓库设施自动化控制,由计算机控制管理,服从 FMS 命令和调度。

(4)物料运载装置:它连接各作业地,在不同的作业点之间传送物料,以运载设备在机床、自动化仓库和托盘缓冲站之间搬运物料。例如,使用传送带来短距离传送小的零部件,操作人员只需在固定地点就可以等待传送带自动送过来的物料,传送带可连续不断工作,占地面积小,但是不耐用。自动运输小车可以无人操作,自动运输批量物料,批量大的固定运送用有轨小车,不太固定的运送采用无轨小车,增加灵活性。机器人搬运也是智能工厂经常使用的运载方式,其柔性和控制水平更得以提高。

(二)FMS 系统的总体布局

根据作业要求,加工产品的不同,各设备的布局方式不同,使设备的连接方式多种多样,总体布局虽有不同,但都是适合特定条件并能提高相应生产效率的。常见的布局如下。

1.随机布局

这种布局方法是将若干机床随机地排列在一个长方形的车间内,当对加工没有特殊要求时,而且各种运输途径没有太大效率差别时,可以采用这种布局。

2.功能布局

这种布局方法是把同种类型的设备配置在一起,同一种功能的加工使用同一种类型设备,也注意到功能群之间的连接,这样就减少了功能群内的物流工作量。

3.模块式布局

这种布局方法按照功能建立各个独立模块,同一模块内部运输量极小,模块之间有一定运输量,模块布局比起功能布局,虽然它们的原理一样,但是其布局单位更小。

4.加工单元布局

这种布局方法是建立各个加工单元,每一个加工单元都能完成相应的一类产品的生产,按照有利于完成同一种产品的加工来布置设备,成组技术方法的运用在这种布局里发挥了很大作用。

(三)FMS 物料输送路径

由于实际加工现场布局不一样,势必引起物料输送路径不同,每一种输送路径的效率也不一样,以下是常见的输送路径。

1.直线输送路径

它是被运送的物料沿直线路线移动,单向或双向移动,顺序地在各个连接点停靠,其移动线路较长,也不利于节约空间。

2.环形输送回路

它是被运送的物料沿环形回路,单向或双向移动经过各加工点,能因地制宜,有效利用空间,减少工作人员,使同一个作业人员同时完成几项任务。

3.网状输送回路

它把多个回路相互交叉在一起,形成网状结构,比较复杂,物料可由一条环路移动到另一回路,能方便改变运输路径,提高运送效率。

八、柔性运行控制系统

控制系统是 FMS 的核心,处于中心地位,它管理和协调 FMS 内各项活动,以保证生产计划的完成,实现最大的生产效率。由于 FMS 是一个复杂的自动化集成体,其控制系统的体系结构和性能直接影响整个 FMS 的柔性,可靠性和自动化程度。

FMS 少数由人工控制,大多数由计算机控制。如装卸、调整和维修少数操作由人工控制完成,而其他的操作基本由计算机自动控制完成。

正是由于其控制范围广,所以其承担的任务较繁重。为避免用一台计算机过于集中控制,目前几乎所有的 FMS 都采用了多级计算机递阶控制结构,以此来分散主计算机的负荷,提高系统的可靠性,同时也便于控制系统的设计和维护。

所谓采用递阶控制的结构形式,即通过对系统的控制功能进行正确、合理地分解,划分成若干层次,各层次分别进行独立处理,完成各自的功能,层与层之间在网络和数据库的支持下,保持信息交换,上层向下层发送命令,下层向上层回送命令的执行结果。通过信息联系,构成完整的系统,以减小全局控制的难度和控制软件开发的难度。

递阶控制结构将复杂系统分层分模块设置,各层相对独立,便于系统的开发和维护。越往底层,实时性越强;越到上层,处理信息量越大,实时性要求越小。

FMS 实施三层递阶控制结构。系统管理与控制层(单元控制层)——接受上级任务,制定系统作业计划,进行任务分配,监控系统执行;过程协调与监控层(工作站层)——加工程序分配、协调工件流动、运行状态采集监控、向上层反馈信息;设备控制层——控制设备工作循环,执行上层控制指令,反馈现场数据。

FMS 单元控制器能够实现以下功能。

通信管理与运行控制:实现上下层信息通讯,控制内部模块运行;

系统信息管理:对单元信息进行存储、管理和维护;

作业计划制订:根据上级下达任务制订本单元作业计划,并进行计划调整;

系统作业调度:具有系统仿真、静/动态调度、系统资源调度等功能;

系统过程监控:监控系统状态变化,处理故障,其结果传送至系统信息管理模块和上级控制器。

九、质量保证系统

柔性制造系统是一个将机械制造、计算机技术、自动化技术、信息通信技术集于一身的具有高度自动化水平、高度柔性的先进制造系统。质量保证系统 QAS (Quality Assurance System)是其柔性制造系统的一个重要组成部分,其作用是保证 FMS 能实现功能,具体来说就是确保 FMS 高度自动化水平、高度柔性化,实现 FMS 的先进性。

(一)QAS 作用

1.信息质量保证

QAS 能够及时收集各种制造信息,快速分析、处理信息,将信息及时和准确传递,反馈处理情况,让所有部门人员获悉准确信息,以信息质量保证制造质量。

2.设计质量保证

把用户的需求反馈给设计部门,按照顾客需求进行产品设计,并以顾客的视角来控制、审查、完善设计,在设计阶段就控制住质量,避免后期制造过程质量缺陷的形成,防患于未然,既能符合顾客要求,又能以前馈控制节约质量成本。

3.控制质量保证

因为它能实时提供操作信息,所以操作者和管理人员能基本同步实施控制,快速改正错误,防止错误进一步扩大,纠偏成本低。

(二)质量保证系统特点

1.全过程质量控制

制造的每一环节都被控制,从产品设计开始,直到产品送交顾客手中都是质量形成过程,也都是质量控制过程。

2.信息流控制

采用分布式数据系统,利用计算机设备,借助互联网对质量信息提取、交换、共享、处理。

3.信息处理控制

采用各种智能技术,例如专家系统、神经元网络,对采集到的信息处理,处理质量高,信息结果可信。

4.源头控制

抓住信息产生源头,从源头控制,从初期控制,并非等到缺陷扩大后才予以控制,造成难以控制。所以源头控制成本低,宜于成果,代价较小,防患于未然。①

十、产品全生命周期管理系统

产品全生命周期管理系统(Product Life-cycle Management,PLM)是对产品的整个生命时期进行全程管理。管理中,产品需求是开端,产品淘汰是结尾,在产品的全部生命期内,对产品进行组织、管理、优化。此管理以满足顾客需求为导向,按照顾客要求及企业实际情况,对产品设计、原材料组织、生产排班、加工、物流及销售实施全面管理。它强调从头至尾的全过程一揽子管理。

(一)丰富内容的产品全生命周期管理

因为全程化的长时间,所以产品全生命周期管理有以下较多的内容。

1.产品需求管理

调查掌握顾客需求,投其所好,按照其需求实施产品设计,在设计阶段就实施顾客导向性设计。

2.产品论证管理

对设计的产品进行概念性测试、打样产品测试,关键是进行产品性能测试和资费测试。假如测试结果不佳,必须改善设计,调整方案,完成发现问题、分析问题、解决问题这样一个完整过程。

---

① 王芳,赵中宁.智能制造基础与应用[M].北京:机械工业出版社,2018.(课件.)

3.产品绩效分析

分析产品功能及顾客使用情况,跟踪顾客对产品使用的反映,掌握产品现状,同样要找出问题、分析原因,预测产品未来情况,为此后的改善做好准备。

4.产品关停并转

对使用效果不佳或前景不良的产品,或者停产,或者合并生产,或者转产,结束产品生命,把生产资金抽回来,转用到经济效益更好的产品生产之中。

5.产品档案管理

对各种产品建立产品数据档案,积累产品资料,此历史资料有利于指导未来的产品生产管理。

6.生产成本管理

进行生产资金管理,实施成本核算,健全财务管理体系,既为自己,也为顾客提供资费管理方案。

7.流程引擎及工作台

建立开关控制系统,开关控制借助流程引擎来实施。

(二)形象性产品全生命周期管理——三维可视化管理

三维可视化管理是利用图形、图像或动画,展现各种信息,表现生产过程,方便地观察到产品全生命周期产品状况。这种表现方式直观形象,有利于交流,其主要特点是图像以三维立体方式展现操作过程,十分逼真,有比较真实的现场感受,方便于人机交互。可按照人的意愿,改变产品形状、方位、大小等,让全部生产操作流程一览无遗地展现给操作人员和管理人员,它是一种复杂、抽象的直观表现技术。三维可视化管理把三维模型与生产信息进行有机地结合,以网络设备传递处理过的信息,做到了获取生产信息、实时监控的有效性。三维可视化管理实现了有效的产品全生命周期管理。

三维可视化管理的突出特点是"可视化",即把复杂、抽象及实际难以看到的事物,变成可以被眼睛看得到的情景,让人有身临其境的感觉。具体来说,能够"可视化"的内容有以下方面。

(1)资产布局。通过可视化设备排列,展现工厂和车间布局,能看清楚建筑物内外结构,表现地形地貌,表现选址位置,表现生产现场机器设备安排。总之,可以给人关于布局整体情况和细节情况一览无遗的直观感受。

(2)进程管理。对在建工程、制造加工、设备安装进行三维建模,将三维建模、实施计划、实际进度结合对比,形象表达了制造各阶段进度情况。

(3)资产管理。通过三维建模建立设备台账及资产数据库,让设备台账及资产数据库可视化,对相关数据能够查看、检索,以便使设备参数和资产数据库信息能够方便地获得,有利于资产管理。

(4)设施维护管理。对各种生产设施进行在线信息采集、报警、控制等管理,实时收集管理数据,快速发现设施运行不足,及时获悉运行故障,发现不安全情况,从而迅速采取相应设施处理措施。

从可视化的四项基本内容中可以看出,三维可视化管理对产品全生命周期管理带来的好处有以下方面。

快速、准确获取产品及生产信息;完全和清楚地掌握工厂布局;对设备布置情况能够了如指掌;能够直观地发现生产过程中的问题;三维可视化管理可以不在现场,或者在远处就能感受到现场工作状况;能够把潜在问题形象和直观呈现出来;操作方便、简单,使操作有条不紊;维持作业环境的有序整洁,使5S现场管理有效执行,使工作环境与操作人员、顾客的需要相统一。

(三)模拟性产品全生命周期管理——虚拟仿真技术

虚拟仿真技术把虚拟现实技术、模拟技术、仿真技术有机结合,以虚拟系统模仿真实情况,把真实情况以高度仿真的方法逼真地表现出来。在产品设计和生产设计过程中,以建立的三维模型来仿真真实产品及生产,十分方便于设计阶段的分析,有利于科学方案的制订,节约设计成本,减少设计时间,使设计过程就可以达到生产之前的优化,没有必要亲自履行实际过程,减少浪费。

虚拟仿真技术之所以适合于产品全生命周期管理,因为其具有如下特性。

(1)沉浸性。虚拟仿真系统中提供给感受者各种真实感受,仿佛置身其中,有身临其境之感觉。它作用于人体各种感觉器官,使人沉浸在虚拟世界,但又有真实体验的感觉。

(2)交互性。虚拟仿真技术使环境与人互相作用,环境影响人的行为,人控制环境变化,这种互动性以虚拟技术仿真出来,效果逼真。

(3)虚幻性。该技术能让人抵达虚幻世界,计算机模拟出来的虚幻场景可以是过去的、现在的和将来的,甚至可以是不可能存在的。

(4)逼真性。这种逼真体现在感受上的逼真,模拟环境如同实际环境一样,虚拟与真实完全吻合;此外,当人以行为作用于虚拟环境时,环境也会以符合客观规律的方式做出反应,虚拟动作引起虚拟环境科学规律做出回应。

总之,虚拟仿真技术能够真实模拟场景,仿真出动作、虚拟出机械运动,把头脑中思想形象模仿出来,将创意逼真展现于面前。

十一、生产执行系统

生产执行系统是对整个生产过程进行执行、管理的系统。该系统对实际生产作业做出反应,快速捕捉生产信息,及时分析,及时处理,对具体作业有指导作用,能动态响应生产过程变化,优化操作,合理化操作,减少无效劳动,提高作业效率,提高作业质量。

生产执行系统的特点:①优化全车间的整个制造。不是局部优化,不是部门优化,而是立足于整体解决问题。②实时响应。实时获取过程信息,快速分析处理,及时做出调整,几乎与生产同步。③信息交互和集成。它与计划层、控制层、管理层动态进行信息互动,把全部生产信息连续集成,实现信息化管理。

(一) 生产执行系统执行层次

生产执行系统是一个综合集成系统,它把生产各项生产管理组合起来进行综合管理,而不是像传统管理模式那样,每一项单项管理各自独立进行。就是说,设备管理、质量管理、生产管理、分布式数控、数据采集等孤立软件,被整合在一起,形成生产执行系统。生产执行系统连接自动化控制系统和管理系统,它在智能制造的生产过程中占据中心地位。该系统的实际运用分为四个层次。

1.操作层

这是基础层次,是生产第一线层次。它实时采集作业信息,反映现场生产动态,同步处理操作问题,对作业人员操作进行现场指导,现场管控生产质量,在实时掌握生产进度的情况下,调整作业进度,管理整个作业过程。

2.管理层

它改良制造计划,将制造计划与制造资源相结合;把技术、物料、设备、工艺工装、人员、能源等加入工单,集成所有这些要素,建立生产看板系统,建立预警管理机制,监控制造过程,对作业全程进行精细化管理。

3.优化层

它对生产要素实施优化,根据作业现状及进展情况,调整人员,调配原材料,调整作业时间,调整资源的集成,以便更有效地利用资源,同时,将资源与生产计划更好地集成,实施计划优化。

4.智能层

它把智能技术应用到各种设备的生产中,这些设备有数控机床、机器人、自动寻址装置、存储装置、柔性自动装夹具、检具、交换装置及更换装置、接口,实现生产的智能化、自动化。

（二）价值链资源整合工程

价值链资源整合工程就是以产品整个生命周期为连线建立价值链,价值链包含许多相关企业,对不同企业进行资源整合,实现产品整个生命周期的良好管理。价值链中企业有供应商、制造商、分销商、客户;整合的资源是人财物;协调的是各企业的实产品设计、生产制造、物流配送、使用维护;改善的是信息流、物流和资金流等三个流,提升价值链的整体效能。

企业不但要做好自身制造的最优化,还有做好与价值链中其他企业的端对端工程,协调彼此各种关系,实现各企业资源优势互补,实现资源共享。每一企业的制造系统能够彼此衔接,做到各企业生产系统柔性化、灵活化,保证运营的高效率。

价值链资源整合工程应该进行的端对端资源整合工程有以下方面。

1.协议标准化

虽然企业的自动化生产力水平已经大为提高,但各种生产流程、现场总线及控制设备没有统一标准,难以做到协同,也不容易集成,因此迫切需要有统一标准,实现协议标准化,统一标准口径。以协议标准化实现机器、设备、元件、控制器之间的衔接,实现车间和管理部门的沟通,使协调变得十分容易,消除了连接障碍,有利于整体优化。

2.模块化设计

对产品进行功能分析,对制造功能分类,把相同制造功能集中在一起,形成一个模块,按照模块来设计制造单元,各车间按照模块来组织生产,其制造的专业化程度较高,制造效率也高,然后再把各个模块集成,实现整体制造过程的完成。价值链上每个企业可以根据自身优势进行某种模块生产,然后各企业模块集成,这样可以实现产品跨功能的协同,每一个企业发挥了各自的优势,回避了自身短处,模块化使价值链资源整合效率提高。

3.建立数据模型

建立模型可以提高制造效率。但是很多模型只适用于特定作业,适用于特定部门或特定企业,不能广泛用于整个流程,更不适应价值链上各企业,因此,有必要建立面向全流程的数据模型,建立联合数据模型,使端对端使用数据变得可行,以联合数据模型提升全体流程制造效率。

4.过程控制系统

用传感器和嵌入式设备,获取生产过程数据,收集生产设备的运行状态,并把收集的信息传递到数据中心,对数据加以分析,从而实时监控了制造过程。并能及时采取应对措施,使控制快速、准确,有效防止错误的发生。此外,设备传感和控制层产生的生产大数据,还能支撑企业的决策管理,并反过来指导生产。

(三)生产执行系统的集成

生产执行系统把各种设备、传感器、嵌入式终端和各种通信设施连接起来,组成智能网络,把人与人、人与机器、机器与机器相互连接,组成高度集成化系统,在整个企业内部和与外部企业,实现信息数据的互通共享,实现信息集成、设备集成。从集成方向看,集成分为横向集成和纵向集成。

1.外部集成

外部集成就是横向集成,横向集成是企业之间的集成,通过价值链和信息网络把各企业资源进行资源整合,使企业之间无缝对接,在信息和作业上彼此有效联系,实现横向合作。其整合内容包括为生产服务、经营管理、生产控制、流程管理,将企业内部的有效管理延伸到企业外部,把相关企业的信息予以共享,把他们彼此之间的运营实现协同,实现整体推进。集成的设备和技术包括互联网、物联网、云计算、大数据、移动通信技术,对整合的智能生产资源,能够建立以互联网为纽带的、企业与企业之间的智能工厂。

2.内部集成

内部集成就是纵向集成,纵向集成是企业内部实现自我集成,它把各种生产制造信息在全企业范围内互通共享,各部门的生产制造彼此联系,无缝衔接,被集成的企业内部三大流是信息流、资金流和物流。内部集成是外部集成的基础,有了纵向集成就为智能制造创造了实施条件。纵向集成的具体对象是工厂内部传感器、智能机器、工业机器人、智能车间等硬件设施,还包括模型、数据、算法等软件,最终是把硬件与软件再集成,形成一体化的内部集成系统,使分散的内部各个结构实现大一统,变成一个完整的体系。

(四)生产执行系统的实时分析

智能制造要求对制造过程能够同步获取信息,同步进行问题处理,避免问题积压,将问题解决在萌芽状态中。这就要求生产执行系统具备实时分析能力。实时分析就是实时地、动态地捕捉制造过程现场产生的信息,迅速分析,迅速处理,信号处理时间满足动态参数分辨的需要。实时分析技术是一种智能技术,也代表了 IT 技术和设备水平,实时分析技术的运用使信息收集、传输、分析、处理能力大大加强。实时分析可以让各部门、各企业实时共享制造信息,有利于相互连接的系统在共享基础上自我完善。实时分析要求信息分析的实时、快速和深入,这种分析可以带来三个效果。

1.控制效果

实时分析可以实现实时对制造过程的严密监控,通过对现场数据的快速处理、传递,可以做到精确控制。传感器是主要的监控设备,其重要作用是及时发现生产异常情况,采集到异常数据指标,智能化分析该情况的形成原因,从而迅速采取行动纠正,让还不是太大的错误及时回到正确的过程中,为控制争取了时间,控制代价因为及时也很小。实时分析是有力的控制手段。

2.自运行效果

实时分析由于其优越的高速信息分析处理能力,能够实现设备与设备之间实时信息交换,方便于它们之间的协同运转,实现互相操控,可以使机器自组织生产、自行运作,进行自我管理,达到智能设备、智能车间和智能工厂的自行运转效果。

3.系统研究效果

制造数据十分复杂多样,其特点为多源性、连续采样、价值密度低、动态性强,同时智能制造系统也比传统制造系统复杂,其分析难度较大。实时分析十分有利于复杂系统的动态分析,这种分析高效准确,借助这种复杂的系统研究,可以优化生产流程,优化生产计划,有效调度生产,严格质量控制,改善生产指标。

总之,实时分析可以整合生产线数据,优化生产模型、优化多控制流程,能严密监控物料品质、能耗、设备,使设备和系统实现自我管理,最后达到的效果是实现高效率的生产运行。

(五)生产执行系统的数据运营

生产执行系统靠数据来运营,数据运营是对数据的分析、挖掘,发掘数据背后的真实状况,将数据及其真实状况发布出来,供数据使用者使用。

数据来源渠道广泛,有关生产制造的信息数据来自生产一线每一环节,来自与生产有关的各部门。系统将获得的各方面数据加以整合处理,作为生产执行系统管理平台用得上的数据被利用,借助这些数据在建立的生产虚拟模型上运行,可以使制造过程和每一操作更加优化。数据是管理的源泉,是下锅之米,数据运营必然提高各种协同程度,提高数据化水平代表的智能制造水平,它迎合了大数据时代的制造要求。

从底层到高层,生产制造数据运营分为四个层次,形成金字塔结构。

1.基础层——数据运营体系

建立数据运营体系,把制造数据传递给相关部门和人员,实现数据共享,或者将数据以商品方式销售变现,出卖给需要的顾客。数据的价值越来越重要,数据是生产执行系统的基础,它给予制造企业很多机会,建立数据运营系统是数据运营的第一步。

2.中低层——找寻市场

大数据里面蕴藏许多商机,通过数据发现市场空白点,在细分市场的基础上,选择市场,给予市场定位,根据企业自身实力采取合适策略占领市场。

3.中高层——确定解决方案

获得了反映现实情况的数据,并分析挖掘了数据背后的真实状况后,就可以借助数据确定解决方案,解决制造过程中的实际问题。以数据为支撑的解决方案针对性强,符合实际,是解决问题的行动方案。

4.高层——监控体系

监控可以保证各项制造作业有条不紊地正常开展,减少错误的发生。通过建立数据监控体系可以掌握流程进行情况,掌握制造进度,及时发现错误行为,在分析原因的基础上及时采取纠正措施。数据监控必须把分散的数据整合,把零碎的数据放到一个统一框架中,让数据发挥整体价值。

十二、信息物理系统

(一)信息物理系统描述

信息物理系统(CPS)把虚拟世界与物理资源结合与协调起来。它把物理世界与感知世界融合,感知世界感受物理世界,在两个世界的交互中,达到虚拟信息世界和实际物理世界的互联、互感、协同。

CPS是计算技术、通信技术与控制技术的统一体,其智能化程度高,CPS从现实物理对象中获取大数据,对大数据进行处理,把大数据融合于设计或制造对象中。CPS在网络空间下进行交互、耦合,具有自感知、自记忆、自认知、自决策、自重构特性,促使物理硬件世界的智能化。

CPS是计算技术、通信技术与控制技术的三位一体,它们互相作用。以计算、通信对物理系统予以设计,形成可控的物理设备系统;通过计算与物理设备交互,监测并控制物理实体。这种体系我们可以从多方面理解:

一方面,信息物理系统是"人—机—物"统一体。其计算技术是在人、机、物融合之下的计算技术,生产中人的控制力被该系统广为延伸,扩展了控制的时间、空间范围。

另一方面,信息物理系统是计算进程与物理进程的一体化。物理系统中嵌入了计算与通信内核,它们充分融合,计算进程与物理进程相互影响,使嵌入式计算机与网络对物理进程进行可靠、实时和高效的监测、协调与有效的控制。

第三方面,信息物理系统是由各种子系统组成的混合系统,实现感知、决策、编程和控制多种功能。每个子系统依靠网络通信设备相互连接,协同运行,子系统都为信息物理系统的正常运作做出自己的服务。

(二)信息物理系统构造

CPS 构造体系包括三个层次:决策层、网络层和物理层。其中,决策层是形成决议的重要核心层,它使用逻辑计算,把用户、感知和控制有机结合,将它们逻辑联系、对接;网络层起到通讯互联作用,把不同子系统联系在一起,形成整体 CPS;物理层起到感知、控制和计算作用,物理层是 CPS 门户,它是 CPS 与外界的接口。

在结构中,传感器的信息类型转化作用十分重要。实际的物理量是连续数据,也就是模拟信号,而信息空间的信号是数字的、非连续的,即数字信号。这就必须经过传感器的模拟数字转化器,将模拟信息转化为数字信息,这样的数字信息才能被信息空间接受和利用。

各种传感器以无线通信方式互相联系成为网络,共同感知、监控物理实体,传感器网络感知数据,融合数据,处理数据,借助互联网设施把数据传递给决策控制单元,决策控制单完成决策任务。

CPS 是一种闭环系统,运行于不同的时间和空间,各种功能子系统处于不同位置。各种基本功能单元互相耦合,依靠计算资源、数据库和互联网设施,实现数据传输,完成监测功能。

CPS 的基本组件是传感器、执行器、决策控制单元。其中,传感器是感受组件,能够感知种种外界的信号,监控物理世界真实情形;执行器是执行组件,它获得指令后,对受控对象予以作用,控制其行为;决策控制单元是决策组件,它是逻辑控制设备,根据用户指令形成逻辑控制。如图 2.5 所示。

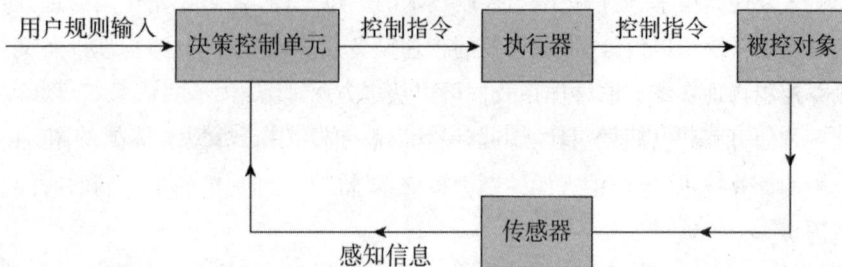

图 2.5　CPS 基本组件图

（三）CPS 特征

CPS 具有与传统的实时嵌入式系统以及监控与数据采集系统（Supervisory Control And Data Acquisition Systems，SCA-DA）不同的特殊性质。

1.全局虚拟性、局部物理性

局部物理世界发生的感知和操纵，可以跨越整个虚拟网络，并被安全、可靠、实时地观察和控制。

2.深度嵌入性

嵌入式传感器与执行器使计算深深嵌入到每一个物理组件，甚至可能嵌入进物质里，从而使物理设备具备计算、通信、精确控制、远程协调和自治等功能，更使计算变得普通，成为物理世界的一部分。

3.事件驱动性

物理环境和对象状态的变化构成"CPS 事件"：触发事件→感知→决策→控制→事件的闭环过程，最终改变物理对象状态。

4.以数据为中心

CPS 各个层级的组件与子系统都围绕数据融合向上层提供服务，数据沿着从物理世界接口到用户的路径一路不断提升抽象级，用户最终得到全面的、精确的事件信息。

5.时间关键性

物理世界的时间是不可逆转的，因而 CPS 的应用对时间性有着严格的要求，信息获取和提交的实时性会影响用户的判断与决策精度，尤其是在重要基础设施领域。

6.安全关键性

CPS 的系统规模与复杂性对信息系统安全提出了更高的要求，尤其重要的是需要理解与防范恶意攻击带来的严重威胁，以及 CPS 用户的被动隐私暴露等问题。

7.异构性

CPS 包含了许多功能与结构各异的子系统，各个子系统之间需要通过有线或无线的通信方式相互协调工作，因此，CPS 也被称为混合系统或者系统的系统。

8.高可信赖性

物理世界不是完全可预测和可控的，对于意想不到的情况，必须保证 CPS 的鲁棒性，即健壮和强壮性（Robustness），同时还须保证其可靠性、高效率、可扩展性和适应性。

9.高度自主性

组件与子系统都具备自组织、自配置,自维护、自优化和自保护能力,可以支持 CPS 完成自感知、自决策和自控制。

10.领域相关性

在诸如汽车、石油化工、航空航天、制造业、民用基础设施等工程应用领域,CPS 的研究不仅着眼于其自身,也着眼于这些系统的容错、安全、集中控制和社会等方面对它们的设计产生的影响。①

---

① 德州学院.智能制造导论[M].西安:西安电子科技大学出版社,2016.(课件.)

第三章

智能制造技术

　　智能制造区别于传统制造的最大特点是运用了各种先进的智能制造技术,这些技术包括云计算、物联网、移动互联、大数据、自动化等技术。智能制造技术是智能制造理论的应用,再结合经典制造理论和制造方法,对整个制造过程进行智能化管理,实现设计、研发、操作、运营全流程的先进管理,达到制造过程的自动化、网络化、智能化、绿色化,将信息流、资金流、物流三流有机结合并高度优化,整合并高效利用资源,实现生产效率的大幅度提高。因为智能制造技术的核心作用,本章研究颇具代表性的以下智能制造技术:工业物联网、工业机器人、3D 打印技术、RFID 视频技术、虚拟现实与人工智能技术、智能信息安全技术、高档数控机床技术、智能传感器、工业大数据、云计算技术。

第一节　工业物联网

一、物联网的定义

　　物联网是借助 RFID、无线传感器等定位技术,自动采集和感知物料、制造和环境信息,采用电子信息、传输技术把感受的信息聚合,在信息网络中予以传递,采用各种智能计算技术对聚合的信息加工处理,以便精确认知实际制造过程,实现对制造过程的智能化控制。

　　物联网利用的网络硬件主要是以太网终端、WIFI 终端、2G/3G 终端,有些智能终端具有数个接口。物联网利用的传输软件有蓝牙、Zigbee、WIFI、超短波数传电台、GPRS。

二、物联网的整体构成及核心技术

物联网整体结构包括感知层、网络层和应用层。

感知层类似于人体的感觉器官,其作用是感受来自外界的各种信息,它是物联网的表面层,外界制造信息通过感知层设备来识别物料对象,收集制造信息。其设备包括二维码标签和识读器、RFID标签和读写器、摄像头、GPS等网络层,类似于人体结构中的神经中枢和大脑,其作用是将感知层采集的信息进行处理,然后传递。其设备包括互联网、网络管理中心、信息处理中心等。

应用层是类似于人的社会功能,人在社会分工中承担不同角色,物联网的应用层与不同行业结合,体现了行业背景的社会分工角色,具有行业特色,满足行业需求。这种需求满足是借助物联网与行业技术的结合来实现的,使行业运营物联网的"社会分工"与行业需求结合,达到行业制造的智能化。

工业物联网成功应用以关键核心技术为支撑。其基本作用的发挥过程是,依靠各种感知、传感和定位系统,采集以声、光、热、电信号为特征的实时生产信息,实施生产现场监控、调节、指挥和互动。其基础设施是现场感知终端,它把计算模式、移动通信加入到生产的各环节,作用的结果是生产率大大提高,成本显著降低,制造质量不断提升。工业物联网提高了制造过程的智能化水平,升级了传统制造业。从它的基本作用的发挥过程来看,工业物联网中的关键技术包括标准、传感技术、通信技术、网络技术、信息处理技术和安全技术。

三、工业物联网的制造领域应用

传统制造的通讯方式是机器对机器的点到点的模式,其通讯速度、效率和信息量受到限制。工业物联网却是通过事件对事件的泛化模式来进行通讯,不但能够自动、精准、快速采集生产数据,而且使人、机器和系统三合一的交汇,达到三者的深度融合。此种无缝连接大大提高整体智能化水平,企业感知力提高,使得企业、客户、市场的联系更为紧密。所以,工业物联网应用领域十分广阔,前景也很可观。它的应用领域包括市政管理、节能环保、医疗健康、居家建筑、金融保险、智能工农业、物流零售、能源电力、交通管理等,本节主要是从生产制造角度讨论工业物联网的应用。

(一)制造业供应链管理

物联网技术在制造业供应链管理过程中,其感知终端能快速精准获悉现场作业细节,把握原材料采购、库存、使用、需求情况,准确预测原材料供求关系,判断材料价格走势,对供应企业提出合理需求,制定对下游企业供应策略,改善供应链中上下游企业关系,管理好供应链体系,优化供应链结构,使得生产供应链运作效率更高,成本更低,各企业的协同作用更好。

（二）制造现场实时监测及控制

工业物联网具有良好的感知特性，现场监控能力强，能够快速采集生产过程数据，及时监测现场运行情况，随时获悉材料消耗情况和过程细节，在掌握实际精准数据的基础上，通过大数据分析技术，达到智能监控、智能控制、智能诊断、智能决策、智能维护，从而改善、优化工艺，进一步提高工艺能力。

（三）设备监管

感知终端可以随时获知机器设备的运行情况，把握设备现状是否良好，有利于对设备进行健康管理，利用传感技术在对生产设备进行跟踪监测的基础上，汇集设备参数和使用数据，对数据予以分析，做好设备的故障诊断、预测，定位故障原因，并把数据传递给设备制造商，以便制造商能够对设备进行服务维修，保持设备的良好状态，延长设备使用寿命。

（四）环保监测及能源管理

在环保监测及能源管理领域使用工业物联网，可以实时监控污染物排放量，掌握污染指标变化情况，对排污过程严重的环节及时报警，及时采取污染治理措施，直至停产，减少废气、废水、废渣的排放量，达到清洁生产目标、保护环境、保证生产工人身体健康，确保绿色生产的进行。①

（五）安全生产管理

在相对危险的生产部门使用工业物联网技术，在危险作业环境安装智能传感器，可以实时监测到危险作业现场的安全情况，发现不安全因素，采取措施防止生产事故的发生，保证生产工人的人身安全，工业物联网技术广泛应用于矿山设备、油气管道、矿工设备等危险作业环境中。

第二节　工业机器人

一、工业机器人定义及特点

工业机器人是多关节机械手或多自由度的机器装置，它用于工业制造，部分取代人工进行作业，既能够自动完成作业，又能够接受人的命令实施操作，在动力作用下，自我驱动或外来驱动完成一系列工作，并控制好操作行为，它也可依照预

---

① 王芳，赵中宁.智能制造基础与应用［M］.北京：机械工业出版社，2018.（课件.）

先编制好的程序按规定运行。工业机器人某些特性如下。

(1)可编程。它可以在运行前编程,然后按照程序运行,也可以根据实际运行情况的变化改变编程,因此它不但能够自动化运行,而且具有柔性特点,其自动化特点适合大批量生产,柔性化特点很适合小批量多品种产品生产。工业机器人能够较好地适合各种制造场合,可编程带来的自动性和柔性特点超过人的作用。

(2)仿真人。工业机器人虽然是一种机械电子结构,但其结构组成部分是按照人类结构模仿设计出来的,与人相似,也可以行走、腰转,也有大臂、小臂、手腕、手爪等部分,能够完成许多人的动作,代替人工。智能机器人还有许多类似人类的"生物传感器",如皮肤型接触传感器、力传感器、负载传感器、视觉传感器、声觉传感器、语言功能等,除了电脑控制住机器人脑,还具有自我辨识、判断能力。工业机器人是没有血肉的仿真人。

(3)通用性。普通工业机器人能够完成各种通用作业,在一般性作业执行上具有较好的通用性,因此其适用面广泛。当更换机器人手部操作器,例如手爪,就可执行不同的动作,完成特定任务。在特殊场合使用的特殊机器人可以完成特殊的操作。

(4)工业机器技术是多学科的集成。机器人技术涉及许多学科技术,包括机械学、电子学、机电一体化学、人工智能学,这样就使智能机器人功能强大。多学科的集成使智能机器人具有如下能力:传感器能力、记忆能力、语言理解能力、图像识别能力、推理判断能力等。工业机器人具有行走、多种感知、自适应作业环境的特点。它的技术性首先表现为技术先进,因为它集精密化、柔性化、智能化、软件应用开发等先进制造技术于一体,有极高的自动化水平。它的技术性其次表现为技术升级,因为它具备精细制造、柔性生产技术特点,能够延伸人的体力和智力的,实现了生产数字化、自动化、网络化以及智能化。它的技术性再次表现为技术综合性强。因为机器人融合了多项学科技术,例如控制技术、动力学技术、仿真技术、有限元分析技术、激光技术、模块化技术、智能测量技术、建模技术、自动化技术,这些技术被有效地综合在一起。

二、专业型工业机器人

在智能制造领域,有不同种类机器人,分别适用于不同专业生产场合,它们有独特的应用性和功能,能够分别完成不同的任务。

(一)移动机器人

移动机器人能够行走移动,改变位置到需要的地方,它被计算机和传感器控制,在移动中具有自动导航能力,与网络交互好,在各种智能制造生产车间可以用来搬运物品,用于现场操作,操作精准,负荷强度大,满足柔性加工、柔性装配需要。移动机器人在智能物流中应用广泛,它是先进物流技术和设备的代表,移动机器人结合现代物流技术,提高物流自动化水平,有力地实现自动存取、卸货装货、快速搬运功能,做到物流作业的精细化、柔性化、信息化,大幅提高物流作业水平。移动机器人是传统物流机械和人力的有力替代。

(二)点焊机器人

焊接机器人专用于工业焊接,其特点是焊接速度快,焊接质量好,能承受大劳动强度,并且稳定性高,活动范围大,生产率明显高于人工焊接,避免了人工焊接对人眼睛的损害。在汽车整车的焊接中,国内外汽车生产商常常利用点焊机器人工作,在焊钳一体化的船舶制造、飞机制造生产线上,焊接对象重量较大,较大重量的点焊机器人被常常使用。我国 165 公斤级点焊机器人,技术上达到国外同类机器人先进水平,并应用于汽车焊接生产线。

(三)弧焊机器人

弧焊机器人在各种机械制造中用于零部件的焊接。它采用系统优化集成技术,采用交流伺服驱动技术,使用 RV 减速机和谐波减速器,其稳定性优良,响应性好。它还利用协调控制技术,协调和控制数台机器人同时运作,保证焊枪位置及姿势正确,使焊接工艺被严格遵守,确保焊接操作正确进行。弧焊机器人还采用焊缝轨迹跟踪技术,用激光传感器实现焊接过程中的焊缝跟踪,提升焊接机器人对复杂工件进行焊接的柔性和适应性,用视觉传感器监测并跟踪焊接偏差,进行偏差数据统计,进行偏差补正,完成各种复杂焊接而且保证误差较小,保证焊接质量,因此焊接机器人的柔性和适应性都很高。

(四)激光加工机器人

激光加工机器人是在激光加工中使用机器人,其技术是机器人技术+激光技术,机器人的操作和激光加工都是高精度的,激光加工作业也是高柔性的。激光加工机器人运作既可以事先编制程序再运作,也可以通过示教盒实施在线操作。

(五)真空机器人

真空机器人是一种在真空环境下工作的机器人,精密度要求颇高,操作精准性也有高要求。例如在半导体工业中,使用真空机器人操作,实现晶圆在真空腔室内的传输。真空机器人对半导体装备整机研发有关键作用,它是半导体工业加工的重要机器人。

（六）洁净机器人

洁净机器人是一种在洁净环境中使用的工业机器人。当对生产环境要求严格，必须在洁净的环境下才能实施生产作业时，洁净机器人就可以发挥作用，它在洁净环境下完成生产操作，完成真人无法完成的作业。

三、工业机器人在智能制造中的应用

工业机器人是智能制造的关键核心技术之一，其应用领域非常广泛，显示出强大的生命力。

（一）涂胶工作站中的应用

智能化涂胶工作站包括设备有：机器人、供胶系统、涂胶工作台、工作站控制系统、附属设备。工作站的具体涂胶工作由机器人来操作，使工作效率高，工作质量好，能完成繁重任务。机器人的高自动化程度适合于大批量生产，其柔性适用于多品种、小批量生产。智能化涂胶工作站广泛存在于汽车风挡、汽车摩托车车灯、建材门窗、太阳能光伏电池行业。

（二）焊接系统中的应用

由于点焊机器人和焊弧机器人的优良特性，这两类机器人被广泛应用于焊接系统，焊接系统广泛存在于铁路、航空航天、军工、冶金、汽车、电器等制造领域。通过焊接系统中使用机器人，极大提高了焊接质量，焊接技术的发挥很稳定，繁重的体力劳动被机器人取代，也无须高技术的工人来操作，危险和有害身体健康的作业环境由机器人置身其中。机器人的焊接，通常采用熔化极气体保护焊或非熔化极气体保护焊两种方法。常用设备为焊接电源、焊枪、送丝机构、机器人、焊接软件、辅助设备等。

（三）装箱作业中的应用

自动装箱系统大有机器人用武之地，以自动装箱为主要功能的码垛工作站，集成了许多不同技术和设备，例如被集成的设备有工业机器人、控制器、编程器、机器人手爪、自动折叠盘机、托盘输送、定位设备。这些集成设备再与集成软件结合，在控制系统的控制下，组成集成化包装生产线，运行中具有自动化和智能化的特点，使装箱效率非常高。该系统尤其适用于需要繁重体力劳动的装箱作业，例如建材、家电、电子、化纤、汽车、食品等行业的装箱。[①]

---

① 王芳，赵中宁.智能制造基础与应用[M].北京：机械工业出版社,2018.（课件.）

第三节　3D 打印技术

3D 打印是一种以数字模型文件为基础,运用粉末状金属或塑料等可黏合材料,通过逐层打印的方式来构造物体的技术。

3D 打印利用数字技术材料打印机来完成打印,是一种快速打印技术。该技术在产品设计、模型设计时可被用于模型呈现,所呈现的图形和模型形象逼真,是真实体的良好体现,它在智能模具制造、工业设计和其他制造领域得以广泛应用。它也是智能制造核心技术之一。

3D 打印技术以普通打印技术为基础,利用光固化技术、纸层叠技术,做到快速成型。3D 打印机要放置液体或粉末状打印材料,与打印机连接的电脑控制打印材料的使用消耗,将打印材料一层层输出,一层层地叠加起来,使纸质或视频图像转化为实物模型。这种打印不但快速,而且是三维立体化的,十分形象逼真。如图 3.1 所示。

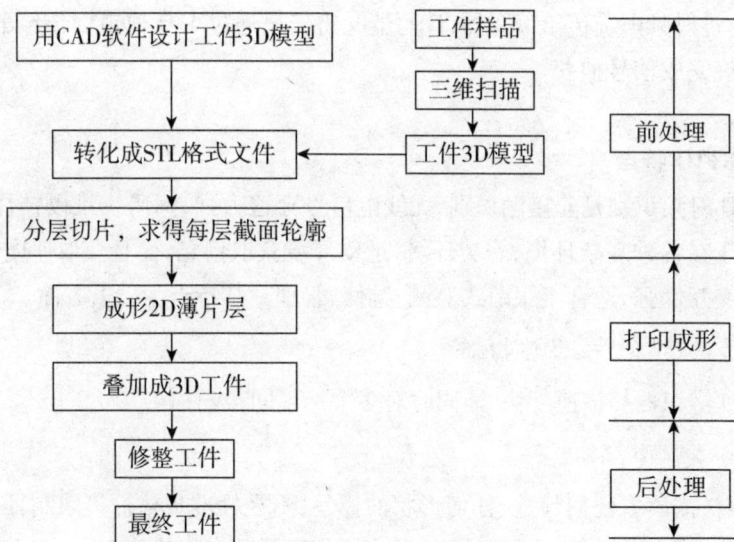

图 3.1　3D 打印流程图

第四节 RFID 射频技术

一、RFID 定义及工作过程

RFID(Radio Frequency Identification)射频技术,是一种无线通信识别技术,它利用无线电信号识别特定目标上的信息,读写其中的数据,特定目标是一个电子标签,也叫 RFID 标签,标签贴在特定的物体上。利用雷达原理,发射器发射的无线电视频信号,射到 RFID 标签上,采集其上存储的信息,予以反射,携带捕获信息信号的无线电波返回发射设备上的接收器,从而自动识别标签信息。RFID 读写器有移动式和固定式两种。

RFID 整个系统结构包括四部分:电脑控制终端、阅读器、天线和电子标。其具体工作过程是:电脑控制终端通过 I/O 通道,向阅读器发出发射信号的命令,阅读器通过射频电缆,向天线发布信号发射命令,天线便向外发射无线电信号,无线电信号遇到物体上贴的电子标签,获取其中的信息后反射,天线接收器将接受的反射波通过射频电缆传给读写器,读写器又将信号通过 I/O 通道回传给电脑控制终端,最终完成信号捕获。

二、RFID 特点

RFID 射频识别是非接触识别,无线电信号穿透力强,障碍物难以挡住它的传播,适合于在各种复杂环境、恶劣环境、运动环境获取信息,而且获取速度快,读写能力强,交互性强,适合于跟踪式监测、维修、管理。其特点为以下方面。

(一)快速、同步、多体扫描

RFID 辨识器扫描速度快,能同时对多个标签同步扫描。

(二)体积小,形状多

可以扫描读取任何尺寸、任何形状的标签,不受标准规格标签限制,因此适用性好,而且 RFID 标签更可以很小,能贴在任何形状的微小物体上。

(三)抗污染和耐用

传统条形码的载体是纸张,因此容易受到污染,RFID 标签抵抗水、油、化学物质能力强,不易受污染,不易折损,其上的信息数据存放在芯片里,保留时间长,十分耐用,这些优点都是普通条形码纸张不具备的。

（四）可多次使用

RFID 标签因为其耐用性，也因为其能修改和补充信息数据，所以它可以反复使用，更新信息后可以再次使用，次数不受限制，不像普通条形码印刷品只能一次性使用。

（五）挡不住的阅读

无线电信号穿透力强，被掩盖和隐蔽标签均能被识别，基本不受环境、气候、位置、障碍物影响，是真正的"隔墙看物"，不像条形码扫描机，必须在近距离而且无阻挡的情况下，才可以读取条形码。

（六）数据量巨大

RFID 数据容量高达数个 MB，而且还有不断增加的趋势，因此获取的信息相当丰富，一维条形码的容量只有 50Bytes，而二维条形码容量是 2 至 3000 字符。[1]

（七）保密

信息以电子式信息传递，可以设定密码保护数据，不容易被破解，难以被盗取、伪造，安全性高。

第五节　工业大数据

一、爆炸式增加的工业大数据

在当今信息时代，信息是企业获取竞争优势的无形财富，信息具有巨大的商业价值，收集、加工、处理、传递、利用信息是各企业参与市场竞争的必须任务，以数据为代表的信息同样是一种资源。现代社会是一个信息海洋，而且随着互联网、物联网、云计算等信息技术发展，随着通信手段的进步，每日信息成爆炸式增加，面对和处理这种浩如烟海的信息，对于智能制造企业是一个严峻挑战，谁能够抓住这些信息，处理并善于利用这些信息，谁就能够取得竞争优势。智能制造时代，工业大数据的概念终于来到我们跟前，工业大数据技术成为了智能制造的关键核心技术之一。工业大数据的特点就是多而大，这种数据广泛存在于各种制造领域，它无处不在，无时不有，是制造业的宝贵资源。每一家智能制造企业高度依赖大数据，供应链、价值链、产品生命周期、流程到处都存在大量数据。这些繁杂

---

[1]　王芳，赵中宁.智能制造基础与应用[M].北京:机械工业出版社,2018.（课件.）

数据有的是结构化的,有的是非结构化的。在大数据海洋里,每一家企业面对的信息也差不多,他们在信息方面的竞争优势就看他们处置信息大数据的能力了。各类型数据存在的地方大概如下。

产品数据存在于设计、建模、工艺、加工、测试、维护数据、产品结构、零部件配置关系、变更记录。

运营数据存在于组织结构、业务管理、生产设备、市场营销、质量控制、生产、采购、库存、目标计划、电子商务。

价值链数据存在于客户、供应商、合作伙伴。

外部数据存在于经济运行数据、行业数据、市场数据、竞争对手数据。

二、工业大数据对制造企业的意义

大数据无疑具有巨大价值,对先进制造企业、智能制造企业更是如此。通过大数据感知、收集、分析和共享,再加上制造技术,加上创新精神,能让制造型企业如虎添翼,创造出不少竞争优势,因此工业大数据具有如下两个重大意义。

(一)智能制造的必须

在智能生产中,生产数据被车间设备传感器感知,然后用物联网送入信息系统,再送入云计算数据中心进行存储、分析,以决策支持系统形成决策,然后贯彻执行。其详细过程是,车间生产设备安装上传感器,传感器实时采集生产过程数据,用无线通信与互联网相连来传输数据,从而实时监测生产进程。这种数据的获取、加工、处理和传送均高效快捷,能准确反映生产现状,这种数据也是控制生产的依据,整个过程自动化程度高,使生产做到自适应、自调节、智能化生产和智能化管理。

大数据技术在生产现场应用的最可贵之处就是以先进传感技术和传感设备实时感知数据,瞬间就能知道每一生产细节,然后以此细节信息快速精准控制,实现控制智能化。来自车间的传感器产生的大数据,使智能生产变得可能,大数据既是下锅的米,也是生产智能化水平的决定者,因为它决定了所需的智能制造设备的智能水平。另外,传感器基础上形成的大数据,也十分有利于能源的节约利用、高效利用,因为大数据显示了能源使用情况,能及时发现能耗异常,并及时采取能耗优化措施。综上所述,大数据技术有助于实现生产智能化。

(二)大规模定制的必须

随着消费水平的提高,消费者需求越来越个性化、独特化,这就要求生产企业不仅能够提供满足消费者特殊需要的特色产品,还要能够实现个性化定制。但是消费者人数众多,需求千奇百怪,故需求信息纷繁杂乱,而且时时在变,这势必形成海量大数据。此外,不计其数的交易使企业与顾客产生无数次互动,同样产生了海量大数据。企业十分有必要挖掘这些大数据,分析数据,深刻了解消费者需求,让消费者参与到产品的设计中来,按照他们的需求设计出针对性产品。制造业企业需要对大数据进行整理、分析、挖掘、传递,从而按照定制来生产产品。

大数据是智能生产的信息原材料,定制平台是核心,定制数据足够多后就是大数据了。制造业的大数据应用有数据采集、数据管理、订单管理、智能化制造、定制平台等。例如,大数据通过合理应用,可以带来如下有利效果:首先,是帮助制造业面向消费需求,实现企业针对性营销;其次,节约物流成本,减少库存,提高仓储、配送效率;第三,优化供应链,有利于供应链各企业协同,提高供应链价值;第四,利用销售数据、传感器数据和供应商数据库的数据,能做好市场预测,把握市场未来走势,对市场决策有大的帮助。

三、大数据核心支撑技术

支持大数据处理的核心技术有四个,即数据采集、数据预处理、数据存储和数据分析。

(一)大数据采集技术

数据的采集典型工具是车间设备上的传感器、网络通信体系、智能识别体系、软硬件资源,把这些工具连接上采集对象系统,就可以实现对数据的智能化识别,所识别的数据包括结构化、半结构化以及非结构化数据,识别后再实现对大数据的跟踪、接入、传输、信号转换、监控、初步处理和管理。

(二)大数据预处理技术

智能采集了大数据后,在正式处理这些数据以前,要对它们进行预处理,以便正式的数据挖掘处理质量更高,速度更快,效果更好。预处理的主要工作是分类海量数据,把复杂数据单一化、简单化,筛选出正确和有价值的数据,删除无用数据,给正式数据处理提供优良的数据原材料。大数据预处理的方法有数据清理,数据集成,数据变换和数据归约。

(三)大数据存储技术

海量大数据需要有存储仓库放置,即数据需要一个安置点,以便对数据输入、输出、存放、管理、挑选、调用,因此大数据存储技术显得十分重要。建立大数据库和开发先进数据库技术成为支撑工业大数据的关键点,这些数据库是值得开发的:键值数据库、列存数据库、图存数据库、文档数据库等。

（四）大数据分析

不被分析处理的数据毫无价值,海量数据只有经过分析才能得出结论,从而指导实际工作。顾名思义,大数据分析是指对庞大的数据予以科学性分析。其分析角度是多样化的,如以下方面。

(1)可视化分析。把抽象数据视觉化、直观化、形象化,符合人的感受习惯,分析起来变得很容易,也容易理解,它是最基本的数据分析方法。

(2)数据挖掘。从众多数据背后的隐藏中,发掘出其中的真实规律,由表及里地深入下去,寻找真相,探求真理。这是一项艰巨复杂的工作,需要从大量的、不完全的、有噪声的、模糊的、随机的实际应用数据中,排除假象,提取隐含的真实信息,这种真实信息往往不为人所知,但又作用巨大。

(3)预测性分析。可视化分析和数据挖掘的目的,就是运用它们得到的结果预测未来,建立在前两者基础上的预测才可能比较准确,为决策提供良好服务。

(4)语义引擎。它指分析语义中隐含的消息,使语义内涵显性化,发现信息并提取信息。

四、大数据推进智能制造

智能制造过程的大数据不断出现。一方面,在消费水平升级的时代,消费需求富有个性化,传统的大量式、统一规格性生产已经不适合个性化的要求,要求制造业更多考虑顾客需求,挖掘众多消费需求,如此便产生海量的大数据。另一方面,针对个性化需要的生产往往是非标准化生产,生产复杂性增加,生产过程中产生的信息明显多于传统的大批量生产,自然就产生了海量生产数据,这些数据必须收集、处理和分析,这就是大数据处理。①大数据通过互联网在智能设备之间传递,由智能设备来分析、判断、决策、调整、控制,从而实施智能生产,可以说,没有大数据便无从开展智能生产,大数据是智能生产下锅之米。信息与物理实体相互作用与融合,产生了大数据,有了大数据,产生了生产数据私有云。传统的制造业的信息管理开始升级,企业进入到智能制造新模式,使传统制造业发生智能化转型,可见,大数据应用助力了企业在研发、生产、运营、营销和管理方式的智能化,推动企业不断技术创新。所以说,大数据推进了智能制造。

---

① 德州学院.智能制造导论[M].西安:西安电子科技大学出版社,2016.(课件.)

第六节　云计算技术

一、云计算特点

云计算是一种借助互联网把数目众多而且富有弹性的计算机运算能力汇集,然后向网络客户提供服务的IT技术。其核心是后端庞大的计算中心。计算中心作为中央部位,利用互联网,为IT用户提供优良服务。此服务不但能给予用户方便的体验,而且服务成本低下。

后端的计算中心也叫云计算中心,它的计算能力巨大,高性能、高速度、高可靠性,自动化程度十分高。用户与云计算中心通过互联网相连。一方面,用户在网上可以方便地访问计算中心发布的信息,实施云应用,以方便为特点的体验效果很好,免去了安装和维护的麻烦。另一方面,用户享受云计算中心提供的服务时成本低廉,在云中直接获取信息服务十分便宜,用户用多少信息就付多少费用。良好的使用体验和便宜的收费是云计算的双重特点。

二、云计算的组成结构

云计算体系由服务系统和管理系统两大系统组成,如图3.2所示。

图3.2　云计算组成结构

（一）服务系统

对于服务系统,其功能是向用户提供各种云服务为主,它又由三个部分构成。

1.软件

其作用是把提供给用户的应用、服务,以基于 Web 的方式提供。

2.平台

其作用是把一个应用的开发和部署平台,以服务的方式提供给用户。

3.基础设施

其作用是把来源于源头的计算,例如产生原始数据的计算机形成的数据提供给用户,或者把存储资源提供给用户。

这三个部分既有相互独立的一面,又有彼此关联的一面。从服务内容看,这三部分提供的服务内容不一样,服务的用户对象也不相同;从技术角度看,这三部分之间又互相依赖,因为一个软件服务往往同时需要软件本身的技术、平台提供的开发和部署平台、基础设施提供的计算资源。平台的产品和服务也需要基础设施为其服务。

对于管理系统,其主体部分是云管理层,云管理层的作用是保证云计算中心正常运行,正常发挥云计算中心作用,使它安全、稳健地工作。

（二）管理系统

云计算管理系统的核心是云管理层,其地位相当重要。它为以上服务系统的三个组成部分提供工作基础,三个部分的管理和维护需要云管理层技术支持,云管理层功能发挥也是针对此三个部分的。云管理层分为三层共九个模块,三层分别是用户层、机制层和检测层。如图 3.3 所示。

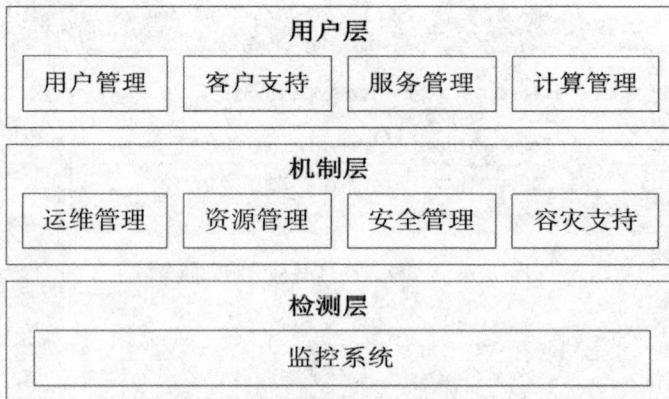

用户层			
用户管理	客户支持	服务管理	计算管理

机制层			
运维管理	资源管理	安全管理	容灾支持

检测层
监控系统

图 3.3　云管理层组成部分

1.用户层

用户层是面向用户,为其提供多种不同功能的服务层次,直接决定了用户满意度大小,是服务的第一线。用户层的四个模块:用户管理、客户支持、计费管理和服务管理。每一模块发挥不同的作用。

(1)用户管理模块。用户管理是做好三方面管理。①账号管理,主要是管理好用户身份,分配访问权限,并对用户类别进行管理;②单点登录,在多个应用系统中,用户只需要一次操作登录,就可以访问所有允许的系统,自如方便地在多系统间转换,避免了多次登录的麻烦,为云服务之间进行快速切换提供了可能;③配置管理,它管理用户的配置信息,例如对用户终端的配置情况予以记录、跟踪,掌握用户计算机的设置或配置情况,以便能为他们提供必要的服务。

(2)客户支持模块。该模块专责客户疑难问题的解决,排除客户遇到的困难,支持客户端的正常运行,满足客户的各种需要,是一种网络客户服务。为此,必须建立客户支持系统,以系统方法和系统手段为客户解决问题,必须把客户面临的问题按照轻重缓急分类,分别予以处理,重点把握突出问题,解决主要矛盾,提升客户支持的效果,而不是眉毛胡子一把抓。

(3)计费管理模块。监控系统采集用户所使用资源和获得服务的数据,比如消耗 CPU 的时间和网络带宽、调用某个付费 API 的次数,然后对这些数据予以统计,就能够得知用户使用资源和获得服务的时间或次数,就可以按照收费标准和使用量向客户收费。

(4)服务管理模块。云由许许多多的服务组成,各种云服务需要妥善管理,云计算不同的功能可以拆分为许多服务,这些服务通过接口和契约被连接,这种连接被耦合为完整系统,服务被一体化,耦合系统不断演化,能够为用户提供各种各样的功能完善的服务。

2.机制层

机制层的作用就是提供管理云的机制。云计算中心在管理机制作用下,它的工作效率更高,云计算中心的功能发挥得更加充分,从而为客户提供更好的服务。机制层包括如下四个模块:运维管理、资源管理、安全管理和容灾支持。

(1)运维管理模块。运维管理模块是系统运行健全的保证,它提供如下的运行维护功能:①自动维护功能,它使运行和维护自动化,在专业化水平高的前提下降低运维成本;②能源管理,调节资源利用,节约使用资源,根据 CPU 的工作繁重程度来调整能耗大小,降低不必要的功耗,还能提供系统功耗的表格,绘制功耗统计图,按照功耗必须、够用和节约的原则来自动管理能耗;③事件监控,它实时监视云系统运行过程中的数据,快速捕获现场信息,实施跟踪式管理,及时处理异常情况,采取措施控制运行过程。

(2)资源管理模块。资源管理模块能够对现有资源进行有效管理。例如,在一个类似水池一样的资源池,把庞大数据汇集于此,在资源池中对数据进行统一管理,使数据管理变得比较容易;资源管理模块能够对资源创建和使用流程做到自动化,对资源实施自动部署;它还能自动调整云中资源,合理利用资源,分配资源,把资源优先调度到最需要的地方,与终端负载相匹配,均衡资源的使用,提高资源使用效率。

(3)安全管理模块。它是云计算系统安全的保证模块,保护数据、资源、使用、账号的安全,防止非法进入,防止恶意攻击,避免所有数据资源被非法窃取。

(4)容灾支持模块。起到保护数据不丢失、不损坏的作用,恢复数据故障损失。首先,对于数据中心数据的保护,需要在异地建立一个备份数据中心,备份数据中心基本与数据中心同步运行,同步备份数据中心数据,一旦数据中心出现故障,例如断电、人为破坏等,备份数据中心会自动接管数据中心工作,确保数据不遗失,保证服务不中断,使数据中心的服务功能稳定、持续。其次,在物理节点,系统实时检测每个物理节点动态,一旦检测到某物理节点有故障,容灾支持模块就立即处理,消除故障,恢复节点的正常,保证节点的顺利连接。

3.检测层

检测层的作用是检测、监视和控制云计算系统各部位运行情况,收集运行数据,将数据提交用户层和机制层。这种检测从三个方面进行:一是物理资源检测,例如 CPU 使用率和内存利用率、网络带宽利用率等;二是虚拟资源检测,例如虚拟机的 CPU 使用率和内存利用率等;三是应用层检测,例如记录每次请求的响应时间和吞吐量。

三、云形式

云形式也叫云模式,在智能制造中,云形式包括公有云、私有云、混合云和行业云几种形态。

(一)公有云

公有云面向广大公共用户提供服务,是开放性的云,任何用户在支付一定的使用费后即可以获取公有云提供的服务,此服务收费低廉。因为用户最多,所以其响应能力很大,能满足数量巨大的用户需求。专业云供应商管理和提供公有云服务,所有硬件、软件、维护和运行均由云供应商实施,系统由云供应商投资建设,用户无须投资和管理,用户只需支付使用费就可以享受方便的云服务。这种模式,一方面使云服务非常专业,另一方面使用户方便低廉地获得优质服务。不过,公有云的用户不知道他使用的资源还有哪些使用者,他只有使用资源的权利,没有控制硬件的权利,也不清楚服务是如何被提供的,在这方面显得被动,整个系统的服务质量只能靠云服务提供商的质量保证。

(二)私有云

与公有云相对的是私有云,私有云面向企业内部,即企业内部云服务提供,不对外开放。企业可以根据需要自行控制数据和服务,具有很大灵活性,针对性也不错,能够对从公有云中无法获得的一般性服务获得特色服务。私有云服务必须在防火墙保护下进行,企业必须建设基础设施,构建平台,需要前期投资,需要自行管理运营。

(三)混合云

混合云就是把公有云和私有云组合运用,同时吸收了两者的优点,也克服各自的缺点。它利用了私有云的私密性、针对性,还利用了公有云的灵活性、低廉性,使二者良好结合。在运用上,把非关键的应用和普通应用从公有云上获得服务,获得低成本的好处,对于有特色要求或者保密性强的服务,从私有云获得。

(四)行业云

行业云是专门针对某个行业提供服务的云,专用性强,同行业的许多企业可以共用。行业云的特性介于公有云和私有云之间。①

四、智能云制造

云制造是海量大数据与云计算平台相结合的产物,当信息技术、计算机技术、先进制造技术和物联网技术组合,云制造便应运而生。云制造在智能制造中被广泛应用,它有自身显著特点。例如它能够使制造过程广泛利用各种网络资源,制造成本低、效率高、生产附加值高、生产服务质量高,云制造高度整合了产品设计、开发、加工、物流、使用的资源,其提供的服务面向产品全生命周期,智能制造系统的云制造服务应该有标准模式、共享模式。云制造代表了一种先进理念,是一种先进模式,智能制造企业云制造的应用是一项艰巨任务,有一定难度,必须循序渐进,不断完善。云制造需要多种先进技术的共同使用,它包括云计算、物联网、高速度计算、嵌入式技术等,云制造今后需要努力主攻的技术是资源云端化、云管理引擎、应用协同、可视化技术、用户界面等。

---

① 德州学院.智能制造导论[M].西安:西安电子科技大学出版社,2016.(课件.)

第七节　虚拟现实与人工智能技术

一、虚拟现实技术及其特征

虚拟现实技术是一种模拟仿真技术,该技术创设一个模拟真实世界的虚幻情景,这种模拟情景高度仿真现实物理世界,它以互动式、立体三维式反映真实情景,给用户沉浸式体验,有身临其境的感受,从而能够直观地感知、调节和控制情景,其效果十分逼真。这种真实环境的虚拟表现用到了许多先进技术,例如,计算机图形学、图像处理与模式识别、计算机视觉、计算机网络/通信技术、语音处理与音响技术、心理/生理学、感知/认知科学、多传感器技术、人工智能技术、实时计算技术等,这些技术统称为虚拟现实技术。

虚拟现实技术表现出一些特征。

(1)多样感知。它类似于人的视觉、听觉、触觉、嗅觉、味觉,能够多方面感知信息,是立体式感知,是全方位感知,因此感知能力强,感知互补,对虚拟对象能够有比较全面和深刻的感受。

(2)真实感。环境虽然是模拟的,但体验却很真实,仿佛有置身其中的感觉,有时真假难辨。

(3)互动感。用户可以对模拟环境内物体进行操作,相互交流,与现实世界的交互一样。

(4)规律感。环境虽然是虚拟的,物体虽然是虚构的,但是虚拟物体的运动规律依然按照真实物体的运动规律进行,例如牛顿三大定律完全适合虚拟物体。

二、虚拟现实支持技术

虚拟现实依靠许多技术支持,也是众多先进技术的组合应用,支持技术有实时三维计算机图形技术,广角(宽视野)立体显示技术,对观察者头、眼和手的跟踪技术、触觉反馈、立体声、网络传输、语音输入输出技术等。这里只探讨几个常用关键技术。

(一)立体计算机图形技术

计算机图形技术已经比较成熟,在资源充分和时间足够的情况下,建立合适的物体模型就可以生成精确的图像,该图像是三维的、立体化的、彩色的,图像质量很高,图像附带数据,图像与真实物体一模一样。该图像技术的关键是实时,图像实时刷新,每一秒钟都在跟踪变化,同步性高。

（二）视觉技术

视觉技术是一种显示技术。用户的双眼看到的图像是平面的,在显示器上的展示也是平面的。如果用户戴上特殊的眼镜,一只眼睛只能看到奇数帧图像,另一只眼睛只能看到偶数帧图像,奇、偶帧之间的差异形成了视差,这种错位就产生了立体感,立体感是双眼视差的结果。

通常,用户使用键盘和鼠标作为计算机的输入工具,但是这两种工具难以作为三维立体空间的输入工具,因为鼠标是二维平面移动,不宜反映立体空间的三维移动。三维空间有六个自由度,当今已经设计出能满足六个自由度需要的输入设备,例如 3 Space 数字化仪、Space Ball 空间球、数据手套、数据衣等,这些优良设备的使用提升了视觉显示水平,使视觉呈现更加真实,图像质量优异,是三维立体型的。

（三）音频技术

人的耳朵能够对声音来自的方向有很好的分辨能力,因为两只耳朵距离声音源的距离不同,声音传播到两只耳朵的时间有差异,也就是有相位差,相位差形成了声音的方向感,从而使听神经能辨别声音的方向,如果转动头部就好像感到声音的方向改变了。左右耳听到在不同位置录制的不同声音就产生了立体声效果。在虚拟现实的音频技术中,声音的方向感稳定,头部移动并无声音方向改变的感觉。

（四）动作触觉技术

在虚拟系统中,我们可以对看到的虚拟物体施加动作,例如伸手去抓住它,不过你没有触碰到它的感觉,但是又能够如同真实情况一样,确实抓到了它,现实物理世界中这是不可思议的,但是虚拟动作触觉技术却做到了这一点。如果想亲自感受这种触碰感觉,只需在手套内层安装可以振动的触点,就可以实现。

（五）语音技术

让虚拟环境听懂人的语言,并能按照人的声音指示来做出反应是虚拟现实技术对声音的要求。实现机器与人的语言互动,让计算机识别人的语音是相当困难的,原因是语音信号和自然语言信号极其复杂,计算机不容易分辨。虚拟语音技术却做到了机器识别人的语音,即人对着计算机说话,就可以对计算机发布执行命令,计算机就可以做出相应的反应。不过,这时面临的问题是,一方面是效率不良,为了确保计算机能听懂人话,语音输入也许啰嗦不清;另一面是准确性较低,因为计算机听懂人话靠的是对比匹配,没有人的思考力。

三、人工智能技术

人工智能(Artificial Intelligence)简称 AI,指利用人工的方法和技术,使用以计算机为代表的自动化机器或智能机器,模仿、延伸和扩展人的智能,使得机器有思维活动,让机器有类似人的智力,由机器完成脑力劳动。

人工智能的本质是让冷面机器具备人格化,让机器可以思考,使它也长头脑,做出人类具有的智力活动。人的思维相关活动,例如决策、推理、判断和学习等都可以变为机器行为,在智力活动上,让机器部分取代人,减轻人的复杂脑力劳动,同时提高脑力劳动效率。人工智能把人脑的功能延伸和扩展给计算机,大大开拓了大脑的能量,它给人工物体安装上了人脑,人的智能行为包括知觉、推理、学习、交流,这些通过人工智能在计算机上也具有了。

四、虚拟制造关键技术

虚拟制造有许多技术,共同支撑虚拟制造技术的作用发挥,这里只介绍三个最核心的关键技术,即建模技术、仿真技术和虚拟现实技术。

(一)建模技术

虚拟制造系统是对现实制造的虚拟反映,这种反映依靠模型反映,使真实物理世界被抽象化,模型浓缩了现实世界的特性,概括了其性质,这种理想化的模型十分有助于我们把握真实现状,有利于生产管理和控制。因此,建模就是十分重要的工作,建模技术就是很关键的技术。建模包括生产模型、产品模型和工艺模型。

对于生产模型,可从静态和动态两个角度予以描述。静态描述是对系统的生产能力、生产功能、生产指标、生产参数等的描述;动态描述是在静态描述基础上,实时反映、跟踪反映,进而预测产品生产的全过程。

对于产品模型,它是各种物理实体对象的模型,产品模型能够表达实体对象的信息包括产品结构、形状、特征、质量、功能等。虚拟制造产品模型是多样的,既可以是静态特征模型,也可以是动态特性模型,既可以是二维平面模型,也可以是三维立体模型。这些产品模型通过映射、抽象等方法被制定出来,产品模型是实际产品的虚拟反映。

对于工艺模型,它是把制造工艺模型化,便于人们认识、掌握、操作和控制工艺,工艺模型将工艺参数与产品的设计属性联系起来,表达了生产模型与产品模型之间的联系,并使它们的交互得以实现。工艺模型能够做到计算机工艺仿真、制造数据表、制造规划,制作统计模型、物理模型和数学模型。

(二)仿真技术

仿真就是模仿真实情景,予以模型化表现,具体来说就是应用计算机把复杂的现实系统抽象化,将其简化为系统模型、分析模型和运行模型,获取系统的统计性能。仿真的好处:一是用系统模型来研究实际对象,不对实际生产过程予以干扰,使生产过程稳定进行;二是将漫长的生产周期予以短期化模拟,因为计算机有高速运算能力,可以将长期生产做到短期表现,节省时间、成本,快速形成决策,提高工作效率;三是可重复仿真,对实施方案反复优化,使生产计划越来越完善。

仿真的正确实施可以遵循五步骤进行:研究系统,收集数据——建立系统模型——确定仿真算法、建立仿真模型——运行仿真模型——输出结果并分析。

(三)虚拟现实技术

虚拟现实技术以计算机图形技术为主,综合其他显示技术,聚集图像设备、显示设备、控制设备和接口设备,创建和生成虚拟三维环境,使感受者能以交互方式沉浸在虚拟情景中,获得良好的真实体验。该虚拟系统能够动态和实时模拟真实世界,互动性强,操作者能够方便地修改虚拟环境,让操作者有现身其中的沉浸感觉。虚拟现实系统由操作者、计算机和人机接口构成。

由于应用环境和应用对象不同,虚拟制造的重点不一样,这就形成了不同中心点的虚拟制造,即以设计为中心的虚拟制造,以生产为中心的虚拟制造和以控制为中心的虚拟制造。

1.设计为中心的虚拟制造

虚拟制造为设计部门提供服务,助力产品设计,它提供给设计师设计信息,帮助其形成创意、制订方案和修改方案,让设计与制造协同起来。设计部门与制造部门联合工作,制作数字化产品模型,对仿真模型予以分析、改进、优化,在生产前的设计阶段就对拟制造的产品进行彻底细致研究,对产品设计进行评估,拿出最优的产品模型供车间进行加工制作。

2.生产为中心的虚拟制造

这种虚拟为操作者提供虚拟作业场景,例如虚拟厂房、车间、设备,在虚拟场景中,对现有的制造资源予以匹配,组合生产要素,分析作业,改善工艺,优化操作,改进流程,对生产计划灵活执行,合理调度,形成最优决策,使整个制造过程最优。

3.控制为中心的虚拟制造

构建全部制造过程的整体化的虚拟环境,构建生产控制模型,模仿实际加工过程进行仿真式控制,虚拟控制住制造的每一环节,仿真进行全局控制,把产品设计、产品开发、市场营销、加工制造通过网络相连,并实施控制,使控制及时、快速和高效。①

虚拟设计是虚拟现实技术的主要技术之一。虚拟设计就是指在设计阶段,采用了虚拟现实技术来设计产品,此技术可以展现三维立体产品,设计师对其进行修改、优化,赋予其应有的产品功能,使产品设计直观形象,便于理解,在设计阶段就保证了产品质量。虚拟设计是以设计为中心的虚拟制造。

虚拟装配是虚拟现实技术的另一个主要技术。虚拟装配就是在计算机上,仿真产品的装配,虚拟出装配过程,让实际装配操作得以优化,提高装配质量。虚拟装配是以控制为中心的虚拟制造。

第八节　信息安全技术

一、智能制造信息安全关键技术

企业智能制造是建立在信息技术基础上的,信息是制造的无形原材料,信息安全是智能制造的重要安全保障,而信息安全要依赖于某些关键技术,例如安全芯片、安全操作系统、密码技术和信息安全总体技术。

(一)安全芯片

安全芯片是一个独立模块,它可以做到生成密钥、加密、解密,该模块由处理器和存储单元组成,它们存储了密钥和特征数据,处理器的工作可以服务于电脑的加密,可以完成信息安全认证。被安全芯片加密后,密钥被存储在硬件中,即便数据信息被非法窃取,数据信息也不能被解密,数据的安全得到保证。

(二)安全操作系统

安全操作系统是在操作工作过程中,每一个环节、每一项运行的信息都十分安全的系统。它能做到信息不外泄,信息不被破解,整个系统符合安全技术要求。具体来说,能保证计算机信息系统的安全操作有:自主访问控制、强制访问控制、

---

①　王芳,赵中宁.智能制造基础与应用[M].北京:机械工业出版社,2018.(课件.)

标记、身份鉴别、客体重用、审计、数据完整性、隐蔽信道分析、可信路径、可信恢复等。

(三) 密码技术

密码是计算机登录和获取信息的通行证,保证密码安全可以防止非法入侵。为了防止密码被偷窃、防止密码被破解,所用到的密码技术有密码理论、新型密码算法、对称密码体制与公钥密码体制的密码体系、信息隐藏技术、公钥基础设施技术、消息认证、数字签名技术等。

(四) 信息安全总体技术

使用信息安全总体技术首先要建立信息安全体系,在体系的基础上利用多种总体安全技术,信息安全体系包括系统总体安全体系、系统安全标准、系统安全协议和系统安全策略等。信息安全总体技术包括体系结构、防御技术、检测技术、控制技术、评估技术,数据获取技术、数据处理技术,网络监控技术,网络响应技术。

二、工控系统的网络信息安全

智能制造的网络安全性极大依赖于工业控制系统(ICS),工业控制系统成了智能制造的核心安全保障系统,许多其他国民经济基础设施建设的自动化、智能化,同样深刻依赖工业控制系统的屏障保护作用,它已经成为超越智能制造领域的国家级安全的安全系统。不过,目前的制造领域安全保障还不太乐观,网络攻击时有发生,工业控制系统抵抗入侵的作用还没有充分发挥,在计算机和互联网不断发展的今天,在信息产业融合制造产业的大背景下,工业控制系统受到的安全挑战越发明显。除了开放的互联网继续被黑客进攻,就连曾经比较安全、相对封闭的工业控制系统也成为了被攻击的目标,黑客的猖狂侵犯客观上为工业控制系统的优化升级提出了更高的要求。魔高一尺道高一丈,大力发展高水平的工业控制系统是制造型企业,乃至国家安全的重要战略。[①]

工业控制系统遭受的安全威胁有黑客攻击、病毒、数据操纵、蠕虫和特洛伊木马等,恶意软件的数量大幅度增长,屡屡攻击工控网络,病毒抓住工控系统的弱点,乘虚而入,植入网络,在网络中自我繁殖、复制、传播,感染设备和程序,破坏设备、程序和系统,严重的可以使系统瘫痪。常见的病毒有直接攻击 PLC 控制器的超级工厂病毒,又名震网病毒(Stuxnet)、间接攻击的病毒(蜻蜓)(Dragonfly/Havex)、可自我复制的恶意软件蠕虫病毒(Conficker/Kido)等。

---

① 王芳,赵中宁.智能制造基础与应用[M].北京:机械工业出版社,2018.(课件.)

我国发展工控系统起步较晚,水平还未达到先进制造国家的高度,国内大多数工控系统产品和技术从国外引进,国内的工控中高端软件市场七成以上被外国公司占领,大量的利润额成为肥水流入外人田。这种形势迫切要求我国应该大力奋起直追,大力发展国产工业控制系统,改变国产工业控制系统能力弱、安全保护性不高的现状,建立工控系统安全制度,建立工控系统统一标准,同时在智能制造领域广泛应用工控系统。

三、抵御云安全面临的威胁

云服务是智能制造的基础,没有了云服务就没有了智能制造,因此建设云服务系统是一项重要的基础工作,它要求云服务设施不但功能上满足智能制造的需求,而且安全方面十分可靠,失去了这两点,就失去了智能制造发展的前提。当前我国超过半数企业的安全控制是基于云的。关于数据保护、风险监管、安全设施管理,已经成为云安全的主要问题。因为在智能制造云计算环境中,云服务面临如下的多种安全威胁。

(一)轰炸式访问干扰

攻击者以数量多、种类杂乱的信息攻击服务器,搅乱服务器的正常工作,出现功能障碍直至死机。如攻击者频繁地向服务器发起访问请求,消耗网络带宽,占满服务器的缓冲区,使真正的访问请求无容身之地,造成服务器既不能接收真正的服务请求,也不能处理请求,造成服务器功能失效。

(二)拦截式攻击

攻击者非法拦截正常的网络通信数据,篡改数据,将篡改的数据发往服务器,要求获得服务,这种偷梁换柱的行为很难被发现。

(三)避实就虚

网络嗅探是查找网络漏洞和检测网络性能的一种工具,黑客利用这种工具嗅探到网络的薄弱环节,然后针对弱点实施进攻,一举得逞。这种寻找弱点,乘虚而入的攻击方法危害性极大。

(四)端口扫描

攻击者通过向目标服务器发送一组端口扫描消息,从而破坏云计算环境。

(五)SQL 代码攻击

攻击者发现安全漏洞后,从漏洞向网络表格输入框中添加 SQL 代码,获得非法访问权,窃取数据,甚至篡改或毁坏数据。

（六）植入式窃取

攻击者找到网络漏洞后，从漏洞占领大量的缓冲区域，实施 DoS 攻击，把恶意软件植入 Web 浏览器，从而盗取用户信息。

（七）云端攻击

大量用户数据保存在云端，云端安全保护就成为数据保护的关键，攻击者往往从云端这个源头实施攻击，云服务提供商的不法行为会造成很大的云端安全隐患，所以加强云服务提供商的管理十分重要。

（八）数据遗留

数据没有彻底删除，某些数据副本还残留在其他服务器中，给攻击者找到机会，利用遗留数据信息实施进攻。

总之，云服务系统面临的威胁太多，智能制造企业务必要引起高度重视，采取有力措施，保护好云系统，保证云服务安全，抵抗各种非法攻击。

第九节　高档数控机床技术

高档数控机床是一种数字化数控机床系统，它具有高速、精密、智能、复合、多轴联动、网络通信等多种功能。最具有代表性的五轴联动数控机床技术反映了国家工业智能化水平的高低，它是个国家工业化的一面旗帜。由于高档数控机床对国家工业化具有重要意义，其地位十分重要，因此它是各工业化国家努力攻占的领域，也是我国智能制造工业全力夺取的制高点。

五轴联动数控机床最能够作为数控技术的代表，该种机床集高科技、高精密度于一身，能对复杂曲面实施精密加工，加工精细，加工高效。这种机床广泛应用于航空、航天、军事、科研、精密器械、高精医疗设备的加工，站到了最先进加工的前沿。五轴联动数控机床是我国机床加工业的标杆，有重要的里程碑作用。

装备制造业是基础产业，是发展工业制造的重要战略领域，因为它支持着新技术和新产品的开发，为智能生产提供设备，装备制造业的代表性设备就是高档数控机床。先进制造业国家付出极大努力来发展高档数控机床。我国随着工业化进程的不断发展，也在大力发展这种机床，它是国家工业化水平的象征。多年来，工业发达国家，把代表机床最先进水平的五轴联动数控机床系统作为重要的战略物资，实行出口许可证制度，限制对我国的出口。我国只能走自力更生的发展道路,大力发展国产高档数控机床。

一、数控技术现状

数控技术是随着年代的发展而发展的,当今数控技术已经从早先的技术发生了极大地改变,原先的技术属于专用型、封闭式、开环控制模式,现状演变为通用型、开放式、闭环控制模式。

开放结构的发展经历了一个逐渐变化的过程,此过程中的数控技术依次走过了五个阶段,即电子管数控、晶体管数控、中小规模 NC 数控、小型计算机数控、微处理器数控,开放性越来越强。开放系统有两种基本结构,一是 CNC+PC 主板,二是 PC+运动控制板。

现状数控技术利用了伺服系统。伺服技术是数控系统必备技术,伺服装置被计算机控制,其控制软件是伺服软件,在伺服软件的运行下,可以提供伺服性服务。伺服系统具有如下特点:一是高稳定性,不存在温漂问题;二是高精确度,数值计算精准;三是少调整或微调整,事先已经通过参数设定好;四是容易做成 ASIC 电路。

当今数控系统已经走向网络化。系统对机床的控制由单台发展到多台,需要联网通信、联网控制,实现网络信息共享。

数控系统从控制单台机床到控制多台机床的分级式控制需要网络进行通信;网络的主要任务是进行通信,共享信息。数控系统的控制是分级进行的,对不同级别的控制,控制技术有所不同。对于工厂管理控制级,用以太网控制;对于车间单元控制级,用 DNC 功能控制;对于现场设备控制级,用现场单元控制。

二、数控技术的发展趋势

数控技术的发展越来越先进,其未来的发展方向已经逐渐明朗,这为我国大力发展数控技术指明了方向。

从性能趋势看:一是数控机床出现三高未来,即高精度、高速度和高效率,实现对生产力的大力提高;二是系统更加富有弹性,柔性化程度高,系统能够调整,适应不同的生产需要;三是实现多种工艺复合性和多轴化。四是同步智能、实时智能、快速智能,没有时间差。

从功能趋势看:一是图形化人机界面,直观性好、形象性高、浓缩信息,便于一目了然,便于理解,便于分析;二是计算可视化,将抽象的计算直观展现,简化计算表达过程;三是多种补充方式,对数据的插补方法灵活,互相替代、互补应用;四是装配高性能 PLC;五是应用多媒体技术。

从结构趋势看:一是集成性结构,复杂性高,集成度向大型化发展;二是模块化结构,在单元化的基础上做到模块化,模块化大幅度提升了模块功能水平,也提高了模块效率;三是网络化结构,整个系统的大联网是不变的趋势;四是系统通用、开放、闭环控制。①

三、加工中心

五轴联动数控机床代表了数控机床的最高水平,五轴联动加工中心的加工是高效率、高精度的,工件一次装夹就可完成五面体的加工,它可以对极为复杂的空间曲面进行高精度加工,完成复杂模具的加工。立式五轴加工中心的回转轴有两种方式,即工作台回转轴和立式主轴头的回转轴。

(一)工作台回转轴

设置在床身上的工作台可以环绕 A 轴旋转,A 轴工作角度范围+30 度至-120度。工作台的中间还设有一个回转台,回转台可以围绕 B 轴进行 360 度旋转。通过 A 轴与 C 轴的组合,固定在工作台上的工件除了底面之外,其余的五个面都可以由立式主轴进行加工。A 轴和 B 轴最小分度值是 0.001 度,这样又可以让工件变换任意角度,从而加工出倾斜面、倾斜孔等。A 轴和 B 轴再与其他三个直线轴,即 C、D、E 直线轴实现联动,在高档数控系统、伺服系统以及软件的配合下,就可加工出任意复杂的空间曲面。该种工作台回转轴优点是主轴结构简单,主轴高刚性,加工成本低;其缺点是工作台不能太大,因此负重小,当 A 轴回转超过 90 度时,工件切削力矩会过大,不太安全。

(二)立式主轴头的回转轴

在立体直角三维轴 X 轴、Y 轴、Z 轴结构中,主轴前端是一个回转头,能自行环绕 Z 轴 360 度旋转,成为 C 轴,回转头上带可环绕 X 轴旋转的 A 轴,角度可达±90度以上。该装置的优点是主轴加工灵活,工作台很大,承重巨大,适合加工体积庞大的对象;此外,加工质量高于工作台回转轴的加工质量,因为在使用球面铣刀加工曲面时,当刀具中心线垂直于加工面时,由于球面铣刀的顶点线速度为零,顶点切出的工件表面质量会很差,采用主轴回转的设计,令主轴相对工件转过一个角度,使球面铣刀避开顶点切削,保证有一定的线速度,可提高表面加工质量。

---

① 德州学院.智能制造导论[M].西安:西安电子科技大学出版社,2016.(课件.)

该装置的缺点是,由于其加工精度很高,必须加装分辨率极高的圆光栅尺,其配置较高,结构复杂,加工成本高。

四、五轴联动数控机床的优势

为了完成复杂曲面加工,为了完成多面体加工,五轴联动数控机床终于出现。当机床加工技术越来越进步时,以普通数控车床为基础,能进行铣削加工的车铣中心也出现。五轴联动数控机床的突出特点就是加工的高精度、复杂曲面的高适用性和高加工效率,一台五轴联动数控机床的工作效率相当于两台三轴机床。其另一个好处是不必使用自动化生产线,节省设备投资成本,节省生产场所占地空间,省去不少生产物流,造成生产时间、工作量、费用下降。我国五轴联动数控机床从形式上分类已经有多种:立式、卧式、龙门式和落地式,基本能满足各种规格、尺寸的复杂零部件加工的需要。

对于旋转式部件的加工,例如叶轮、叶片、船用螺旋桨、重型发电机转子、汽轮机转子、大型柴油机曲轴等,五轴联动数控机床是唯一能加工的设备。它的高级技术、高精密度特点能解决这种难度很高的加工问题。

工件的装夹,在五轴联动数控机床上是一件轻而易举的事情。因为其夹具简单,夹具成本低,夹具因此装定就不必经常更换,避免了常常更换带来的加工误差,也减少了夹具的使用数量。

五轴联动机床还可以降低刀具成本。它不必使用各种特殊刀具,还可以增加刀具的有效切削刃长度,减小切削力,提高刀具使用寿命。

五轴联动机床加工模具速度快。模具容易修改,模具加工既容易,又质量高。传统的模具加工用立式加工中心来完成工件的铣削加工,其缺陷是由于底面的线速度为零,刀头不能有效切割,难以保证切削质量。使用五轴联动机床球头铣刀来加工,便可以克服上述缺点。

五、五轴联动机床发展趋势

(一)采用直线电机驱动技术

直线电机驱动技术在五轴联动机床上的应用会越来越多。直线电机驱动技术可以带来许多优点:直线驱动、无传动链、无磨损、无反向间隙,定位精准、高动态性、高可靠性、免维修。直线电机技术在发展过程中日渐成熟,当初的很多缺陷已经被克服,例如发热问题、受干扰问题、定位问题都被——攻破,使得该技术可以被可靠应用,该技术的使用使得五轴联动机床的优势更加明显。

(二)采用双驱动技术

如果工作台较宽,用中间驱动这种单驱动技术,驱动力难以保证处于中心位置,位置稍有偏移的中心力容易引起工作台倾斜,既费力又损毁工作台,平衡性不佳。改用双驱动技术,以双光栅尺来检测两端的平衡性,用双驱动模块来驱动,其合力可以等效于中心力严格处于中心位置,驱动安全、稳健、流畅。

六、高档数控机床的未来性能

高档数控机床无疑是先进的机床加工设备,优越性很多,随着机床技术的进步,高档数控机床的参数更先进,其未来性能将向更高水平发展。

(一)高速化

高档数控机床的加工速度会越来越快。其主轴转速可以高达 200000 转/分钟;在分辨率为 0.01 微米的条件下,最大进给率可以达到 240 转/分钟;由于微处理器速度越来越快,使得数控机床也越来越高速化,数控机床已经被开发到 64 位,频率可到几千兆赫,当分辨率在 0.01 微米时,进给速度可达 24-240 转/分钟;换刀速度同样大为提高,刀具置换时间已经小于 1 秒钟,有的刀具库是篮子模样,以主轴为中心,刀具沿圆周分布,其换刀速度更是快到只有 0.5 秒。

(二)采用更多优良功能的部件

高档数控机床将采用更多具有新型功能的部件,使机床性能更优越,功能更强大。例如,一是采用高频电主轴,它是高频电动机+主轴的联合体,重量轻、体积小、高转速、还能自动调节转速,这就使旋转性能大为提高。二是采用直线电动机,由于技术的进步,直线电动机多种缺陷已经被很好地克服,其优点又得以充分发挥,使得机床机械传动结构被简化,机床动态性和稳定性提高。三是采用电滚珠丝杆,该部件由伺服电动机+滚珠丝杆构成,采用后的结果是使机床结构更简单,部件少、连接少、传动少,机床体系结构更加紧凑,体积变小。

(三)大幅减少故障

高档数控机床除了能够加工普通机床无法加工复杂曲面外,其工作稳定性更高,工作质量能得到保证,故障率明显下降,平均无故障工作时间在 20000 小时以上。

(四)精益求精

高档数控机床加工精度已经小到微米数量级,真正达到毫厘不差,加工十分精准,产品十分精致。例如它独特的往复运动单元对凹槽处理精密无比;它利用的光、电化学能源特种加工,精度更是达到纳米级水平。

(五)洁净化

高档数控机床加工更加环保,无害化加工成为趋势,保持了加工过程的洁净,它不用冷却液,许多切削是干切削或半干切削,既节能又环保。

(六)智能化

高档数控机床智能化水平越来越高,它是智能制造必备的机床设备,它从许多不同的功能方面展现机床的高智能化。机床在感知、决策、控制、通信、学习力上都有极强的智能性。

第十节　智能传感器

智能传感器是一种能感受信息、处理信息和传送信息的智能器件,其核心部分是微处理器,整体结构由集成的传感器集成化和微处理器组成。智能传感器起到了实时采集信息、传递信息作用,为现场实时监控服务,随时掌握生产动态,为及时调整、纠正作业提供依据,保证生产自动化的实现。

智能传感器在各种智能制造领域得到了非常广泛的应用,其突出的使用价值就在于其强大的信息感受力,正如人需要感觉器官来感受外部世界一样,制造过程也需要智能感受现实物理世界的器官,这就是智能传感器。智能传感器是工业自动化的心脏。例如,对于工业机器人,必须具有超强的人机交互技术、机器视觉技术,这就需要智能传感器来实现,安装了智能传感器的机器人,就具有了与人相似的感觉能力。此外,生产线安装了智能传感器,就可以实时采集生产数据,动态获知生产现状,跟踪监视操作运行情况,随时调整操作,快速纠正生产中的错误,确保生产全程的高质量。因此,智能传感器的使用意义重大。

一、智能传感器基础元件——传感器

智能传感器的最基本元件是传感器,它类似于人体的感觉器官,捕捉信息,感知现实场景,获取被测量物的准确数据,并将采集输入的数据处理,转换成容易理解的有用信号予以输出,把其他载体信号转换为电量信号。如图3.4所示。

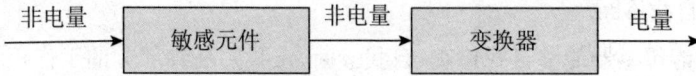

图 3.4 传感器的组成原理图

敏感元件是传感器的信息捕获元件,它能接受现场真实非电量信息,对其进行预处理,以便非电量信息下一步能够在变换器里转化为电量信息。某些非电量信号不能直接转化为电量信号,必须先经过预处理,从一种非电量信号先转变为另一种非电量信号,才能够顺利实施电量转换。

变换器起到的作用是把敏感元件传来的非电量信息变换为电量信息,然后输出。典型的变换器件是电阻变换器和电感变换器,例如它们可以把速度、加速度、空间位移数据等物理量转变为电容值、电阻值及电感值。

二、智能传感器的工作过程

智能传感器的工作过程是:传感器获取被测量物体的数据信息,然后将信号通过微处理器输入接口传递给微处理器,微处理器内先对接收的信号进行预处理,接着进行数据采集 A/D 转换,即可输出电量信号,微处理器工作要以计算机通过计算机接口进行控制。

微处理器起到了很关键的作用,它把测量数据予以计算、存储和处理,并能在反馈回路中反向调节传感器,它还能将测量的数据通过工业以太网接口或无线接口,上传至传感器网络或现场工业网络中,完成数据的远端监控和校准。

三、智能传感器优良特质

比起一般传感器,智能传感器有许多优良性质,现汇集如下。

1. 自动补偿

在微处理器的软件运行下,传感器自身的一些不良数据值可以自动得到矫正,自动补偿不利参数,例如传感器的非线性、温度漂移、时间漂移、响应时间缺欠的自动补偿。

2. 自动校准

在设定零值并输入标准值后,校准软件可以自动对传感器进行在线校准,使得传感器获取测量值的准确。

3.自我诊断

智能传感器能够自我检查、自我诊断,自我判断各部分的工作正常与否,如果不正常则自我判断不正常的性质,及时诊断发生故障的部件。

4.数值处理

它有很强的数据处理能力,其数据处理程序能进行常见的数理统计,进行数据计算和分析。

5.信息闭环

微处理器与传统传感器组成一个闭环信息系统,二者彼此进行双向信息交流。微处理器一方面接收和处理传感器传送过来的信息,另一方面还把处理过的信息反馈至传感器,调节和控制传感器的工作。

6.存储记忆

它能存储和记忆传感器传来的各种数据信息,信息保存性很好。

7.数字信号

它获取物理现实世界模拟信号,转化为数字信号再输出,能与各种计算机及设备进行数字信号通信,高效和方便地进行数字信号交换。

四、构建智能传感器

在现实生产实践中,所构建的智能传感器有三种:非集成式、集成式和混合式。

(一)非集成式传感器

它是把普通传感器、信号调理电路和微处理器依次首尾相接,便组合为一个智能传感器系统,信号也是依次由前面的元件向后面的元件传递,最终,经过微处理器处理完的信息通过总线接口,向与智能传感器相连的外界数字总线传递信息。

(二)集成式传感器

它把传感器、信号放大器、接口电路和微处理器共同制作在一块芯片上,把这些半导体元件予以集成,组成智能传感器系统。

(三)混合式传感器

它把集成化敏感单元、信号调理电路、微处理器单元、数字总线接口集成到芯片上,按照不同的功能和组合,集成为几个芯片,然后把这几个芯片与外界总线连接,便构成了混合式传感器。①

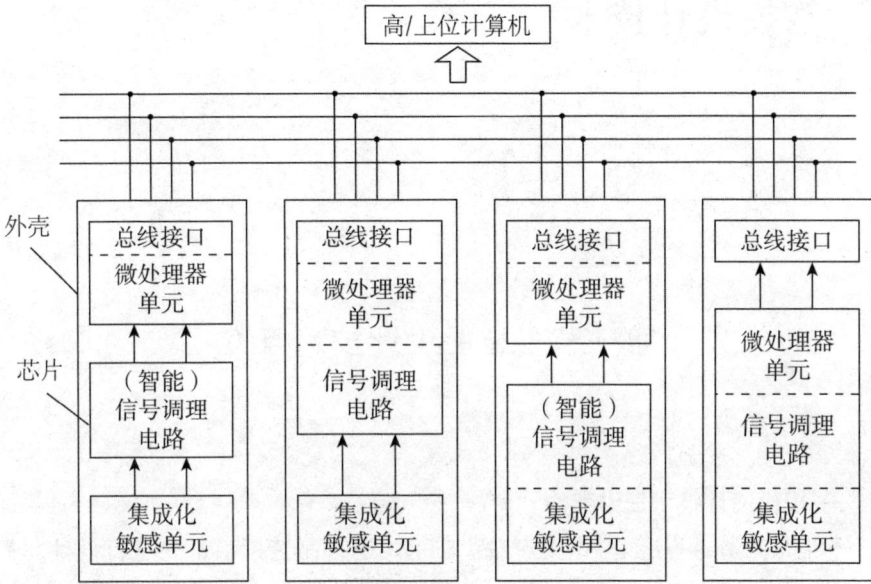

3.5　混合式传感器

————
①　德州学院.智能制造导论[M].西安:西安电子科技大学出版社,2016.(课件.)

第四章

智能设计技术

第一节　智能设计技术概览

一、现代设计技术三维架构

不论是制造过程还是制造的产品,在正式进行制造以前都要进行设计,只有按照事先的设计方案组织生产,才能确保达到生产目标,因此设计方案是行动的指南。而设计是一项复杂的脑力劳动,它是设计人员智慧的成果,设计的成功需要优良的设计技术做支撑,设计技术是设计成败的关键。

所谓设计技术,指的是与设计有关的各种方法和手段,它是解决设计问题的技术。技术决定了设计方案的科学性、先进性和可行性。

在传统设计中,设计师凭自己的经验开展设计,许多是手工进行,设计工具简单,而且是静态设计,很难随时动态改变,这种设计的效率性和科学性不是太高。

在现代设计中,它继承和发扬了传统设计的优点,利用更多和更先进的学科技术,使用先进设计工具,集成多学科领域的成果,使设计高效快捷,而且设计方案也会十分优秀。现代设计技术在智能制造领域有广泛的应用。

现代设计技术结构是一个立体结构,一个完整的设计要从三个维度,也就是三个角度来进行:时间维、逻辑维和方法维。

（一）时间维

它代表从时间循序角度看,设计过程先后应该经历的工作。它包括以下具体内容。

（1）产品规划。它是对所生产的产品的整体计划,内容包括需求分析、市场预测、可行性分析、确定总体参数、制定约束条件和设计要求。

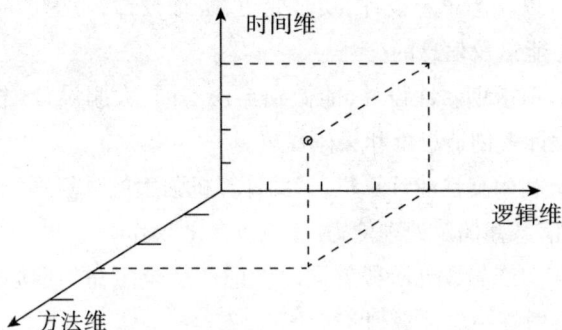

图 4.1 现代设计技术的组成架构

（2）方案设计。它是对整个产品的设计，极大影响了未来的产品成功与否，方案设计阶段投入的费用只占总成本的 1%，却决定了产品总成本的 70%，因此它十分关键。

（3）技术设计。它把产品原理变为具体组成结构，转化为具体功能，它决定了产品形态、性能。

（4）施工设计。它指设计具体的施工图纸，制订施工文件，做好施工前的文案工作，以便施工能够按照图纸进行。

（二）逻辑维

逻辑维表示设计过程中应该遵守的逻辑步骤。其包括内容有以下方面。

（1）分析。寻找问题，分析问题，明确性质，设定设计任务。

（2）综合。探索解决问题的方法，是问题导向的创造性思维，可用的思维是抽象思维、发散思维、逆向思维。不拘一格寻求尽可能多的解决办法。

（3）评价。对所找到的各种方案进行比较、评定、调整、改进方案，优化方案。

（4）决策。拿定主意，选择综合指标最佳设计方案为首选方案，按照第二、第三名循序挑选备用方案。

（三）方法维

它表示设计所采用的理论、方法和工具。

二、智能设计技术性质

智能设计技术就是一种现代设计技术，它包括如下的一些特点。

（1）系统化。以系统工程为指导思想，以全局观念，以整体思想来进行设计，不但局部的设计要最优化，系统的设计也要最优化。

（2）动态化。以动态思想设计，及时变更，跟踪设计，考虑产品动态特征及与周围环境的物质、能量及信息的交互。

（3）创新化。追求创新性设计，能做到与众不同，大胆设计，敢于使用新的方法和技术，发挥设计者创造思维和集体智慧。

（4）电算化。利用高性能计算机，借助计算机强大的计算功能、严密的逻辑推理能力和巨大的信息存储及处理能力，完成复杂的工作。

（5）并行化。在产品设计阶段就同时考虑产品全生命周期中的所有因素，并做好所有的设计，做好一次性规划。

（6）最优化。反复对设计方案予以改善，对结构、参数实施改进，不断追求完美，力图达到整体功能的最优化。

（7）虚拟化。模拟真实情景，利用虚拟现实技术，在虚拟环境下设计、评估。用仿真技术完成对现实物理情景的设计。

（8）自动化。实现设计的自动化，增进设计效率，减轻人的工作量，应用CAD/CAM等工具，完成建模、分析、测试、评价任务。

（9）纠错化。利用定性和定量预测技术，对产品全生命周期各种性能做出准确预测，提前预知存在的缺陷，采取措施避免失误的发生，防患于未然，用设计来减少未来错误发生的可能性，降低损失程度。

三、智能设计技术的支持技术

智能设计技术无疑是高技术，它需要把许多其他门类的技术结合起来，组成一个综合技术体系，这样才能保证智能设计的成功。整个智能设计技术的体系框架由五大部分技术构成，即基础技术、主体技术、支撑技术、应用技术和其他相关技术。

（一）基础技术

是指传统设计理论与方法，该技术普遍适用于各领域，表现出很强的理论性、基础性特点。例如运动学、静力学、动力学、材料力学、热力学、电磁学、工程数学等。

（二）主体技术

它指计算机辅助设计技术（CAD）。称其为主体技术，说明它是最主要的技术，处于核心技术的地位。CAD技术包括有限元分析、优化设计、模拟仿真、虚拟设计和工程数据库等计算机辅助技术。

（三）支撑技术

它为主体技术提供支持,能让主体技术更好地发挥作用,例如其支持作用有信息处理、加工、推理与验证。支撑技术又包括现代设计方法学、可信性设计、设计试验技术。其中:现代设计方法学有系统设计、功能设计、模块化设计、价值工程、反求工程、绿色设计、模糊设计等;可信性设计有可靠性设计、安全性设计、动态设计、疲劳设计、耐腐蚀设计、耐环境设计等;设计试验技术有性能试验、可靠性试验、仿真试验和虚拟试验等。

（四）应用技术

它是真正解决实际问题的技术,把基础技术应用到实际之中,是具体解决各种实际问题的技术和方法,面向的是一个一个的具体领域。

（五）其他相关技术

其他相关技术超越了工程技术领域的范围,延伸到人文社科领域,这些技术与智能制造技术只是一种间接关系,它们包括政治、经济、法律、人文科学、艺术科学等。

第二节 计算机辅助设计技术

一、计算机辅助设计概览

（一）计算机辅助设计本质

计算机辅助设计技术(CAD)是一种现代先进设计技术,它是以人的主观意识和能动作用为主体,利用计算机来完成设计工作的,它以计算机为设计工具,对设计过程中的图像及数据信息进行处理,辅助完成产品设计的过程。该种设计一方面强调人的主观能动性,另一方面又发挥了计算机的强大处理数据的能力,大大延伸和扩展了人的能力,使设计工作高效、快捷、精确。

（二）计算机辅助设计技术内容

CAD 技术大体上包括如下三部分内容。

1.几何建模

几何建模是 CAD 最核心的技术,其技术使用结果就是形成产品的造型。它利用计算机对欲设计的对象建立几何模型,这种模型是三维的、立体的、彩色的和数字化的,模型反映了实际对象的所有性质,它是物理实体的抽象化模型、理想化模型,对模型进行设计、修改、完善,就意味着将来生产的实际产品是怎么样的。

2.图像处理

该部分技术就是对图形图像处理的技术,它可以做到生成产品的二维或三维图像,对图像进行渲染、美化,使视觉效果更佳,用图像表达产品的性质。

3.设计分析

它是对产品各方面性能予以分析,包括结构、运动学、动力学、热力学等的分析,分析后就可以改变设计,使性能优化,提高设计的可靠。

(三)计算机辅助设计技术性质分析

CAD作为一种先进的设计技术,它具有如下的一些特点。

(1)用计算机扩展人的设计能力。虽然人是设计的主体,人起到决定性的作用,但是人的能力发挥受到自身生理条件限制。计算机的强大功能可以弥补人的能力的不足,因为计算机有这些优越性:信息存储量大、逻辑推理快速、能长时间重复工作、计算快速和精确、修改和编辑方便。计算机是省事省时的高效率处理工具,许多设计中的事务性工作可以由它代替人完成,它是人能力的延伸。

(2)强调人的主导地位。设计好坏的最终决定因素是人脑而不是电脑,优秀的创意来自人的智慧,计算机仅是一种辅助设计工具,帮助人的思想的实现,计算机不会完全取代人的主导和控制作用。

(3)只从事设计的部分环节。CAD不能包办一切,其辅助地位规定了它只能从事设计的某些工作,主要是完成产品技术设计或详细设计,而产品功能设计和概念设计只能由人来完成。

从CAD的本质、技术内容和性质分析来看,比起传统人工设计,CAD有许多明显的优势,这些都是计算机强大的功能所带来的。

(1)设计效率高。因为计算机有高速计算能力、快速检索数据能力、自动绘图能力,是人处理能力的成千上万倍,节约了处理时间,缩短了开发周期,因此设计效率大大提高。

(2)设计质量好。人摆脱事务性处理工作,集中精力和时间进行创造性思维,从事更重要的智力活动,而计算机将所有的复杂事务性工作包揽下来,利用其强大和快速处理能力,辅助完成数据处理工作,这样,人与机器各自发挥所长,使设计质量更好。

(3)设计成本低。CAD从三个方面降低了设计成本:一方面,计算机承担了大量人力工作,减少了人工成本;另一方面,计算机处理数据速度明显快于人工,这也节约了时间成本;第三方面,计算机的工作精准、失误少,这就减少了失误成本。

(4)减轻了劳动量。CAD 解放了大量的人的劳动,把烦琐的、重复的工作交给计算机来完成,有利于人的身心健康,解放劳动力。

二、计算机辅助设计支持技术

CAD 是一项整体技术,它由各项分技术构成,共同实现 CAD 目标,实现 CAD 功能。

(一)CAD 造型建模技术

CAD 造型就是对实物用建立模型的方法予以描述,把数据结构存储在计算机内,建立实物模型,并给模型赋予数值参数,让模型带上实物性质,这样建立的模型是实际物体的真实代表。CAD 造型建模技术经过了一个发展过程,其表现出来的技术分别有线框模型、表面/曲面模型、实体建模、特征造型、特征参数模型、产品数据模型。其中前三项,即线框模型、表面/曲面模型和实体建模属于实体模型;第四项的特征造型,能够在 CAD/CAM 集成下实现,特征造型能体现完整的产品信息,使人们容易理解产品的功能特点,有利于制订生产计划,它还能把产品全生命周期各阶段联系起来,加强制造的各环节联系,使产品设计、分析、加工制造、检验各环节一体化。

(二)多样相关性设计技术

CAD 技术要利用较多的其他相关技术,而且各相关技术彼此联系,一个技术使用会牵连到其他技术的使用。相关性设计是指任何设计改动,都影响其他相关设计,起到牵一发动全身的作用。例如修改左视图,则主视图、俯视图、装配图、实体模型会自动发生改变。这就要求在设计时要有整体的观念,注意相关技术的依存性,注意局部的变动带来整体的改变。

相关性技术虽然是多样的,但是各种数据应该来源于单一数据库,使数据库提供的数据统一、标准、快捷、可靠,提高数据质量,这样有利于减少设计差错。这是一个多样技术与单一数据库的协调统一过程。

(三)NURBS 曲面造型技术

NURBS 是针对复杂曲线/曲面的一种建模方法,它对自由曲线/曲面和规则曲线/曲面,建立数学模型,用模型来简化系统结构,进行数据管理,这样有利于对曲线/曲面的设计。

（四）有限元分析技术

有限元分析是一种工程分析的数值计算方法,有限元分析要完成的工作有以下方面。

1.建立模型

划分设计单元,建立三维立体几何模型,建立负载模型,建立约束模型。

2.有限元计算

在负载作用下对设计对象进行结构位移、应力和应变分析;在温升作用下进行结构热传递、热分布、热变形分析。

3.评判修改

评价设计结果,修改设计结果,优化设计结果。

（五）仿真技术

通过动力学仿真,可获得实时系统运动学和动力学工作状态。其过程是首先对设计对象建立分析模型,根据多体动力学计算方法,调用求解器对模型进行动态仿真试验,根据试验结果对设计对象进行修改和完善。

（六）CAD 与其他 CAX 系统集成技术

这些集成包括 CAD/CAE/CAPP/CAM 设计系统间的集成;CAD 与 PDM、ERP 等经营管理系统间的集成;将 CAD 功能模块以专用芯片形式加以固化,供其他系统调用;在网络环境下实现异地、异构 CAD 系统集成。[①]

（七）标准化技术

常见的标准化技术包括图形交换标准、产品数据模型交换标准。

三、智能制造拟攻克的 CAD 技术难点

对于起到决定意义的 CAD 技术问题,或者适合于普遍应用的技术,都是制造型企业应该认真研究的问题,采取技术攻关,解决瓶颈技术。

1.产品概念的计算机辅助设计

要把设计的产品概念用模型来表达,能够利用模型对实际产品进行推理,产品的功能要求能够用相关的技术来实现。

2.CAD 协同设计

要求各人员、各部门能够及时交换设计信息,不同环境下可以可靠协同,设计冲突能够协同解决。

---

① 王隆太.先进制造技术(第 2 版)[M].北京:机械工业出版社,2015.(课件.)

3.CAD 智能化

把人工智能技术加入 CAD 技术中,使 CAD 变得智能化,建立人类思维模型,让模型能够思维。

4.复杂曲面三维形体重建

多面体、二次曲面体等简单形体的重建已经得到很好的解决,但是任意曲面体的三维形体重建是十分困难的事情,这亟待攻克。

5.CAD 与虚拟现实(VR)技术的集成

VR 所需软硬件价格昂贵,需要 CAD 解决这一棘手问题,大力减低 VR 成本,而 VR 技术开发难度大,急需 CAD 攻克难关。

6.基于图像的建模技术

它是一种不依赖三维几何造型的建模技术,把离散图像加以处理就可以建立实体模型,对于抽象的、很难用三维立体结构反映的事物,最适合用这种技术建模,这也是一项较大的技术难题。

第三节　优化设计

一、优化设计数学模型

智能制造的实现,应该从最初的设计阶段开始,在设计时就应该拿出一个优化的设计方案,按照优化的设计方案执行的生产作业,才可能制造出优良的产品。优化就是为了解决问题而寻找最优方法,目的就是希望通过最佳方法的执行来达到理想的目标。而优化设计就是在工程设计过程中,在设计多种方案的基础上,对各种方案予以优化,尽量使每一方案尽善尽美,然后依照一定的标准,从中选择出最理想的方案作为首选执行方案。这是一个反复修改、不断更替的过程,实属好事多磨的过程。

优化设计可以用数学模型来表达。

目标函数:$\max F(X)$ 或者 $\min F(X)$。

设计变量:$X = [x_1, x_2, \cdots, x_n] T$。

设计约束:$g_u(x) \leqslant 0 \quad u = 1, 2, \cdots, m$。

$\qquad h_v(x) = 0 \quad v = 1, 2, \cdots, p < n$。

其中,设计变量是目标函数的自变量,也叫维数、自由度,自变量可以是一个或者多个,自变量越多,其决定的目标函数越复杂,函数的优化求解越困难。不过,自变量增多,可供选择方案也增多,使设计的灵活性增加。

如果 n 表示设计变量的个数,优化规模大致分为:当 $n=2 \sim 10$ 时,是小型优化;当 $n=10 \sim 50$ 时,是中型优化;当 $n>50$ 时,是大型优化。

我们把每一设计变量作为一个坐标轴,这样就组成了设计空间。设计空间就是设计方案的集合空间,空间中的每一个点代表一个设计方案,每一个设计方案点都有对应的坐标值与它对应,即每个设计方案由一组设计变量构成。所谓优化设计,就是寻找设计空间的最佳点。对于设计变量数 n,或者称坐标数:

若 $n=1$,设计空间为一实轴,优化叫一维优化;

若 $n=2$,设计空间为一平面,优化叫二维优化;

若 $n=3$,设计空间为三维立体,优化叫三维优化;

若 $n>3$,设计空间为超越空间,优化叫超越优化。

函数关系可以表示为:

$$F(X)=F(x_1,x_2,\cdots,x_n)^T$$

目标函数的极大值表示是 $\max F(X)$,极小值表示是 $\min F(X)$,可以将极大值表示转化为极小值表示,转化式为:

$$\min F(X)=\max F(X)$$

一般目标函数可以统一用极小值表示。

单目标优化就是只有一个设计指标的目标函数优化,而多目标优化是具有多个设计指标的目标函数优化。多目标优化可以转化为单目标优化,多目标函数等于各个单目标函数的线性加权值之和。

$$F(X)=w_1f_1(X)+w_2f_2(X)+\cdots+w_qf_q(X)$$

其中,$f_1(X),f_2(X),\cdots,f_q(X)$ 为 q 个优化单目标函数。

$w_1,w_2,\cdots,w_q$ 为各单目标函数的权重。

设计约束是使设计指标达到最佳值所必须满足的附加条件,它是设计不可超越的限制条件。

不等式约束为:$g_u(X)\leq0;g_u(X)\geq0$ $u=1,2,\cdots,m$

等式约束为:$h_v(X)=0$ $v=1,2,\cdots,p<n$

可行域是指设计变量的取值范围,或称自变量允许取值的设计空间范围,自变量只有在该区域内取值才符合约束条件。反之,设计变量不允许取值的空间范围就是非可行域。例如,在二维设计空间,对于可行域 $g(x)<0$,和非可行域 $g(x)\geq0$,其设计空间表示如图 4.2 所示。

二、设计优化方法的种类

设计优化是具有高知识集成的一向工作,具有多样性和复杂性特点,这就决

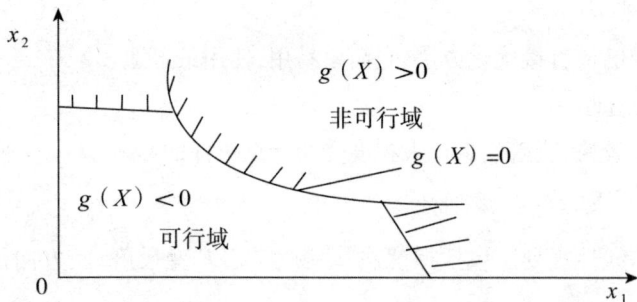

图 4.2 二维设计空间可行域举例

定了设计优化有许多种类,按照不同的标准划分,它可以分为不同的类别。

按设计变量数量划分,分为单变量优化、多变量优化。其难度和复杂性是单变量优化小多变量优化。

按约束条件划分,分为无约束优化、有约束优化。其难度和复杂性是无约束优化小于有约束优化。

按目标函数数量划分,分为单目标优化、多目标优化。其难度和复杂性是单目标优化小于多目标优化。

按求解方法划分,分为准则法、数学规划法。其中,准则法是根据各种准则,例如,满应力准则、能量准则,建立优化设计模型;数学规划法是根据数学上求极值的原理,来寻求最优解。常用的数学规划法包括线性规划、非线性规划、动态规划。线性规划是目标函数与约束函数均为线性函数的优化方法;非线性规划是目标函数和约束方程为非线性函数的优化方法;动态规划是设计变量取值随时间或位置变化而变化的优化方法。

智能制造中的机械优化设计复杂性都比较高,因此该领域的设计问题多属于多变量、有约束、非线性规划问题。

三、优化设计各方法描述

智能制造的优化设计方法很多,每一种方法有各自的特点,也有其适用条件、适用对象。我们可以把常用的 13 种设计方法,大致分为三大方法:单变量法、无约束非线性规划法、有约束非线性规划法。

(一)单变量法

单变量法包括黄金分割法、多项式逼近法。

1.黄金分割法

它是一维的最直接优化方法,它简单易用,使用最普遍。

2.多项式逼近法

收敛速度较快,收敛效果很大程度受初始点选择的影响。

(二)无约束非线性规划法

无约束非线性规划法包括梯度法、牛顿法、DEF变尺度法、方向加速法、单纯形法。

1.梯度法

也叫最速下降法,应计算一阶偏导数,初始点要求不高,初始迭代效果好,在极值点附近收敛慢,要配合其他方法使用。

2.牛顿法

也叫二阶梯度法,有二阶收敛性,在极值点附近收敛快,要两次求导,利用HESSE矩阵计算,计算烦琐,需大量存储空间,对初始点有高要求。

3.DEF变尺度法

有二阶收敛性,在极值点附近收敛快,可靠性高,对初始点有不高要求,设计变量超过100时适合该种方法,存储空间必须较大。

4.方向加速法

不用对目标函数求导,具有快速的二次收敛性,适合于中小型问题优化,程序稍复杂。

5.单纯形法

类似于方向加速法的特点,但是求解简单,使用方便。

(三)有约束非线性规划法

有约束非线性规划法包括网格法、随机方向法、复合型法、拉格朗日乘子法、罚函数法、可变容差法。

1.网格法

适用于小型问题优化,对目标函数要求低,计算量大,能求局部的近似最优解,也可对离散问题优化。

2.随机方向法

对目标函数要求低,收敛速度快,适合于小型问题优化,只能求局部近似优化。

3.复合型法

适合于小型问题优化,不能求有等式约束的问题,类似于单纯形法的特点。

4.拉格朗日乘子法

要求解非线性方程组,适合于等式约束的优化问题。

5.罚函数法

适合于大中型优化问题,能把有约束问题转化为无约束问题。

6.可变容差法

适合于有约束的优化问题。

四、优化设计程序

要保证优化设计做到真正的优化,应该遵守一定的程序,其程序为如下内容。

(一)确定设计要求,分析设计对象,确定设计目标

根据客户要求,结合自身设计条件,设计师选定设计对象,对设计对象进行分析,弄清楚设计对象性质和特点,从而最终确定设计目标。对设计要求和设计目标论证,如果不合理,就调整设计要求,再次确定设计要求、分析设计对象和确定设计目标;如果论证通过,就进入下一步骤。

(二)建立数学模型

此时要确定设计变量,建立约束条件,设立目标函数,将数学模型规格化。对建立的数学模型进行论证,如果模型不合理,就改进、优化模型;如果论证通过,则进入下一步骤。

(三)求解模型

采用适当的算法,从数学模型中求解出方案,对方案进行分析比较。对求解方法以及求解结果予以论证,假如不理想就去改进优化算法,返回去重新求解模型;如果论证通过就进入下一环节。

(四)输出优化方案

[例4.1]某项智能制造要用三台机床生产 A、B 两种产品,每一台机床都要有生产每一种产品的过程,每一台机床生产各个产品的时间、每台机床可用时间、每一种产品的售价如表4.1所示,为了获取最大经济收益,A、B 产品各应该制造多少个?

表 4.1 机床生产参数表

	产品 $A(h)$ 个	产品 $B(h)$ 个	可用时间(h)
机床 1	3	2	42
机床 2	2	2	30
机床 3	2	4	48
售价	11(万元/个)	8(万元/个)	

解:假设 A、B 产品各应该生产 x_1 个和 x_2 个,Z 表示总收益,为了使总收益最大化,建立目标函数,

$$\max Z = 11x_1 + 8x_2$$

根据机床生产参数表,建立约束条件,

$$\begin{cases} 3x_1 + 2x_2 \leqslant 42 \\ 2x_1 + 2x_2 \leqslant 30 \\ 2x_1 + 4x_2 \leqslant 48 \\ x_1, x_2 \geqslant 0 \end{cases}$$

根据约束条件画图,可行域为如图 4-3 中所示的凸多边形 $OABCDO$。

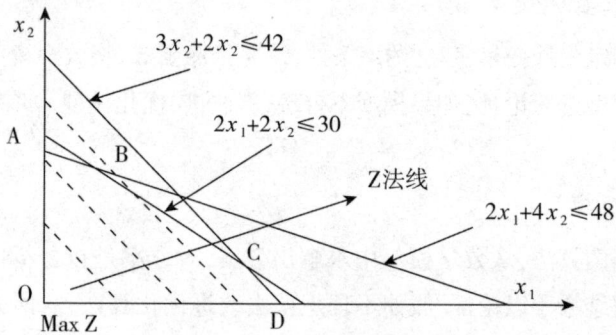

图 4.3 线性规划求最优解

可行域中使目标函数达到最大的点坐标即为待求最优解。对目标函数 $\max Z = 11x_1 + 8x_2$,以 $-11/8$ 为斜率画一系列平行等值虚线,Z 值递增方向为虚线的法线方向,最右端的虚线碰到的是凸多边形 $OABCDO$ 的顶点 C,C 点对应的 Z 值是最大值,故 C 点为最优点,相交于 C 点的两条直线组成二元一次方程组,即

$$\begin{cases} 3x_1 + 2x_2 = 42 \\ 2x_1 + 2x_2 = 30 \end{cases}$$

解此方程组求得 $x_1 = 12, x_2 = 3$

所以,为了保证最大经济收益,A、B 产品各应该生产 12 个、3 个。

最大经济收益为

Max Z = 11 × 12 + 8 × 3 = 156 万元 [①]

第四节　可靠性设计

一、可靠性设计概览

可靠性意味着可信性、可行性以及稳定性,它是一种质量的保证。可靠性设计是设计上的可靠性,体现了设计优化的保证程度,它是智能制造设计追求的目标。不良的可靠性会带来严重的质量问题。例如,在航空业不发达的第二次世界大战,美国军方因自身故障原因而坠毁的战斗机高达 21000 架,是被敌方击落的 1.5 倍,飞机的安全性还不如风筝,乘飞机就如同赌命。在实施全面质量管理以前,日本的电子产品平均故障率是实施后的 4.7 倍,电子产品平均寿命为实施后的 0.33 倍。20 世纪 60 年代,制造业建立了以强度—应力为基础的机械产品可靠性模型,大大推进了可靠性设计;当今智能制造时代,可靠性设计又被推向了新的高度,靠性设计技术越来越完善。

产品可靠性是指在规定条件下、规定时间内,产品实现规定功能的能力。其中,规定条件包括环境条件、储存条件以及受力条件;规定时间是限定长度的时间,随着时间拉长,可靠性自然下降;规定功能是产品指定的全部功能。

可靠性设计主要包括如下三方面内容。

(1)故障机理和故障模型研究。找到影响故障的因素,寻求故障发生的原因,探索故障发生规律,建立模型反映故障规律,利用模型对故障进行控制。

(2)可靠性试验技术研究。做可靠性试验,发现产品设计和研制的缺陷,从而决定是否需要修改设计。

(3)可靠性水平确定。根据国际标准和规范制定相关产品可靠性水平等级。

---

① 王隆太.先进制造技术(第 2 版)[M].北京:机械工业出版社,2015.(课件.)

二、可靠性设计指标

可靠性设计由一系列指标组成,各指标从不同的角度反映了可靠性程度如何,常见指标有以下方面。

(一)产品工作能力

它指在正常条件下,在保证产品功能参数达到技术要求的同时,产品完成规定功能的情况,也即功能的发挥状况如何。

(二)可靠度

它指在规定条件、规定时间内完成规定功能的概率,用 $R(t)$ 表示。可靠度愈大,表示工作愈可靠,其取值范围为 $0 \leqslant R(t) \leqslant 1$。一般来说,越是重要的、损失后果越严重的设计事项,要求的可靠度就越高。对于可能引发灾难性项目,要求:$R(t) \to 1$;对于可能造成重大经济损失的项目,要求 $R(t) > 0.99$;损失一般的项目,要求 $R(t) > 0.90$;损失小的项目,要求 $R(t) > 0.84$。

(三)失效率

表示产品工作到某一时刻后,在单位时间内发生故障的概率 $\lambda(t)$。失效率愈低,表示产品愈可靠。失效率与可靠度成反向变动关系,二者的联系为 $\lambda(t) = 1 - R(t)$。如图4.4所示。

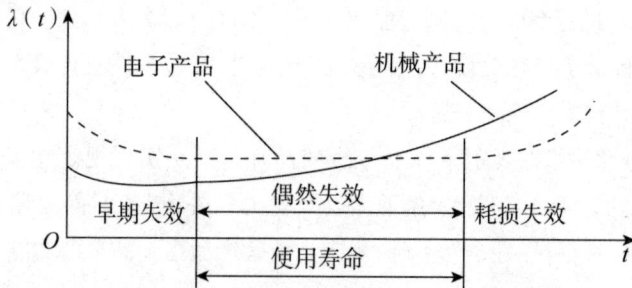

图4.4 失效率曲线

(四)平均寿命

不同产品有不同的时间表示。例如,对于不可修复产品,有发生失效前的工作时间(MTTF);对于可修复产品,有相邻两故障间工作时间(MTBF)

三、机械零件可靠性设计

系统可靠性的基础是零部件的可靠性,所以,可靠性设计要从机械零件的可靠性设计开始,保证机械零件的可靠性达到要求。

假设对于某机械零件,各符号的含义为:Z——可靠度;Y——受到的应力;X——强度,则可靠度应该满足,

$Z=X-Y\geqslant0$

应力 Y、强度 X 及可靠度 Z 的概率密度分布曲线如图 4.5 和 4.6 所示,其干涉区即为零件可能失效区域,其干涉区越小,可靠度越高。

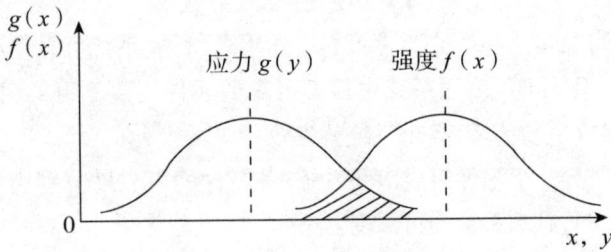

图 4.5　应力和强度分布曲线

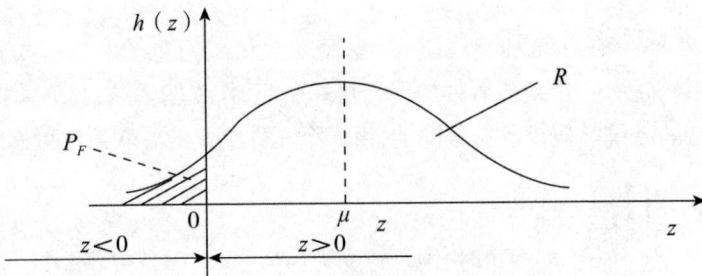

图 4.6　可靠度分布曲线

图中,R 曲线表示可靠度概率分布曲线,应有 $R=P(Z=X-Y)\geqslant0$

四、机械系统可靠度设计

机械系统是由各组成单元构成,系统的可靠度极大依赖于组成部分的可靠度,如果每一个机械零件的可靠度已经设计完成,又已知各零件如何组配,就可以求得机械系统的总可靠度。通过这种由局部到整体的可靠度整合计算,一是可以检验系统的可靠度是否达到规定的要求,看看是否有进一步优化的必要;二是可以

比较各种设计方案的优劣程度,以便对设计方案进行改进和取舍;三是改变系统的设计参数,调整标准,使系统更加符合实际,让系统达标。总之,这三方面的根本目的都是为了使机械系统更完善、更优化,达到克服缺陷,提高系统可靠性的效果。

机械系统的可靠性,一方面取决于每一个零件可靠性大小,另一方面取决于各个零件的连接方式,现在从零件连接方式的角度,探讨机械系统的可靠度。

(一)串联系统可靠性

串联系统是由各个零件收尾依次连接,组成的一串系统。假设任意的第 i 个零件的可靠度为 R_i , R_S 表示由 n 个零件组成的串联系统的可靠度,则,

$$R_S = R_1 \cdot R_2 \cdots R_{n-1} \cdot R_n = \prod_{i=1}^{n} R_1$$

因为系统可靠度由每一个零件可靠度连乘求出,故系统可靠度小于每一个零件的可靠度,即系统可靠度比系统中最不可靠的元件还要不可靠,只要一个元件失效,系统可靠度就变为零,整个系统就失效。

[例4.2]现有三个零件组成串联系统,各零件的可靠度分别为 $R_1 = 0.99$, $R_2 = 0.90$, $R_3 = 0.85$,试求系统的可靠度。

解:由串联系统可靠度计算公式得到

$R_S = R_1 \times R_2 \times R_3 = 0.99 \times 0.90 \times 0.85 = 0.757$

此系统的可靠度只有 75.7%。

(二)并联系统可靠性

并联系统是每一个组成零件的一端接在一起,作为输入端;另一端接在一起,作为输出端的系统。假设各符号同上,由 n 个元件组成的并联系统可靠度为

$$R_S = 1 - \prod_{i=1}^{n} (1 - R_i)$$

若 $R_1 = R_2 = \cdots = R_n = R$ 时,则公式变为: $R_s = 1 - (1 - R)^n$,并联系统,只要还有一个零件处于正常状态,整个系统就还可以正常工作;当所有元件全部失效时,整个系统才失效。

[例4.3]假设5个零件组成并联系统,每个零件的可靠度为0.95,试求系统的可靠度。

解:由并联系统的可靠度计算公式得

$R_s = 1 - (1 - 0.95)^5 = 0.99999$

这种并联系统的可靠度相当高。

(三)混联系统可靠性

混联系统是由串联和并联系统组合而成。系统可靠度计算方法是分两步进

行,首先,将并联单元转化为串联单元,其次,再按串联系统计算总可靠性。

五、机械系统可靠度分配

系统可靠性分配是指对有一定可靠度的系统,按照确定的方法,把系统可靠度分配给其每一个组成单元,求得每一个单元的可靠度。可靠度的分配是上述求系统可靠度的逆过程,分配的目的是依据规定的系统可靠度,求得组成单元的可靠度,以便设计或选用一定可靠度的单元,从而能够构造成符合要求的系统。系统的构造方式决定了单元可靠度的求法。常用的可靠度分配方法有等分配法和比例分配法。

(一)等分配法

等分配法就是给系统的各个组成单元分配同样大小的可靠度。假设各符号同上,对于串联系统,等分配法意味着每一单元分得的可靠度相等,则系统可靠度计算公式为:

$$R_S = \prod_{i=1}^{n} R_i = R_i^n$$

将上式变现即可求得每一单元的可靠度,

$$R_i = R_s^{1/n}$$

对于并联系统,其系统可靠度计算公式、变现后求得单元可靠度公式分别为:

$$R_S = 1 - (1-R_i)^n \quad R_i = 1 - (1-R_s)^{1/n}$$

(二)比例分配法

比例分配法是指使每个单元允许的失效率与预计失效率成正比例,按照该比例来分配系统的失效率分。其分配过程是:首先,按照标准、要求或经验得到各单元预计失效率数据;其次,根据每一单元预计失效率数据给每一单元分配权数;最后,把系统总失效率按照权数比例分配给每一个单元。[1]

第五节　价值工程

一、以价值工程实施设计

价值工程就是把产品的功能与实现功能的成本结合起来考虑,力图以最低成

---

[1]　王隆太.先进制造技术(第2版)[M].北京:机械工业出版社,2015.(课件.)

本实现产品的必要功能,力求最大限度地提高产品的价值。把价值工程思想应用到产品设计中,就是价值工程设计方法。

价值工程的表达公式为:

$$V = F/C$$

其中,V——产品的价值。表示产品是否物有所值?是否合算?是否满足需求?

F——产品必要功能。包括功用、作用、效能、用途,它不包括多余功能、过剩功能。

C——实现产品必要功能的成本。它是实现必要功能的全部的支出,包括直接支出和间接支出。

实现价值最大化是价值工程的根本目的,它也符合理性人的思想。为了实现价值的提升,应该努力降低成本,努力提高功能。这里的价值既包括货币价值,也包括非货币价值;同样,功能和成本也包括货币性成分与非货币性成分。

由价值工程的定义及公式来看,我们可以对它做如下分析。

(1)价值工程由产品成本与产品功能来决定。提高价值就应该从降低成本和提高产品功能入手进行,价值工程设计实际上已经转化为功能设计和成本设计。

(2)功能分析是价值工程的重点。围绕功能的设计是价值工程设计的核心。

(3)价值工程是一个有组织、有计划的系统性设计活动。需要多方人员参与、配合,进行有效的组织管理,需要控制,让设计活动有条不紊地开展。

(4)价值工程以信息为基础。必须收集多种信息资料,对信息展开分析,利用信息指导设计,这样的价值分析才是符合实际的。

(5)价值工程的本质就是产品创新。创新的产品往往是高价值的产品,价值工程需要创意、需要突破、需要打破常规。

(6)价值工程需要技术和经济的结合。既要在技术上先进,又要符合经济规律,经济性好。

二、价值工程设计程序

价值工程本身就是一项系统工程,把它应用到设计工作中是最能够在源头上提高产品价值的举措。价值工程设计是一项综合工作,它是一个发现矛盾、分析矛盾和解决矛盾的系列过程,设计过程应该按照以下程序展开。

(一)选择对象

价值工程的分析对象要选对、选准,它实际上就是决定对谁进行价值工程分析。符合以下条件的产品就是符合条件的选择对象。

从功能看——功能差、功耗大、效率低、故障多、用户不满意的产品。

从产品成本看——价格贵、损耗量大、难以加工、供货得不到保障的产品。

从外部环境看——销售量大、有未来前景、明星或金牛产品。

对象选择实际上就是一个决策过程,常用的定性或定量决策方法都可以使用,例如头脑风暴法、德尔菲法、确定性决策法、风险决策法和不确定性决策法。

如果用综合加权评分法,决策过程为如下方面。

(1)确定影响对象选择的各因素,对每一个因素,依据其重要性大小确定权数。

(2)对不同对象,根据它的表现,从每一个影响因素上打分。

(3)把每个因素的得分乘以它的权数,求得各因素加权分,把各因素加权分加起来得到加权总分。

(4)把对象按照加权总分从高到低排队,选择对象。

如果用 ABC 分类法,决策过程是为如下方面。

(1)把占零件总数 $10\%\sim20\%$,却占总成本 $60\%\sim70\%$ 的零件作为 A 类零件。

(2)把占零件总数 $60\%\sim70\%$,占总成本 $10\%\sim20\%$ 的零件作为 B 类零件。

(3)把其余剩下的数目众多、成本低廉的零件作为为 C 类零件。

(4)重点选择 A 类零件作为分析对象。

(二)功能分析

功能分析是价值工程的重点,应该做好以下工作。

1.功能定义

明确说明产品具有什么功能,详细描述功能,限定功能范围,讲清楚功能的性质。

2.功能整理

将各种功能依照重要性排列,功能的取舍按照必要、够用的原则进行,确保重要功能的实现,一般性实现辅助功能,删除不必要功能,将功能区域限定出来。

3.功能评价

此时要确定成本值,把定性的功能数量化,确定功能价值大小,检测功能还能否进一步提高,并尽力提高它,在满足要求的前提下寻求实现功能的最低功能成本,努力找出最高的价值。将各对象的价值计算出来以后,把价值偏低的对象选为价值工程的实施对象。

(三)方案创新与评价

方案创新就是要创造出更新、更优秀的方案,创新者要有强烈的创新意识,有创新的思维,进行发散性思维,别具一格,打破规则限制,勇于尝试;还要集思广益,广泛听取别人的意见,集中他人的经验和意见,借助他人的意见启发自己的灵感。此时,专家意见法、头脑风暴法、德尔菲法都是不错的创新方法。

新方案评价就是对新方案的可行性和优劣性予以评价,新方案只有当总体的优点多于缺点,并能够超过已有方案,它才值得采纳。

（四）验证和定案

验证和定案就是要最后确定新方案能否满足要求。要验证新方案的科学性、经济性、难易程度、实施条件、优点、缺点、实施效果,对验证后的新方案予以改进,最后把新方案确定下来。

第六节　反求工程

一、正向工程与反求工程

制造工程按照所经历的环节的顺序来分,可以分为正向工程和反求工程。

正向工程是按照通常的环节顺序来实施的工程,即是:市场分析→概念设计→结构设计→加工制造→装配检验→产品。这是一个传统的过程顺序,其出发点是市场需求,这样的过程的好处是以顾客为导向,易于被市场接受,但是随后的概念设计、结构设计等工作没有接受实际检验,不一定能确保符合市场的接受度,设计的优化不容易实现。

正向工程的工作具体流程是为以下步骤。

（1）进行功能设计。

（2）为了实现功能而实施相应的结构设计。

（3）建立数字模型,绘制产品图纸、施工图纸。

（4）审查模型和图纸,如果不合格则返回第二步,重新进行结构设计;如果审查满意则进入下一步。

（5）依据数字模型和图纸进行加工制造,生产出最终产品。

反求工程克服正向工程的缺陷,突破传统顺序,其过程是:已有产品→实物测量→重构模型→创新改进→加工制造→新产品。其出发点是已有产品,对已有产品进行分析、改良,使它更优秀,符合实际需要,这样可以保证随后的工作环节能设计并制造出优化的产品。

反求工程的关键是先采集实物样本的功能、结构数据信息,利用专用软件、CAD 系统和技术,分析样本数据,重构样本信息,展示三维图像,建立样本模型,再改良样本模型,创新出优化的模型,然后按照优化的新模型来施工。已有产品的数据信息,其来源很多,例如实物模型、产品图纸、施工图纸、数控程序、技术文件、图片、照片、影像资料。

反求工程的工作具体流程是为以下步骤。

(1)确定拟分析的已有产品。

(2)采集已有产品的数据信息,对已有产品进行三维测量。

(3)建立已有产品的模型,对该模型进行优化重构。

(4)审查优化模型,如果不合格则返回到第二步和第三步,重新进行;如果审查满意则进入下一步。

(5)依据优化模型设计产品图纸和施工图纸。

(6)依据图纸来加工生产,最终生产出新产品。

二、反求工程具体任务

反求工程欲实现最终新产品的制造,要完成不少具体任务,它们分别是分析任务、再设计任务和产品制造任务。

(一)分析任务

对反求对象,分析其功能、原理、结构、形状、材料、工艺等方面,确定样本技术指标,弄清楚几何结构,定义零件拓扑关系。

(二)再设计任务

(1)获取样本零件数据。制定测量规划,选择测量设备,规定测量程序,确定测量精确度,实施测量。

(2)修正测量数据。按原拓扑结构修正元素位置,改变几何关系,调整空间方位。

(3)反求对象的模型重构。用 CAD 系统和专用软件,重新构建新的几何模型。

(4)模型的再分析和再设计。

(三)制造任务

进行制造工艺规划,按照工艺,利用技术,运用设备来实施加工,并对过程和产品进行检验检测。

三、对反求对象的测量

反求过程从已有的产品出发来进行,因此需要掌握已有产品的数据信息,这就需要采用测量技术和设备来采集产品信息。工程测量通常采用三维数字测量,它是确定反求对象各种参数的测量方法,该测量三维化、立体化。目前的测量手段多样,反求对象的信息来源不同,其测量方法也不一样,根据不同的测量原理可以有多种测量设备。按照是否接触反求对象,有接触式、非接触式测量;按照使用的物理学原理,有机械、声学、光学、电磁学等测量。

对反求对象形体结构几何参数的测量是一种坐标数据采集,它分为破坏性测量和非破坏性测量两大类型。

(一)破坏性测量

它是有损伤测量,不能大规模使用,只对重点对象采取少量抽样测量,例如采用自动断层扫描。

(二)非破坏性测量

它是普遍采用的非损伤测量,有接触式测量和非接触式测量两种,它们各自使用不同的测量机器。其中,接触式测量使用机械手、坐标测量机;非接触式测量使用光学测量机、声学测量机、磁学测量机。而光学测量机的测量方法最多样,例如有结构光测距法、激光三角法、激光测距法、干涉测量法和图像分析法。

四、对反求对象的分析

测量是为分析服务的,必须对采集测量的数据进行分析,才能得到有价值的关于反求对象的本质,分析的角度是多样的,例如工程、质量、工艺等。具体分析的内容包括:功能、原理、材料、加工、装配、工艺、精度、造型、系列化、模块化。①

五、反求对象的模型重构

反求过程的一项重要工作就是根据采集的样本几何数据,在计算机内重新构造样本模型。这种重构过程有一些规定环节要依次进行。

(1)对采集到的原始数据实施预处理。所获得的数据多而杂,有不少虚假,有许多干扰,要通过预处理,剔除噪声,净化信息,去伪存真,留下过滤后的真实信息。

---

① 王隆太.先进制造技术(第2版)[M].北京:机械工业出版社,2015.(课件.)

（2）网格模型生成。对净化的信息,用反求重构软件处理,使它生成样本的三角化网格模型。

（3）网格模型后处理。修补三角化网格模型的孔洞、缝隙、重叠面,使网格模型完好无损。

第七节 绿色设计

绿色化、环保化是现在和未来工业发展的大方向,这是由人类可持续发展的现代理念所决定的,保护好生态环境是经济社会发展的必然要求。《2025 中国制造》把绿色制造作为我国工业发展的基本前提。绿色制造获得的是绿色产品,产品的设计是绿色设计。

绿色产品就是在产品的设计、制造、使用、报废和回收的全生命周期内,节约资源、节约能源,无污染排放或少排放,不破坏生态环境,不危害人类健康,对生产者及使用者具有良好保护性的产品。

总的来看,绿色产品是无污染、无损健康的环保型产品。这种产品常常可以拆卸、分解,能改变及调整其结构,使用方便;它能节省原材料,节省能源,原材料使用科学合理;且能回收,对废品进行无害化处理,甚至可以再次加工,二次使用;全部制造和使用过程极少损害环境、人和设备。

绿色设计是以绿色产品为导向的设计,其结果就是绿色产品设计方案,绿色设计的目标是设计出绿色工艺、绿色操作、绿色流程、绿色加工和绿色产品,以便使制造过程和形成的产品符合绿色环保的要求,符合绿色指标,绿色设计要努力实现低消耗、可回收、再利用、可降解。

一、传统设计的描述

（1）它的设计目的是满足市场需求。按照消费者的要求来设计产品,确保产品能卖得出去。

（2）它的设计根据是顾客对产品提出的要求。顾客提出了对产品的性能、质量、成本、寿命、外形等要求,企业千方百计在设计中体现这些要求,要求就是根据。

（3）它的使用和回收方面是不考虑用后的回收。用完即作废,不再废物利用,不再做无害化处理。

（4）它的设计思想是不考虑生态环境保护。设计中不关心资源有效利用,不关心废弃物排放问题。

二、绿色设计的描述

（1）它的设计目的是同时满足市场需求和绿色环保需求。让短期的市场需求与长期的可持续发展有机结合。

（2）它的设计根据是生态指标和顾客对产品提出的要求。让绿色环保指标与性能、质量、成本、寿命、外形等要求完美结合。

（3）它的使用和回收方面是考虑用后的回收。要做到产品可拆卸、可组合、可废物利用、可回收、不损害环境。

（4）它的设计思想是在设计阶段就考虑节约资源、减少消耗、注重环保因素。力图在设计阶段就解决绿色环保问题，从源头满足绿色要求。

总之，整个绿色设计的理念是以绿色设计作为中心，按照市场需求和生态指标要求，进行一系列的设计、制造、销售、使用、回收、再生工作，从而实现如下效果：环境保护、劳动者保护、高产品质量、使用寿命延长、全生命周期成本低、功能优异、能耗下降。

三、绿色设计内容

（1）绿色产品描述与建模。描述绿色产品的功能、结构，建立产品模型，从模型评价和分析产品。

（2）绿色材料选择。选择环保、无害、低成本和性能优异的制造材料。

（3）结构设计。所设计的结构可拆卸，可重组，可以按照需要对结构进行调整，让使用变得方便。

（4）面向回收的设计。包括可回收材料识别及标志、回收处理工艺、可回收性结构设计、可回收经济分析与评价。

（5）成本分析。包括污染物处理成本、拆卸成本、重复利用成本、环境成本等。

四、绿色设计着眼点

绿色设计有不少突破口，从这些方面入手，就可以设计出符合要求的绿色制造和绿色产品。

（1）有效利用资源。多使用再生资源，重复利用资源，提倡废物利用，提高利用率。

（2）节约能量。尽可能选用可再生能源，选用能耗少的机器设备，减少能源使用成本，压低能耗。

（3）从源头控制污染。消除污染源，去除污染根源，消除污染产生的原因，使污染归零。

（4）保护身心健康。工作环境要安全，实现无害化生产，消除工作场景的噪音、辐射、有毒气体，使工作现场舒心、友好。

（5）采用先进制造技术。尤其应采用智能制造技术，工艺要先进，提高工作效率，减轻劳动量，使产品具有高技术含量，使产品具有技术竞争力。

（6）经济效益和环境效益兼顾。有时这两者有矛盾，要协调好，同时实现经济效益和环境效益的双提高。

第五章

现代生产运营管理方式

第一节　生产运营管理方式的发展

一、生产运营管理方式的发展线条

在人类社会的发展过程中,伴随了生产运营方式管理的演变、发展,从最早期的单件小批量生产开始,工业制造生产运营方式一路发展变化,一直发展到现在的智能制造新方式,而且这种发展的步伐还将一直延续到未来世界。这是一个不断进步的过程,标志着生产运营方式不断迈向高端。我们按照生产运营发展的历史线索来探讨其发展进程。

(一)作坊式单件小批量生产

在18世纪70年代,从英国开始,人类进入了工业生产的时代。过去的以家庭为单位、以手工操作为主的生产方式开始被机器生产所代替,此时生产规模扩大了,车间或工厂成了基本的生产单位,劳动分工被明确和细化,劳动协作日益广泛。在这一阶段的生产,生产水平还不高,主要是作坊式单件小批量生产方式。它表现为以下一些特征。

(1)生产力不高与卖方市场的结合。此时市场产品不丰富,需求不能有效得到满足,企业的主要目标是扩大产量,从产品数量上满足顾客需要。

(2)集权型的刚性管理组织。强调纪律,强调统一指挥,组织结构机械化。

(3)以提高劳动生产率为目标的生产管理。追求生产的效率,全力满足市场需要。

(二)大批大量生产方式

以泰勒为代表,从20世纪初开始,创立了科学管理理论和思想,生产运营管理进入了科学管理新时代,管理上运营定量、分析、计算等科学方法,生产效率被极大地提高。此时大机器设备得到应用,流水生产线被采用,实现了大批大量生产。这种生产方式极大地解放了生产力。此阶段表现为以下特点。

(1)市场表现为产品单一的大规模需求。依然是供不应求的卖方市场,扩大生产规模是主要的生产目标。

(2)生产组织是分层控制的组织结构。

(3)以减低生产成本为主要的竞争策略。

(4)机器设备的高投入和教育科技的低投入。

(5)生产计划、实施、控制有机结合。管理过程科学化、规范化、制度化,生产能力稳定,质量容易控制,设备被很好地维护。

(三)现代先进生产运营方式

从 20 世纪 70 年代开始,各种先进生产运营方式不断涌现,新的管理理论、思想和方法陆续出现,这是伴随着科学和技术的迅速发展而出现的现象,尤其是到了当今信息技术时代,生产运营方式更是以加速度的方式快速发展。直到今天,先进生产运营方式发展到了智能制造的最高境界。

丰田公司首创了准时化生产方式(JIT),革命性地改变了制造业的生产面貌。美国学者和企业家在 JIT 的基础上,又发展出精益生产方式,使不少企业达到了"精益求精、尽善尽美"的生产地步,使浪费最小化,效益最高化。

在 20 世纪 70 年代,物料需求计划(MRP)发展为企业资源计划(ERP),ERP 经历了从概念到软件再到管理方式的变化,现在的 ERP 不但是某一种生产软件,而且是以供应链为中心的管理方式。

计算机基础制造系统(CIMS)在计算机辅助设计和计算机辅助制造的发展中应运而生,它利用信息技术和自动化技术,把许多孤立的自动化子系统集成起来,使整体效益被集成,很适合多种、小批量生产。

20 世纪 80 年代,敏捷制造被美国企业首先提出和应用,它在信息高速公路的支持下,强调快速响应需求,具有动态联盟和虚拟制造的特点。

在 20 世纪末,大规模定制出现了,它以大量生产的成本和速度,提供定制的个性化产品,它做到了产品内部的少样化和外部的多样化的结合,生产上实现大批量、低成本、高质量特征,需求上满足顾客独特的个性化需求。

二、生产运营方式变革分析

总体来看,生产力发展是生产运营方式变革的根本原因,具体来分析,主要是科技进步、人力资源提升、需求变化和社会进步四大原因造成的。

（一）科技进步

科学技术不断进步，不断推动着生产运营发展变化。18世纪中叶，以蒸汽机为代表的第一次工业革命在英国发生，使手工作坊式的生产演变为工厂的机械化生产。19世纪60年代，第二次工业革命发生，它以电力、内燃机、电机的发明应用为特征，由能够提供大量的能源生产，实现了制造业的机械化大生产。第二次世界大战后，电子技术等高新技术快速发展，促使了柔性制造的兴起。20世纪60年代以来，以计算机为代表的信息技术迅猛发展，促进了ERP的发展，出现了CIMS的兴起，尤其是在20世纪90年代开始，互联网技术、通信技术得以普遍应用，更是促成现代先进制造技术的大发展，智能制造被推向了工业制造的最前沿，"互联网+制造"模式成为颇具竞争力的现代模式。总之，科学技术的进步有力推动了制造模式的转变升级，科学技术是第一生产力。

（二）人力资源提升

人力资源素质也积极促进了生产模式转变。在作坊式单件生产时代，作坊主既是管理者，又是多面生产者，生产者的培养主要是师傅带徒弟进行的，徒弟能力提高有限，只能进行简单的手工生产或简单机器生产。到了20世纪初，劳动分工大发展，每个人专业从事本领域的工作，熟练度和自动化程度提高。在现代社会，随着科技进步，人们迫切需要掌握更多的知识和技术，受教育程度越来越高，人的素质也大大提高，人们可以从事很复杂的劳动，能够适应先进制造方式对人素质的要求，使先进组织方式的出现和发展成为可能。所以，高素质的人力资源也是推动生产模式转变的巨大力量。

（三）需求变化

在卖方市场的年代，市场商品不足，消费者追求的是商品数量而不管质量，人们的需求差别不大，企业此时采取大批量生产就可以满足市场的普遍需要。当市场经济深入发展后，社会进入买方市场，人们已经不满足于共性需求，开始追求更高档次的个性化需求，定制型生产开始出现，但是定制型生产成本高、产量低，只能满足少数顾客的需要。当市场竞争空前激烈后，企业开始寻求以大量生产的低成本、快速满足顾客的生产方式，此时，大规模定制生产和敏捷制造应运而生，实现了定制生产的低成本和高速度，做到了以大规模生产的优势获得满足独特需求的效果。所以，市场需求牵引着生产方式的转变。

（四）社会进步

建设文明社会的时代已经到来,人们追求环境和谐、生态文明,这必然推动了生产方式转向绿色、环保,绿色制造开始兴起,在设计、制造、包装、运输各领域,都要求节约资源,减少浪费,减少污染,能够回收废旧物资,保护生态环境,保护人的身心健康。各种先进制造方式都不同程度地能实现这种要求,尤其是绿色制造方式更是反映了这种文明社会的时代要求。可见,社会进步同样促进了生产方式的转变。

三、先进生产方式具备的共性特点

先进生产方式是先进生产力的代表,其先进性体现在比起传统生产方式,具有如下的特征。

（一）先进生产方式应用范围不断扩大

生产管理概念适用范围不断延伸扩展。最初的生产管理对象是工业企业,主要是制造业,此时叫生产管理。此后随着国民经济各行各业大发展,生产管理于是跨越本领域,从制造业进入到第三产业,此时生产管理的概念演变为生产与运作管理。后来随着服务业的发展,生产与运作管理概念就直接演变为运营管理。从生产管理概念出发,其应用行业、领域不断扩展,从制造业到服务业,从有形产出到无形产出。此外,生产的集成性越来越高,生产系统由内部向外部扩展,向前延伸到生产战略、设计、采购,向后延伸到销售、客户服务,管理范围大大扩展。

（二）多品种和中小批量生产是主流生产方式

随着社会进步,消费者对产品的要求不再仅仅是数量,更主要的是质量,人们的需求开始多样化、独特化、个性化,这就要求企业能提供满足不同特殊需要的特色产品;同时市场竞争越发激烈,新技术和新设备被不断采用,企业有能力推出各种新产品;另外市场已经从卖方市场进入买方市场。这些市场条件都要求企业必须改良产品,生产多样化的优质产品,满足各种特殊的市场需要。这种背景催生了多品种、中小批量的生产,并成为生产主流。定制化、精益化、敏捷化生产最能实现这种生产方式,它们很好地解决了多品种、中小批量生产与降低成本的矛盾。

（三）柔性化制造

市场需求千变万化,这就客观上要求生产制造方式应该灵活,可以调整,包括生产系统、组织机构、工艺都可以根据市场市场情况予以改变,以便适应各种需求的变化。先进制造方式基本上是柔性化的、弹性化的制造方式。①

第二节 精益生产

一、精益生产体系

（一）精益生产实质

精益生产（LP）以整体优化为思想，科学合理配置企业各种资源，消除不产生价值的一切无效劳动，杜绝一切形式的浪费，以人为中心，简化复杂程序，追求"十全十美"，做到精益求精，做到生产中的零缺陷。精益求精的工作目标十分高，虽然完美无缺是难以实现的，也不切合实际，但是以此作为奋斗目标而努力，必然达到优质优效最高境界。精益生产产生于日本的丰田汽车公司的准时化生产（JIT），这是制造领域的一场革命性事件，以后，美国的企业在此基础上将其发展为精益生产。在智能制造时代，精益生产更是得到广泛应用。

（二）向浪费开刀

精益生产的显著特性是向浪费宣战，砍掉一切浪费，瘦身生产，节约成本。所谓浪费，就是不带来利益的任何开支或消耗，它只有付出，没有价值创造。精益生产指的具体浪费包括以下方面。

（1）过量生产。他指没有需求时也生产，或者产量超过需求量，或者提前生产。

（2）窝工浪费。它指人、设备、产品在生产中出现等待的浪费，这主要是排班不科学、生产力不均、机器故障等原因形成的。

（3）搬运浪费。它指低效或无效搬运的浪费，这主要是布局不科学、搬运设备和搬运方法不当引起的。

（4）库存浪费。它指库存过量的浪费，是由过量采购或生产、需求预测不准确引起。

（5）加工过程浪费。它指上下工序之间传送零部件或半成品不当引起的浪费，是由加工方法不正确，或者做了不完整及不必要的加工造成的。

（6）动作浪费。它指不良动作造成的浪费，是由动作不规范、错误操作、不良

---

① 曲立.现代生产管理方式[M].北京:社会科学文献出版社,2015:11-16.

姿势等原因造成的。

（7）次品浪费。它指不合格品形成的浪费,是由质量管控不佳等多种原因引起的。

（三）精益生产精髓

实施精益生产,就是要追求一个终极目标:杜绝浪费,节约成本,倍增效益。具体来说就是实施"五零"目标,即做到生产中的零废品、零库存、零准接时间、零无效搬运、零无效提前期。

（四）精益生产架构

在精益生产这座大厦,持续改进活动是基础,三个支撑立柱分别是并行工程、准时生产、稳定快捷供应链,它们共同托起精益生产这个房顶。

持续改进是员工坚持不懈地改进工作,是自发的、是积极性调动的过程,与质量改进工作相关。

并行工程是现对于审行过程而言的,它指设计、制造等多项任务同步进行,交叉进行,在产品设计阶段就规划好了产品全生命周期的各事项。

准时化生产(JIT)就是在需要的时候生产需要的数量、需要的规格、需要的质量产品,并在需要的时间送到需要的地点,没有时间上的提前或延缓,没有数量上的多余或不足,消除库存,一切都做到精准,没有丁点差错,把效率推向极致。

稳定快捷供应链就是与供应商建立长期稳定的战略合作伙伴关系,给予供应商技术和经济支持,协助供应商实施JIT,加强供应链上各企业合作,使供应链减低成本,提高效益。

二、精益产品开发

精益生产从精益产品开发开始,要做好精益产品开发应该进行好四个方面的工作:领导方式、团队工作、信息沟通和并行设计。

1.领导方式

领导人和领导方法是产品开发成功的首要因素,领导人的素质起了关键作用,领导力是强有力的推动力。产品开发应该实施项目管理,领导者是项目经理,应该实施项目管理方法,他掌握项目管理大全,进行全面指挥、协调、控制。

2.团队工作

项目团队应该是一个紧密联合体,人员彼此分工,又密切配合,团队成员由各种具备专业和能力的人互补而成,团队结果是矩阵式结构,人员来自各职能部门,人事关系受原职能部门领导,业务受项目经理领导,这种结构有弹性,工作效率高,能充分发挥每个人的作用。

3.信息沟通

产品开发强调信息交流,开发人员要与顾客充分沟通,不同专业的开发人员也需要彼此沟通,许多设计问题需要集体决策,设计上的矛盾需要协调,达成一致意见。

4.并行开发

也叫同步开发,它是利用并行工程的原理开发产品,它一改传统的顺序开发产品的步骤,把开发、设计、制造多项工作同步展开,在设计阶段就考虑到产品全生命周期的各种工作。并行开发需要各人员、各部门密切配合,紧密沟通,能节约开发周期。顺序开发是按照开发的先后顺序来开发产品,典型的步骤是:产品规划开发→技术开发→技术→工艺→生产→销售→服务。① 而并行开发是使上述各项工作同时展开,这就要求各有关部门加强联系,实行数据合成、信息共享。

三、准时化生产实施

精益生产的核心是准时化生产(JIT),JIT 就是在需要的时间,按照需要的量,生产需要的产品,现对 JIT 生产实施讨论如下。

(一)生产均衡

JIT 要实现作业之间、工序之间、设备之间,车间之间的运作平衡,这样才能确保浪费最小,达到精准生产。其中最重要的均衡是总量均衡,总量均衡是指将连续两个时间段之间某个种类的总生产量的波动控制在最小,使每一时间段的产量基本相同,即生产节拍保持不变。总量均衡是对某一种类产品的产量来说是均衡的。生产均衡应该首先以制定科学合理的生产计划来保证。

月度生产计划是根据顾客订单或销售预测来制定,它包括主生产计划、三个月生产计划,制定后的月度生产计划下发给加工厂,并作为日生产计划的制定依据。

日生产计划是对月度生产计划的每日落实,它可用混流式生产模式。混流式是对多对象生产线实行混合式标准流水线生产。标准化是在同一条生产线上,相间的生产多种产品,并使产量、工时均衡。混流式标准化可以减低产量的不稳定,避免产量波动引起的生产能力应用不均衡所造成的浪费。

生产计划虽然是按照主生产计划、月度生产计划、日生产计划的顺序制定,但是投产顺序却是按照日生产计划为依据,指令只下达给最后工序,这样就保证了

---

① 曲立.现代生产管理方式[M].北京:社会科学文献出版社,2015:23-26.

按时、按需、按量、按质生产,避免过量生产,所以它是一种拉动式生产计划方式。

（二）标准化作业

标准化作业就是对作业系统进行调查分析以后,对作业操作进行分解,以规章、科学、目标为原则,对操作予以改善,使每一步操作达到安全、高效、高质量,直至各个程序得以优化,然后把优化的操作和程序固定下来,作为一种执行标准,以后可以重复使用。

标准化作业确定了每个看管的设备和作业程序,使作业过程稳定,确定了各个作业的起点和终点,每个作业者可以复制已经成熟的操作,使操作简单快速,效率大大提高。

标准化作业成功必须消除不稳定根源,例如原材料供应不足、原材料质量缺陷、机器故障等。

标准化作业应该实现三个标准,节拍标准化、工作顺序标准化和工序间库存标准化。三个标准化共同构成了标准化作业。其过程是:①确定生产节拍;②确定每一作业的标准时间;③确定各作业者担当的作业及作业程序;④确定在制品占用标准;⑤绘制标准作业图标,组织实施。

（三）减少作业转换时间

作业转换时间是从一种产品生产转换为另一种,或一批产品转换为另一批产品的转换时间,主要是工具准备、卸装、调整直到生产出第一件产品用的时间。作业转换时间包括停机时的作业转换时间和不停机作业转换时间。这些措施可以减少作业转换时间,改进转换方法,提高作业者熟练程度,提高技能。减少作业转换时间后可以缩短生产提前期。

（四）优化设备布置

设备布局有对象专业化布置和工艺专业化布置,应根据生产特点、要求来选用。流水线生产往往采用 U 型生产线,它是按照加工顺序以逆时针方向来排列生产线,流水线出口与入口很靠近,作业者被流水线包围。U 型生产线有自己的特点:操作者都是多技能工人,能适应多工种,人员数量可以灵活改变;因为入口与出口位置靠近,所以可以由同一人同时控制入口与出口,从而控制好节奏;各操作者位置也靠近,有利于人员的彼此合作;生产线节省占地面积。

（五）控制质量

JIT 没有库存,要求上游供应快速精准,稍有差错便会出现停工待料,因此供应链质量控制十分关键。设备也不允许有丝毫故障,这就要求设备的保养、维护要做到非常好。应该推行现场 5S 管理,现场操作者有权对出现的质量问题立即停机,立即排除解决。应推行全面质量管理,加强质量检验,加强质量控制。

（六）实施看板管理

JIT 的精华之处是看板管理,也是其独特之处。看板管理以流水生产线为基础,放弃传统的供料式生产,采用每一个下游环节向其紧接的上游环节取料的方式,取料媒介工具是看板,看板是取货指令,是取货和发货指示板,其形式有卡片、标识牌、工位器具等。看板分为取货看板和发货看板。

当紧后工序需要补充零件时,取货人员带着取货看板和容器到紧前工序的零件存放处,把空容器放在规定地点。在规定存放处的每一个装有零件的容器内,有一张生产指示看板系于零件上。取货人解下系在所取零件上的看板,按照顺序放入看板箱内。然后把取货看板系到所取的零件上,连同所取的零件一起运回本工序存放处。当所取的零件投入使用时,解下取货看板按照顺序放入看板箱。每一道工序按照看板顺序进行生产。

看板使用时,后一道工序主动到前一道工序取货,每一次只领取后一道工序刚好够用的数量物料,不合格物料不允许向后传递,看板按照反工序顺序,在各工序之间传递生产信息,利用看板实现均衡生产控制。

（七）5S 现场管理

5S 现场管理是一种现场精细化管理的一套方法,它能解决最基础的精细化问题,它从整理、整顿、清扫、清洁、教养五个方面实施现场精细化管理。

1.整理

整理需要对工作现场予以检查,在制定了要和不要的取舍标准后,保留现场需要物品,去除无用物品,对保留物实施针对性管理,例如集中放在指定位置。这种整理必须天天进行,每个员工都要自我整理。通过整理,能够增大空间,减少现场库存,节约资金。

2.整顿

对整理保留的物品,必须明确标示,整齐摆放,定位放置,能够很方便地找到,让所有物品的存放井井有条。经过整顿,工序转换时间可以减少,寻找物品、取出物品都方便省时,有利于工作效率的提高

3.清扫

对整理后的物品,要清扫干净,去除污染,使工作现场干净整洁。应该进行的工作有:每日做好清洁卫生工作;划分清扫责任区,责任落实到人;寻找污染源头,及时根除源头;制定清扫制度,确定清扫标准;重点做好机器设备清扫,保持机器精度,保持其运转的稳定。

4.清洁

把整理、制定、清扫的做法规范化,维持这三者的成果。要做到的具体工作有:落实三项工作,制定管理制度、稽核方法、奖惩办法,强化执行,强化控制,保持前三项的良好状态。通过清洁,能够保持现场的清洁状态,易于发现现场的异常,并能快速采取对策,维持工作现场的舒适友好。

5.教养

培养良好的 5S 意识,提高现场精准生产素养,遵守操作规章制度,严格工作纪律,养成良好的工作习惯,提高操作技能水平,实现文明生产。

(八)目视管理

目视管理就是把抽象的管理可视化,做到直观可视。被管理对象可以自动判断异常现象,并自动显示异常情况,提醒操作者采取处理措施。目视管理是 5S 管理的最高境界,其可贵之处就是把现场或隐藏的特征暴露出来,能够被看见,形象直观,一目了然,便于理解,也容易处理问题。①

(九)全员生产维护

全员生产维护着眼于设备的最高综合效率的使用,建立设备的整个寿命周期的生产维修系统,各有关部门共同参与系统的建立、执行和维护,企业上下全体员工都投入到设备管理之中,开展小组自主设备管理工作,加强设备管理思想教育,推动设备管理上台阶、上水平。

全员生产维护要对不同的设备分类管理,ABC 分类管理是有效的方法,重点设备属于 A 类设备,应该重点管理,日常要重点监控、维修、保养,实施点检制度。全员生产维护的要点就是"三全"管理,即全效益、全过程和全员参与。全效益是指使设备的全部生命周期的总成本最低,但是总输出最大化,达到总效益最大化;全过程是指对设备一生的管理,建立一套管理系统,包括设备设计、制造、使用、维护、报废;全员参与是指企业全体员工都要投入到设备管理中来。

(十)精益客户关系管理

精益生产十分强调做好客户关系管理,企业重视客户优质服务,建立客户服务系统,最大限度地改善与客户的关系,稳定客户群体,为客户提供解决问题方案,使顾客利益升值,让企业与顾客获得共赢。企业奉行顾客第一、经销商第二、企业第三的理念;销售策略以人员推销为主,主动联系顾客,主动上门推销,提供人性化个性服务,而不是仅仅依靠打广告这种非人员推销方式;推销是包括生产

---

① 曲立.现代生产管理方式[M].北京:社会科学文献出版社,2015:27-35.

人员、设计人员的全员推销;客户是精益生产的组成部分,因为要采集顾客需求,与顾客沟通,依据顾客意见来设计、生产并销售,它是完全以顾客为导向的;精益生产的经销体系也是精益化的,它省去了费事、费时的不必要市场调查,减低库存成本,减低产量的不稳定性,经销商体系精准营销,每次供货量不高,但能培养忠诚顾客,防止竞争对手攻占自己已有的市场。

(十一)精益零部件供应企业

精益生产的前提是要有能实施精准供应的零部件供应企业,精益生产企业与他们的协作关系应该是以下方面。

(1)多层次协作。按照以往的供应商表现或者招标来精选供应商,最终只与约1/4左右的满意供应商建立供求关系,每一供应商只供应总装厂的一部分零部件,他们是第一层次协作厂。第一层次协作厂可以将货物的提供交给其下属的独立公司完成,独立公司是第二层次协作厂,以此类推,第二层次协作厂还可以与第三、第四层次协作厂协作。

(2)各协作厂共同开发。新产品总体设计是由第一协作厂设计完成的,各以后层次的零部件则交由各协作厂设计完成,所以是各协作厂共同开发。

(3)精益生产企业定价条件下的协商机制。精益生产企业要与协作厂议定价格,共同进行成本分析。精益生产企业先制定一个价格,再与协作厂商量在这一价格下如何制造产品,使双方都有利可图。

(4)共同致力于减价。精益生产企业与协作厂共同努力降低生产制造成本,双方共同存在一个确定成本、价格和利润的框架,共同确定成本曲线,使双方获得互相合作、下降成本而取得的利益。

(5)强调设计与极少改动。要十分重视前期设计,将问题基本解决与事先的设计中,优化设计后,投产时就不再轻易改动了,以免造成极大浪费。

(6)直接将零部件送货到总装配线上。送货小批量、准时,准确到位。

(7)保持均衡生产。生产计划和作业计划必须精确制定,平衡资源的利用,避免忙闲不均,避免等待,各环节顺利连接。

(8)分析错误原因。精益生产不允许有任何失误,一旦出现次品,立即寻找原因,分析其原因,采取对策以防错误再次发生。

(9)协作厂协会。第一层次各协作厂建立协调机制,建立协会,就管理问题经常协调沟通,解决彼此矛盾,共同提高管理水平。

四、精益生产理念

精益生产作为一种先进的制造方式,其理念也体现了先进性,先总结出一些理念如下。

(一)确定价值来源

明确价值来源就可以决定实施的精益管理方法。有的企业在供应链中以裁员降低成本,把上下游企业的利润赚到自己手中;有的企业价值来源由工程师控制;有的企业价值由设计师来设计;有的企业以地点作为价值来源之处。

(二)识别价值流中的问题

在价值流中发现各种问题,找到各种浪费。明确创造价值的步骤,找出不创造价值又不可避免的步骤,找到不创造价值但可以去除的步骤。

(三)流动创造价值

让资源流动起来才能发挥资源效益,从而创造价值。成批大量生产不一定可以创造价值,因为需求有限制;而为设计、订货和提供产品所需要的活动应该在连续的流动中进行。

(四)末端向前端拉动价值

顾客需求是原始动力,拉动下游生产,下游逆势而上一级一级拉动上游生产,价值链被激活,价值便流动起来。看板式生产就是很好的体现,上游根据下游发来的指示,只生产下游必需、够用、符合质量要求的零部件。

(五)力图十全十美

十全十美就是尽善尽美,是一种最高境界的理想状态,难以实现。但是精益生产以此为奋斗目标,可以使生产没有最好,只有更好。

五、建设精益工厂

精益生产的理念和方法应该扩展到全公司,形成全企业的精益化,即建设精益工厂。精益工厂就是在全企业范围实践精益思想的工厂,它为多元化的相关者提供最大化利益,同时使企业自身获得精益生产的最大化价值。精益工厂能够快速响应环境变化,适应性强,它持续进步,不断改进,具有无穷生命力。智能制造企业往往是典型的精益工厂。

精益工厂的目标就是要为消费者正确确定价值。其步骤为以下方面。

(1)从有利于企业自身角度定义价值。(2)确定产品从概念开始,直到最终消费掉的整个生命周期的全部行为。(3)以拉动式方式拉动价值链,消除一切不增值活动。(4)分析行为结果并再次开始评价。

精益工厂的成功与否应该进行科学评价。通过评价发现其成功与不足点,为进一步改善企业打下基础。精益工厂的评价应该对如下的八个方面进行评价。

工作场所的 5S 管理、JIT 生产、六西格玛管理、授权小组、目视管理、不断追求完美、公司整体框架及管理风格、公司服务。

这些评价应该分项打分,对每一项设置权重,给每一项评定实际得分,再把得分乘以权重得打加权分,最后将加权分合计就得到加权总分。

精益生产的智能制造企业具有如下特点。

(1)成本最小化。产品全生命周期成本最低,浪费最小,消灭了不增活动。

(2)快速响应。企业能对市场变化迅速应变,柔性化好。

(3)精准作业。基本没有失误,一切做到精准。

(4)价值链各成员彼此坦诚合作。各成员企业互相信任,互相依靠,精诚合作,实现共赢。

(5)无休止地改进。没有停止追求更好的步伐。

(6)全员质量管理。以高质量实现精益求精原则。

第三节　最优生产技术和约束理论

一、最优生产技术目标

最优生产技术(OPT)认为,公司的天职就是要赚钱,盈利企业既能为国家做出贡献,又能为企业创造发展条件,还能为员工提供良好的福利。衡量公司盈利状况的指标是财务指标,其中包括净利润和、投资收益率、现金流量。净利润反映盈利的绝对指标,投资收益率反映盈利的相对指标,现金流量反映企业的生存情况。这些财务指标各自从不同侧面反映财务状况,联合起来可以反映总体财务情况。但是,它们都是事后评价,不能反映运转特点。因此,人们提出了另外反映OPT 生产系统的三个指标:产销量、库存费、运行费,它们是作业层次的指标。这三个新提出的 OPT 指标有密切的相关性,互相促进,有利于 OPT 赢利目标的实现。最优生产技术目标在智能制造企业得到很好地应用。

二、OPT 的基本思想和九条原则

(一)瓶颈和非瓶颈资源

瓶颈资源指的是实际生产能力小于或等于生产负荷的资源。不满足此条件的资源是非瓶颈资源。按照短板原理,瓶颈就是管理木桶的短板,整个管理的最大成效由瓶颈决定,瓶颈资源是最大生产力的关键限制因素,提高瓶颈能力是最有效地提高产能的措施。

瓶颈资源一般小于五个,过多的瓶颈则限制性过大,很难发挥生产系统的正常效率。瓶颈资源与非瓶颈资源有密切关系,它们互相影响,且共同影响装配中心与市场。

类似的,我们可得出关键资源网络和非关键资源网络的概念。OPT 制造由各种加工、装配等网络构成,其中最为关键的网络便是关键资源网,也往往是瓶颈网,其余非关键网就是非关键资源网,不论是关键资源网还是非关键资源网,其网内又有各自的瓶颈工序。这就意味着瓶颈效益是分为层次的:网内瓶颈限制了网内效益,关键资源网决定了 OPT 效益。

(二)OPT 基本原则

OPT 作为最优化技术,其最优化的实现应该遵守基本原则。

1.物流平衡胜于生产能力平衡

虽然生产能力平衡能提高产能,但 OPT 更看重物流平衡,因为生产能力的平衡是相对的,各种因素容易破坏生产能力平衡,而物流平衡可以使各工序与瓶颈机床同步,能极大发挥瓶颈的潜力。

2.非瓶颈资源的效能受制于瓶颈资源

瓶颈限制了产销量;非瓶颈资源效率的发挥不能提高整个系统效力,还增加了库存和运行费;非瓶颈资源效率的发挥受瓶颈资源限制,非瓶颈资源能力无法达到 100% 的发挥。

3.资源的利用不等于活力

"利用"指资源应该利用的程度,反映的是有效性;"活力"指资源能够利用的程度。传统观念认为二者是同义词,但 OPT 却认为它们有重要区别。非关键资源的利用应该受限于系统约束,非关键资源的使用应该有闲置时间。

4.瓶颈上损失的时间等于整个系统损失的时间

瓶颈环节每损失一个小时,因为无法弥补,系统便净损失一个小时;而瓶颈每节约一个小时,系统也多得一个小时。瓶颈的能力要充分利用,确保瓶颈的利用率要达到100%。同时,要保护好瓶颈,不能因为瓶颈的不良管理影响瓶颈能力的发挥。所以,尽量减少对瓶颈的调整;以连续工作来减少因为时间调整带来的损失;瓶颈工作的投入必须进行质量检验;隔离非瓶颈资源可能对瓶颈资源的冲击。

5.不必追求非瓶颈时间的节约

非瓶颈资源节约的时间并不能增加产量,不过可以增加批次和减少加工批量,有利于减少库存和生产提前期,最后其总效果还是由瓶颈资源决定。

6.瓶颈控制了库存和产销率

产销率由内部瓶颈和外部瓶颈控制。内部瓶颈使系统生产能力不足;外部瓶颈常常是市场需求,即便内部生产能力很大,但是市场需求不高,大量生产的产品也无法卖掉,产销率很低。此外,非瓶颈资源应该与瓶颈同步,非瓶颈库存只需满足瓶颈生产需要即可,过多的非瓶颈库存无必要,所以,瓶颈控制了库存。

7.不追求运输批量与加工批量的相等

加工批量往往是若干运输批量之和。加工批量的确定应该考虑合理利用资源与合理利用库存,而运输批量的确定应该考虑生产的连续性、平行性、时间等待、运输费用。

运输批量与加工批量考虑的内容不同,故二者往往不相等。为了产销率的最大化,加工批量应该大一些,但在制品库存应该小,运输批量要小。

8.实施可变型加工批量和运输批量

同一种工件在瓶颈资源和非瓶颈资源上加工可以采用不同的加工批量,在不同的工序之间传递应采用不同的运输量。

9.先后合理安排瓶颈资源与非瓶颈资源加工计划

考虑所有限制。先安排瓶颈加工,把瓶颈工序之前、之中、之后的工序分别按照拉动、工艺顺序、推动的方式安排;再安排非瓶颈加工。提前期由批量、优先权等因素决定。

三、DBR 系统

智能制造企业的 DBR 系统,是关于 OPT 的计划与控制的系统。它由以下三个部分构成:

（一）"鼓点"

"鼓点"就是"瓶颈"，是生产的要害，其地位最为关键，它对生产系统有最重要的限制作用。

（二）"缓冲器"

"缓冲器"的一种是"时间缓冲"，它是指提交物料的实际时间比计划时间早一些，使得时间留有余地，使紧张的时间得以缓冲；另一种是"库存缓冲"，它是指使得库存略为富余，防止在制品库存不足引起生产的中断，缓冲紧迫的需要量。

（三）"绳索"

"绳索"正如 JIT 生产的看板，联系着上下道工序，它控制物料进入各生产环节的时间和数量，从而控制各工序的节奏，后一道工序按照需要去前一道工序领取物料，而前一道工序按照前一道工序的要求准时供应。这种绳索作用拉动了各生产环节运行，使各环节生产按照节奏、精准、节约、高效率的联动，生产被严格控制，也促使库存量最小。

（四）DBR 的计划与控制步骤

1.识别瓶颈

识别清楚瓶颈才有可能控制物流，当需求超过能力时，排队最长的机器就是瓶颈。瓶颈是最无法满足需求的环节。将设备区分为瓶颈资源或非瓶颈资源。

2.建立基于瓶颈约束的产品出产计划

在不超出瓶颈约束的前提下，制定生产计划，使物流量达到最大，增加瓶颈批量，制定方法是有限能力法。

3."缓冲器"的管理与控制

采取此步骤可以缓和随机波动，让瓶颈不间断工作。

4.瓶颈物流拉动非瓶颈物流

发挥绳索作用。可以按照无限能力，用反向安排，安排非瓶颈资源作业计划，使它与瓶颈资源作业计划同步。①

四、约束理论（TOC）

智能制造要遵守约束理论（TOC）。TOC 以技术最优化为目标，其思维角度是面向整个系统，系统工程理论和方法在这一理论被得以应用。TOC 是以系统观

---

① 曲立.现代生产管理方式［M］.北京:社会科学文献出版社,2015:86-91.

点,以制约整体的关键约束点为突破口,解决整体问题。

（一）约束理论原则

约束理论是一种问题解决型理论,它在工作实践中的应用,应该遵守如下原则。

（1）整体思维无比重要。强调系统思维和整体思维。

（2）思维要持续更新。优秀的方案会随时间推移而失效,所以要持续改进,持续获得与时俱进的有效方案。

（3）追求整体最优而不是局部最优。系统的局部最优并不等于整体最优,也就是说,系统的每一部分处于最优状态,但系统作为整体并不是最优的。

（4）全力突破薄弱环节而不是解决每一个问题。

（5）加强最薄弱环节而不是平均加强所有环节。

（6）关键的少数问题决定了大部分的系统不良效果。它符合管理学的二八原理。

（7）核心问题深藏不露。核心问题难以快速发现,管理者要善于透过现象看本质,揭露问题实质。

（8）立足于系统整体不良效果的排除而不是个别不良效果的排除。系统整体不良效果的排除才能解决根本问题,个别不良效果的排除作用不大,同时排除所有的不良效果才能达到整体最优化,才能真正保证全体的安全。

（9）发现无形约束比有形约束更加重要和有作用。有形的约束易于识别,是人财物等限制,易于排除;无形的约束往往是观念、思想等抽象因素,难以识别和排除。排除后者比排除前者更有利于系统。

（10）思维创新是最有效地解决问题的方法。思维惯性是持续改进的最大敌人,传统思维模式无法得出最佳方案,逻辑思维有自己的一些假定,这可能阻碍进一步的变化,不能创造出最佳方案。

（二）约束理论思维流程

在约束理论条件下的思维,应该是以突破约束限制为目的的思维,思维应该步步深入,在提出第一个问题并解决了此问题后,紧接着提出第二个与第一个问题有关的且更加深入的问题,当解决第二个问题后,再提出第三个问题,如法炮制,连环深入下去,直到问题被彻底解决。

第四节 敏捷制造

一、敏捷制造内涵及其特征

(一)敏捷制造的由来

敏捷制造是在特定的历史条件下提出的。在第二次世界大战后,美国制造业迅速崛起,走向全球制造业前列,此后,不少发达国家迅速赶上美国,新兴工业化国家后来居上,使得全世界制造业异常激烈,工业产品的需求更加多样复杂,需求变化更加快速,客观上要求制造业能快速响应市场变化。美国从 20 世纪 80 年代发现,本国的制造业由于应变能力不足,已经严重衰退。例如,美国汽车制造的市场份额连续下降,从 1955 年的 3/4 份额,减到 1989 年的 1/4 份额,而日本却占到 1/3 份额;美国 1975 年收音机市场 96%是本国制造,而到了 1995 年几乎为零;美国这个曾经的电视机王国,到了 1987 年美国厂家仅剩一家,占国内市场仅仅15%;美国在 60 年代是最大的机床出口国,而到了 80 年代却成为最大的机床进口国,1985 年进口高达 50%。在严峻的制造业形势面前,为了振兴美国制造,夺回失去的市场,1994 年美国推出了"敏捷制造"发展制造业新战略,通过改革僵化的制造业模式,以快速灵活的方式响应多变的市场需求,赢得竞争优势。现在,智能制造企业基本都是敏捷制造企业。

(二)敏捷制造内涵

敏捷制造(AM)是指企业能灵活适应市场变化,迅速自我调节的生产反应模式。

(三)敏捷制造特征

实施敏捷制造的企业就可以称之为敏捷制造企业。这种企业总体来看,具有以下的特点。

(1)快速响应。包括策略改变速度、新产品开发速度、信息传播速度、组织结构调整速度等,通过并行化设计方法、高柔性可重构生产设备、动态联盟组织结构,提高企业对市场响应速度。

(2)全生命周期的用户满意。制造过程的顾客导向,根据用户需求确定产品功能和结构,让用户参与设计和制造过程,产品质量跟踪直至报废。

(3)弹性制造。组织、设备、结构、加工、操作富有弹性,属于柔性生产系统,生产可以根据需要来调整,生产成本与批量无关。

(4)灵活的动态组织机构。将传统的高耸性宝塔形管理模式,转变为扁平管理模式、并行式管理模式,管理幅度大,管理层次少,信息沟通顺畅,信息传递快速,失真少,能发挥人的主观能动性。

(5)强调"竞争与合作"。实施资源共享,出现机遇时,以最快速度从企业内部、外部调动资源,组成动态联盟进行经营活动。企业间的竞争关系变为动态联盟式互赢关系。

(6)开放的基础结构和先进制造技术。利用各种资源,把企业的生产技术、经营管理和人力资源集成到一个相互协调的系统中,基础架构开放共用,采用先进制造技术。

(四)智能制造企业敏捷制造特色性管理方法

从敏捷制造的定义和敏捷制造企业的特点来分析,智能型敏捷制造企业的运行和管理有其颇具特色的地方,具体概述为以下方面。

一是实施并行工程;二是依据顾客需要建立相应的组织结构;三是实施人性化管理;四是建立优秀的软硬工作环境;五是构建良好的管理信息系统;六是建设开放的系统;七是对产品全生命周期的质量保证;八是企业内部和企业之间的集成;九是强化员工培训;十是先进制造技术的有效应用场所;十一是合作互动和竞争的企业关系;十二是实施宽幅度和放权式管理;十三是能方便调整的柔性组织结构;十四是员工的高知识和高素质;十五是一步到位的产品设计;十六是很短的制造周期和循环周期;十七是柔性化的机器设备;十八是具有丰富经验和才干的领导者。

(五)敏捷制造与传统制造企业的比较

敏捷制造企业是市场竞争更加激烈的产物,它是在传统制造企业基础上,为了适应多变的市场需求而发展起来的,两种企业的比较如表5.1所示。

表 5.1 敏捷制造与传统制造企业的比较

属性	敏捷制造企业	传统制造企业
强调重点	第一是时间,第二是成本	第一是成本,第二是时间
管理模式	以团队为核心扁平化矩阵式管理	宝塔形组织管理模式
组织形式	以动态联盟公司为组织形式	固定的生产协作单位
合作关系	平等关系结盟,利润共享、风险共担	固定价格和经济合同维持关系
网络要求	Internet、Intranet、Extranet	Intranet

属性	敏捷制造企业	传统制造企业
驱动方式	拉动式,根据需求快速响应市场变化	推动式,依赖订货计划
适应性	环境适应性强	环境适应性差
覆盖范围	社会、全球	企业自身
员工	合作、自定位、创造性、综合能力	服从命令、守纪、不愿合作

二、敏捷制造企业系统

(一)敏捷制造企业的组织架构

敏捷制造企业的体系,由一个基础和五个模块构成。

一个基础指的是社会环境和技术基础。它们是敏捷制造得以正常实施的前提条件;其中,社会环境基础包括政策、法律、市场、社会、文化、经济等基础设施;

技术基础包括信息服务、敏捷管理、敏捷设计、先进技术等基础。

五个模块包括功能模块、组织管理模块、信息模块、资源模块和实施模块。其中各模块功能及特征如下。

(1)功能模块:是实现敏捷制造各类功能的模块,包括经营管理、开发设计、生产制造、市场营销等各类功能。

(2)组织管理模块:是组织结构和实现管理方式的模块,该模块结构为扁平结构,项目团队或者矩阵式结构十分常见,动态型、联盟型、开放型、可调型为主要组织形式。

(3)信息模块:它是信息采集、处理、流动、传递和利用的信息系统,该信息系统对于信息具备快速构建、快速运作、快速重组和快速适应的能力。

(4)资源模块:描述由不同地域、不同企业合理配置和重组的企业资源,呈现分布、异构、不确定等特征。

(5)过程模块:它是敏捷制造实施过程的模块,也是五个模块的核心模块,其他四个模块都是围绕它分布,并为它服务的。

(二)敏捷制造实施步骤

在以上敏捷制造组织架构基础上,实施敏捷制造可以遵守以下步骤。

1.敏捷制造战略决策

做市场调查,掌握企业现状和竞争形势,战略分析,做出决策是否实施敏捷制造。

2.敏捷制造整体规划

以敏捷制造理论为指导,制订敏捷制造目标,制订战略计划,选择计划,制订实施方案。

3.敏捷制造系统构建

以敏捷制造理论为基础,按照整体规划,做敏捷化企业定义,设计企业结构,构建企业硬件和软件,搭建企业框架。

4.敏捷化技术准备

学习、引进和建设如下敏捷化技术:敏捷化信息系统、敏捷化工具、集成设计和过程开发技术、敏捷化制造技术。

5.推进敏捷化经营战略

按照敏捷化战略的要求,培训员工,改变制造功能,对过程进行重组,改变人力资源管理方法,制定管理制度,培育敏捷制造企业文化。

6.敏捷制造运行及管理

实施并行工程,进行项目团队管理,实施扁平化管理模式,实施企业之间联盟。

7.评价与改善

总结以上六步的整个过程,评价优缺点,改善不足,完善敏捷制造。

三、动态联盟的组织形式

敏捷制造企业的典型组织形态是动态联盟。动态联盟的特点就是"动"和"联"。"动"表现为结构是一种动态组织结构,为了赢得某市场机遇,可以快速组建功能单一的临时性经营实体,此结构可以依据环境的变化而进行动态调整,因此结构形式是动态适应当时当地情况的;"联"是在竞争基础上,与其他企业建立相互信任、获取共同利益的合作关系,各企业实施合作共赢,甚至结成战略伙伴关系,它们进行知识产权、技能、信息、资源的有偿共享。

动态联盟让实施敏捷制造的企业获得如下优势。

(1)让不同规模的企业各自获得益处。中小企业可得到其他企业的资源共享,以较低的成本弥补自身的劣势;大企业无需大量投资,利用其他企业的市场份额,迅速扩大生产和市场占有率,减少市场扩张成本,降低失败风险。

(2)增强竞争实力。得益于联盟企业的支持,在经济和技术实力上容易超过它所有竞争对手。

(3)局部最优和整体最优的平衡。每个企业各自资源可以得到充分利用,取得本企业的局部最优,同时获得联盟系统的全局最优,每个合作者有机会进入更广泛市场。

(4)保持竞争和合作的平衡。将竞争与合作完美统一,保存竞争活力,避免过度竞争。

动态联盟的实施步骤如下:

第一步,分析市场环境;

第二步,选择拟联盟的合作企业;

第三步,设计经营模式与合作模式;

第四步,仿真实验以上模式;

第五步,签订联盟协议;

第六步,合力共建动态联盟;

第七步,动态联盟运行与管理;

第八步,检验达到项目目标的情况;

第九步,解散联盟或者重新组建联盟。

四、弹性组织结构

为了及时适应外界环境的变化,为了迅速满足顾客多变的需求,敏捷制造的组织结构一改传统的金字塔结构,建立以团队为核心、扁平化的、矩阵式组织结构。其中,"以团队为核心"表示实施项目化管理,进行团队化管理;"扁平化"表示管理层次少、管理宽、信息传递快、信息传递不失真、沟通顺畅、应变能力强;"矩阵式"表示结构横竖交叉,团队成员来自竖向各职能部门,又组成横向项目团队,充分发挥每一个成员的优势和积极性,是一种绝佳组合,有很高的战斗力。

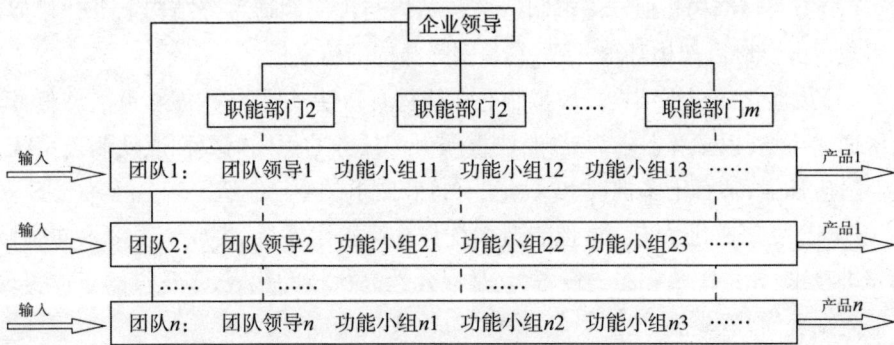

图 5.1　团队扁平矩阵式组织结构

团队扁平矩阵式组织结构能带给敏捷制造企业如下优势。①如图 5.1 所示。

(1)目标明确。每一团队成员都有自己明确的目标,也愿意为共同目标努力工作。

(2)打破界限。具有不同技能的团队成员来自不同部门,但受原部门管辖,依据团队目标自主工作,团队直接向企业负责,调动成员工作积极性。

(3)任务清楚。每个成员均清楚自己的定位与责任。

(4)规模灵活调整。团队规模可大可小,人数视任务情况而定,规模过大不便于交流,工作效率低下,人力资源成本高;规模太小又会使人力资源超负荷运转,不能按时完成任务,还容易出现错误。

五、虚拟制造

虚拟制造是真实制造的虚拟反映,它把实际制造过程以方便理解和观察的方式直观地表现出来,便于人们对复杂的现实系统予以简化掌握、操作和控制。虚拟制造是敏捷制造企业的分析评估工具,它把现实敏捷制造系统虚拟为一个制造系统,对企业生产运营过程进行仿真,以仿真结果来评价分析企业的运营状况。虚拟制造的实现所倚靠的主要技术是虚拟现实技术,虚拟现实技术是计算机生成虚拟环境的仿真技术,该环境是三维立体的、可人机交互的、沉浸式的虚拟环境,该环境模拟真实情景、仿真实际过程,十分逼真。所以,虚拟现实技术是对实际物理世界反映的技术。如图 5.2 所示。

虚拟制造具备如下一些特征。

(1)与实际功能相同。虚拟制造系统的功能与现实制造系统的功能一致,它是实际功能的再现,虚拟功能仿真了实际功能。

(2)与实际结构相似。虚拟制造系统结构与现实制造系统结构上十分相似,其组成成分、部件、架构都很一致,它是实际结构的仿真模型。

(3)柔性化的组织结构。虚拟制造系统富有弹性,组织结构能够灵活调整,该系统面向市场,以顾客需求为导向,能根据生产任务的不同需要而改变制造系统,生产适应性强,适合于多批次、少批量、有特殊要求的生产制造。

(4)高度集成化系统。虚拟制造系统作为高技术系统,集成了很多不同领域的先进技术、先进工艺和先进设备,它是混合性高科技的代表,多学科的集成实现了信息集成、智能集成、工艺集成、操作集成、人机集成。

---

① 王隆太.先进制造技术(第 2 版)[M].北京:机械工业出版社,2015.(课件.)

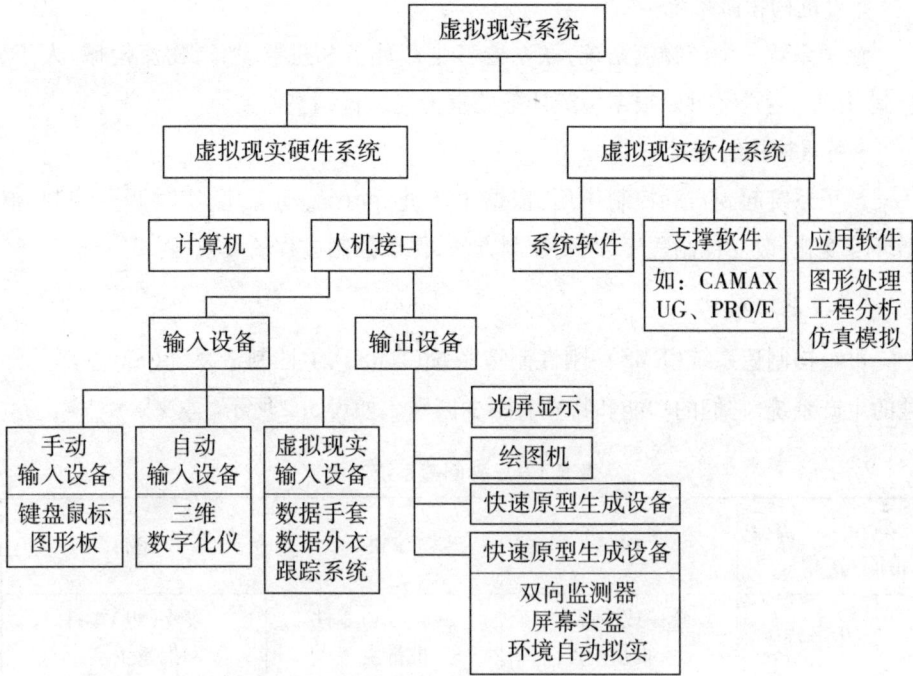

图 5.2 虚拟现实系统结构

六、敏捷制造系统的延伸——可重构制造系统

(一)可重构制造系统特性

可重构制造系统(RMS)是敏捷制造系统的升级版系统,它具备敏捷制造系统的基本特点,还进一步提升了功能。该系统能根据环境变化,依据市场需要,对系统组成单元快速重组、调整,快速更新结构,从而有效改变系统局部或整体结构,改变系统功能,改变生产能力,使系统迅速响应顾客的特殊需求,保持高度的柔性和适应性。该系统最具有的特色是"快速重构"。

(二)可重构的子系统

RMS 系统是由许多不同的子系统组成,一般来说,每一个子系统都可以重构,这样就保住了 RMS 整个系统可以重构。可重构的子系统有以下三种。

1.可重构加工系统

包括加工机床、刀具、夹具以及其他辅助设备等。系统层次的有生产线、制造单元;设备层次的有机床;部件层次的有功能部件、组件、工具。

133

2.可重构物流系统

该子系统是生产物流系统,联系着各生产环节和机器设备,物流机械、人工、仓储、作业、运送都可以根据生产任务繁重情况进行调整。

3.可重构控制系统

该子系统起到自动控制作用,依据生产进行情况,动态地、实时调整控制;根据环境变化,改变控制程序、改变控制方法,保证控制过程的有效性。

(三)系统对比

可重构制造系统(RMS)、刚性制造系统(DMS)、柔性制造系统(FMS)都是常见的生产系统,它们的功能和特性有不少区别。如表5.2所示。

表5.2 三种制造系统对比

特征 \ 类型		DMS	FMS	RMS
基本制造特征	生产特征	单一或少品种大批量生产	一族(组)零件批量生产	多族(组)零件批量生产
	生产柔性	无或极低	中等	高(变化)
	过程可变性	无或极小	中等	大
	功能可变性	无	无或小	大
	可缩放性	无	中等	大
	成本效益	最高	中等	大
	投资回报率	较高或中	最高或低	中等或低或高
系统特征	可重构性	不可重构	不可重构	可重构
	设备结构	固定式(专用)	固定式(通用)	可重构
	部件结构	固定式	固定式	可重构
	加工作业	多刀为主	单刀为主	可变

1.加工 m 个零件族、每个零件族有 n 种零件的生产线数目区别

DMS:m * n 条刚性生产线。

FMS:m 条柔性生产线。

RMS:一条 RMS 生产线。

2.设计区别

DMS：针对某一零件设计，不能改变，不可根据市场需求变化而调整。

FMS：由 CNC 机床组成，有一定柔性，但是柔性有限制，不可以实现跨族加工，只适合于在同一个族零件加工中进行改变。

RMS：结构的高度柔性或弹性，可以比较大范围或彻底地改变系统结构，调整设备、改变作业计划、改变控制，适应性很强，对环境的响应性好，适合于各种不同要求的生产制造。

3.生产能力+生产功能的区别

DMS：生产能力高，系统功能有限。

FMS：对功能和效率先设计、再使用，功能多，效率高。不过预先设计的许多功能不能发挥作用，能在一定程度上反映是否适应市场需求变化。

RMS：在加工制造之前对生产能力和功能进行重构，重构程度高，很好地响应外界环境变化的新要求。

4.柔性区别

DMS：无柔性。

FMS：一定的柔性。

RMS：高柔性。

七、智能制造企业的敏捷制造

当今的智能制造企业基本具有敏捷制造的特性，不少智能产品的生产是多批次、少批量的，顾客往往还提出个性化要求，批次之间的生产变化很大，除了某些相对固定的大规模生产以外，多数智能产品的制造已经做到敏捷化，也对智能企业提出了新的要求。

首先，企业联盟。企业更加注重联合，实现优势互补，实现共赢，联合起来参加竞争，这样可以构造联合的敏捷制造集团，使敏捷程度更加高，竞争实力大大增强。

其次，强化交流。智能制造系统的敏捷化要求进行充分的技术交叉、能力交叉，把多学科技术和设备高度集成，企业之间开展充分的技术交流、管理交流，实现经验共享，加速技术转化。

第五节　智能制造计算机集成系统

一、计算机集成制造系统的由来思想

第二次世界大战以后,生产制造领域技术不断突破,制造技术和制造系统越来越先进,尤其是 20 世纪 70 年代以来,电子信息技术、自动化技术、计算机技术等先进制造技术更是突飞猛进,在制造业广泛应用,使制造系统中许多单元的自动化水平大大提高,例如 CAD、CAPP、CAM、工业机器人、FMS 等单元技术,就是高水平自动化单元技术。

但是,如果仅仅发展单元自动化技术,没有单元之间的协同,没有全部单元的整体整合,那么虽然局部自动化水平会非常高,也会产生所谓的“自动化孤岛”现象,即各单元“各自为政”,缺乏有效联系,成为“独善其身的独行侠”,无法让整个系统最优化。每一个自动化单元就是一个“自动化孤岛”,相互封闭,每一座孤岛无法实现信息的传递与共享,系统的整体效率很低,资源浪费严重。

因此,各自动化单元迫切需要集成,各单元的资源需要按照系统的观念重新予以优化配置,充分利用资源,消除资源浪费,实现单元之间的系统整合,粉碎“自动化孤岛”,这样就产生了计算机集成制造系统的思想。可见,计算机集成制造系统(CIMS)就是将各种自动化单元予以集成的制造系统。

二、计算机集成制造系统国内外历程

CIMS 是随着其他先进制造技术的发展而发展起来的,各工业化国家和我国都不同程度对它加以应用,在推动智能制造方面取得了各自的良好效果。

在美国,国家和企业都十分重视 CIMS,美国社会普遍公认 CIMS 是 21 世纪主要生产方式的一种,振兴美国制造业,跨入智能制造最前列离不开 CIMS。美国国家标准局自动化研究实验基地早在 20 世纪 80 年代就建立了世界上第一个 CIMS 实验系统。

在欧洲,欧盟国家也把 CIMS 当作实现智能制造的关键技术,予以大力发展,抢占智能制造的高点。欧盟在 1984 年就已经实施欧洲信息技术研究战略计划,其中的很多制造项目都包含了 CIMS。

在日本,许多自动化制造单元都十分先进,同样十分重视发展 CIMS。1985年,通产省建立了筑波综合实验工厂,它是日本的第一个 CIMS 实验基地。

在新兴工业化国家,例如韩国、新加坡、以色列、南非等国家,也在追赶智能制造的发展步伐,向发达工业化国家看齐,企业也在大力建设和使用 CIMS。

在中国,中国政府和企业把发展设包括 CIMS 在内的智能制造作为国家工业化发展的一个战略。国家把 CIMS 发展主题确立为"应用基础研究、关键技术攻关、目标产品开发、应用示范工程四个层次"。中国的 CIMS 发展起步虽然晚,但发展势头迅猛,比较有代表性的发展事件有:1994 年清华大学 CIMS 工程中心获美国 SME"大学领先奖";1995 年北京第一机床厂 CIMS 工程获 SME"工业领先奖"。中国当今对 CIMS 的热门专题研究有五个系统的研究:行业/区域现代集成制造系统、数字化设计与制造、过程自动化系统、企业管理与电子商务系统、现代集成制造系统平台。

三、计算机集成制造观念

关于计算机集成制造(CIM)和计算机集成制造系统(CIMS),从不同的角度看,有不同的解释。

集成说认为,企业各个生产环节是互相联系的,它们是一个不可分割的整体,把各环节整体化,或者称集成化,就叫 CIM。

信息说认为,把生产制造的所有过程形成的信息予以采集、传递、加工、处理的整体过程就可称之为 CIM。

ISO 对 CIM 下的定义是,CIM 是将企业所有的人员、功能、信息和组织等诸方面集成为一个整体的生产方式。

精神文化说认为,CIM 是一种思想、模式、哲理的信息集成。

工程系统说认为,CIMS 是基于 CIM 哲理的一种工程集成系统。

三要素说认为,CIMS 是将企业内的人/组织、经营管理、技术三要素之间的集成,三要素的交集区域就是 CIMS 系统区域,该区域保证企业内的工作流程、物质流和信息流畅通无阻。其中的三个要素有这样的内在关系:技术能够支持经营管理的顺利进行以及人/组织的协调;人/组织能够支持经营管理和技术的实现。

四、计算机集成制造系统的分系统

CIMS 组成结构是由四个功能分系统和两个支撑分系统共同组成,如图 5.3 所示。

(一)经营管理信息分系统(MIS)

MIS 的功能:①信息处理(信息的收集、传输、加工和查询);②事务管理(计划

市场信息　　　　　技术信息

功能分系统

经营管理信息分系统

工程设计自动化分系统

质量保证分系统

信后服务信息

制造自动化分系统

支撑分系统

数据库分系统

计算机网络分系统

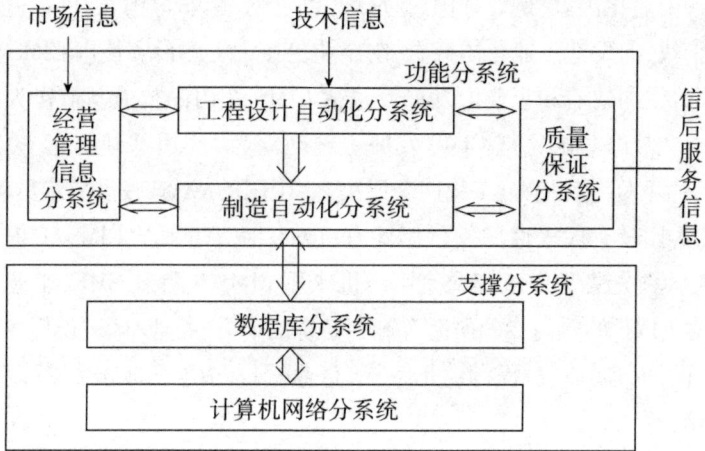

图 5.3　CIMS 分系统构成图

管理、物料管理、生产管理、财务管理、人力资源管理);③辅助决策(采用数学分析预测未来,做出经营管理决策)。

MIS 的工具:制造资源计划 MRPII。

(二)工程设计信息分系统(EDIS)

EDIS 包括 CAD、CAPP、CAM。

(1)CAD 具体功能有:计算机绘图、有限元分析、产品造型、图像分析处理、优化设计、动态分析与仿真、物料清单(BOM)生成。

(2)CAPP 具体功能有:毛坯设计、工艺方法选择、工序设计、工艺路线制定、工时定额计算。

(3)CAM 具体功能有:刀具路径确定、刀位文件生成、刀具轨迹仿真、NC 代码的生成。

(三)制造自动化分系统(MAS)

MAS 是企业底层系统,它可以实现信息流和物料流的结合,是经济效益产生的基本系统。

MAS 组成包括三个分系统:①机械加工系统,它包含 CNC、MC、FMC、FMS 加工设备;②物流系统,它能够对工件存储、搬运、装卸;③控制系统,它能够控制加工设备和物流系统。

MAS 目标:实现多品种、小批量生产柔性自动化;实现优质、低成本、短周期、高效率生产;创造舒适安全劳动环境。

（四）质量保证信息分系统（QIS）

QIS可以完成这些功能：①质量计划（建立质量技术标准，制订检测计划、检测规程和规范）；②质量检测管理（材料检测、产品质量检测管理，设计质量指标管理，生产质量数据管理）；③质量分析评价（对质量问题分析，评价各种影响因素，查明主要原因）；④质量信息综合与控制（报表生成，质量综合查询，采取各种质量控制措施）。

（五）数据库管理分系统

此分系统的功能是对各类数据进行存储和调用，满足各分系统信息的交换和共享。数据库数据的分布采用分布式异型数据库技术，通过互连网络体系，完成全局数据调用和分布式事务处理。

（六）计算机网络分系统

是CIMS信息集成工具，常用局域网，对地理范围大的企业，可通过远程网进行互联，使CIMS同时兼有局域网和广域网的特点。

五、CIMS阶梯形控制结构

CIMS的运作是分了层次的，由低级到高级可以分为五个层次，每个层次都可以实施相应层次的控制，从而完成对整个CIMS的控制。如图5.4所示。

1.工厂层控制

它是整体型控制，是最顶层控制，用来解决最高层决策问题，具有战略性质。其功效有制定长期生产计划、确定资源需求、产品开发、成本核算，规划的时间段是几个月至几年。

2.车间层控制

属于中高级控制，作用于车间层次，调控车间作业，协同各车间的运作，分配车间资源，规划的时间段是几个月至几周。

3.单元层控制

属于中级控制，对单元作业予以调控，实现单元级的作业顺序安排，发布单元作业指令，调整单元作业工作量，分配单元资源，协调单元之间的物流，规划的时间段是几小时至几周。

4.工作站层控制

属于中低级控制，对工作站的任务、资源予以协调和控制，还包括设备小组的控制，规划的时间段是几分钟至几小时。

5.设备层控制

属于低级控制,它利用各种设备控制器,控制单台机器的运转,完成单台机器的有效监控和调整,有效发挥每一台机器的功能,使机器运行良好,规划的时间段是几毫秒至几分钟。

六、计算机集成制造系统的体系结构

计算机集成制造系统的体系是三维立体结构,它的构建是分两段进行的。首先,沿着三个互相垂直的方向各自构成的;然后,三维方向的构成又组合为立体结

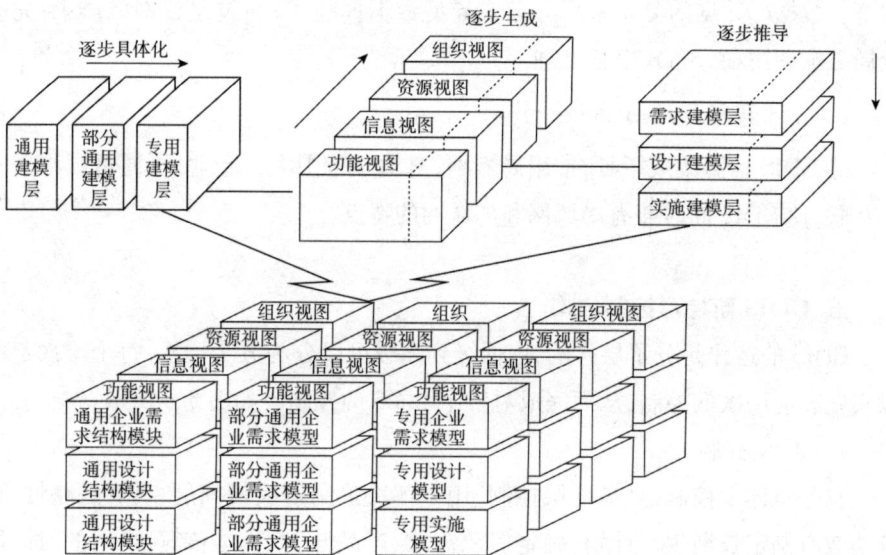

图 5.4　CIMS 体系结构

构,形成完整的体系结构。三维方向分别是结构方向、建模方向和视图方向。其中,每一个方向的构建是分层次的,是逐步构建起来的。

(一)方向一——适用范围层

此方向是按照建模层适用范围的大小来确定的方向,分为通用层、部分通用层和专用层。其中,通用层包括通用组件、约束、服务、协议、各企业共同需求和处理方法;部分通用层是按照不同标准分了类的各类型结构,这些分类标准有工业类型,行业、企业规模等,每一个部分通用层适合于一种类型;专用层是根据特定企业需求,建立的具体特殊结构,针对性强,仅适用于一个特定企业,一个企业对应一种专用结构,不可互换或共用。

（二）方向二——步骤层

此方向是按照 CIMS 实施的先后环节来确定的方向，分为需求定义层、设计定义层和实施描述层。其中，需求定义层是依据用户要求，描述和定义一个企业，将定义模型化；设计定义层是根据企业战略、经营管理情况、系统能力等自身条件，调整需求定义层，重构和优化需求定义模型，使企业与用户均有受益，模型更加实用；实施描述层是针对设计说明层，把生产流程、技术元件、物理元件和各种参数予以描述，把模型详细表达出来。

（三）方向三——职能层

此方向是按照 CIMS 实施的职能来确定的方向，分为功能视图、信息视图、资源视图和组织视图。其中，功能视图的作用是指导用户正确选用必要的功能模块；信息视图的作用是辅助用户明确其信息需求、建立信息关系、确定数据库结构；资源视图的作用是辅助用户明确其资源需求，建立资源关系，组成资源结构；组织视图的作用是建立 CIMS 的多级、多层、多维、多职能结构体系，并优化组织结构系统。[①]

七、CIMS 的实现流程

CIMS 是智能制造企业常用的先进制造技术，其建设和运行是一项复杂的系统工程，需要花费不少人力、物力和财力。只有精心策划，按计划、分步骤认真组织实施，这样才能保证 CIMS 的最终成功应用。CIMS 的实现要经过以下五个阶段：可行性论证、初步设计、详细设计、工程实施、运行与维护。经历 32 个步骤。该过程很麻烦，十分复杂，企业应该把它当作一项艰巨任务来完成。

（一）可行性论证阶段

第一步，企业根据自身战略和要求，组成 CIMS 建设队伍，制定 CIMS 建设计划。

第二步，企业自我现状调查，对现行系统予以分析。

第三步，制订 CIMS 目标，确定 CIMS 功能。

第四步，制订技术方案。方案中必须确定企业对 CIMS 的具体要求，设计开发计划，初步分析方案的可行性和经济效益。

第五步，可行性论证。如果根本行不通则放弃；如果不理想但有改善的余地，就返回到第三步；如果论证通过则进入下一个步骤。

---

① 王芳,赵中宁.智能制造基础与应用[M].北京:机械工业出版社,2018.(课件.)

第六步,评审。如果根本行不通则放弃;如果不理想但有改善的余地,就返回到第三步;如果论证通过则进入下一个阶段。

(二)初步设计阶段

第七步,下达初步设计任务书。任务书里应该有队伍的组建、人员分工,还有初步设计大纲。

第八步,下达分系统设计任务书。

第九步,需求调查和分析。

第十步,设计 CIMS 总体系统结构。此时要设计功能模型和信息模型,完成信息编码设计,划分内外界面,完成内外接口设计,确定配置,确定具体参数。

第十一步,经营管理设计。此时要进行成本效益分析,做好财务预算,设计组织管理机构,设计进度计划,制定管理方法,确立管理制度。

第十二步,撰写初步设计报告。

第十三步,评审初步设计报告。如果有不妥,则返回第十步;如果可行,则进入下一个阶段。

(三)详细设计步骤阶段

第十四步,下达详细设计任务书。此时要最后组建队伍,进行人员最后分工,确立详细设计计划。

第十五步,下达子系统详细设计任务书。此时要制订详细设计规范,确定技术标准。

第十六步,制订质量保证计划书。

第十七步,改进功能模块。细化模块,调整模块结构,改变模块搭配。

第十八步,完成信息模型设计。此时完成软件设计、数据库设计、硬件设备设计。

第十九步,制订测试计划。

第二十步,撰写正式报告。

第二十一步,对子系统予以评审。如果有不妥但有改善的余地,就返回到第十五步;如果评审通过,则进入下一个阶段。

(四)工程实施阶段

第二十二步,组建 CIMS 实施队伍。制订队伍工作计划。

第二十三步,建设 CIMS 实施软硬环境。此时要自造或购买机器设备,安装与调试设备,培训操作人员;建立起数据库,加载数据和测试数据;编制程序,测试程序;对网络进行施工建设,安装网络设备,调试网络。

第二十四步,对分系统进行测试。

第二十五步,对总系统予以联合调试。

第二十六步,撰写用户使用手册。

第二十七步,培训所有 CIMS 相关人员。

第二十八步,验收 CIMS 系统。

(五)系统运行与维护阶段

第二十九步,制定操作规程和维护规程。

第三十步,系统实际运行。运行中要密切观察运行情况,做好监测,做好记录,做好控制,做好反馈。

第三十一步,系统实际维护。此时要维护好系统软件、应用软件、数据库、硬件设备。

第三十二步,评价系统。

第六节　并行工程

一、工程从串行到并行

传统的制造工程,各个工作环节有先后顺序,是一个接着一个来进行的,即上一个环节结束以后,紧接着下一个环节才开始,下一个环节结束后,再下一个环节才开始,依次类推,直到完成所有环节的工作。各工作环节作业顺序不能乱,各环节工作时序不重叠,环节之间也缺乏反馈,这称之为串行工程。这种串行作业方法缺点很多,例如时间浪费严重,由于牛鞭效应使错误累积的越来越多,难以做到全局的把控。在先进制造时代,尤其是智能制造的新时代,以克服串行工程缺点为主的并行工程应运而生。如图 5.5 所示。

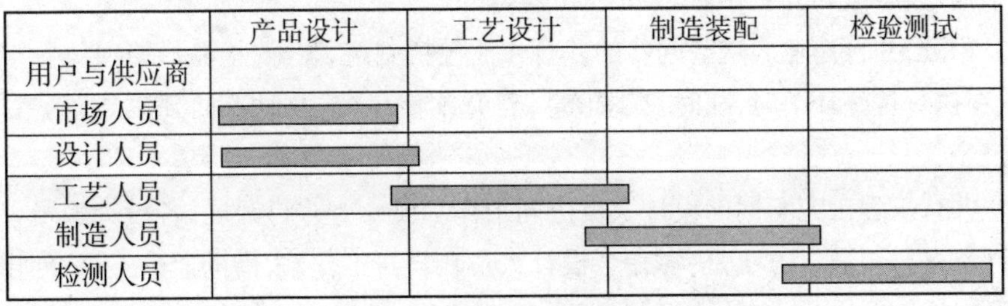

	产品设计	工艺设计	制造装配	检验测试
用户与供应商				
市场人员	▬▬▬			
设计人员	▬▬▬			
工艺人员		▬▬▬		
制造人员			▬▬▬	
检测人员				▬▬▬

图 5.5　串行工作方式

并行工程是指把按先后顺序进行的作业环节和知识处理,改为同时考虑、同时进行、同步处理。这种作业方式是一种工作模式,并非具体的操作方法。它一改排队的观念、等待的观念,体现了并行工程思想。它把本来应该轮流做的后面工作,一并提前到开头,一起实施。从最开始的产品设计阶段,就已经考虑产品全生命周期的所有因素,并在起点上就同步优化所有因素,使产品设计取得一步到位的成功。

并行工程有区别于串行工程的运行模式。它把整个产品开发过程,从一开始就予以集成,在产品设计阶段就考虑、规划、设计产品全生命周期的一切事项,将下游的设计、工艺、制造、销售、市场、维修作业,在此阶段就整合起来,把下游环节牵涉到的各种专业人员组成开发小组,共同工作,完成产品的整体设计。如图 5.6 所示。

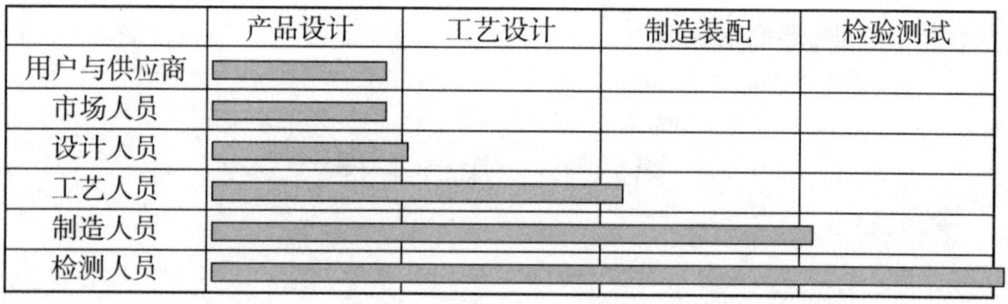

	产品设计	工艺设计	制造装配	检验测试
用户与供应商				
市场人员				
设计人员				
工艺人员				
制造人员				
检测人员				

图 5.6　并行工作方式

设计。并行工程的具体运行程序如下。

第一,市场分析。

第二,产品概念设计。根据顾客需要来设计产品的概念。

第三,并行设计。同步完成这些设计:产品设计、工艺设计、装配设计、检验设计、维修设计。

第四,系统仿真和评估。如果评估不令人满意,则返回到第二、第三步;如果评估通过,则进入并行作业。

第五,并行作业。这些同步的并行作业包括制造、装配、检验、销售、维护等环节,在执行这些环节时,随时反馈信息,若有不良反馈,及时返回到第二、第三、第四等步骤。

并行工程讲究不同的设计人员协同工作。设计上并行开展,各设计人员以设计网络进行沟通。方法是:每一个设计人员在自身工作站,借助通信工具,使用公共数据库数据,在规定的协调机制下,彼此协作,进行网络并行设计。例如,CAD

工作站上的设计者一、CAPP 工作站上的设计者二、CAM 工作站上的设计者三、CAT 工作站上的设计者四,他们都使用公关数据库和公关知识库,按照协调机制,借助互联网进行协调,完成网络并行工程设计。

产品生命周期各阶段所需要的成本差别很大。费用分布很不均匀,其规律是:越是前面阶段,其所花费的成本越低,对产品全生命周期成本的影响越大,修改设计的可能性越大,风险越大;越是后面阶段,其所花费的成本越高,对产品全生命周期成本的影响越小,修改设计的可能性越小,风险越小。例如,产品设计阶段占 85%产品价值,消耗成本 7%左右,有极大的修改可能性,此阶段风险很大。

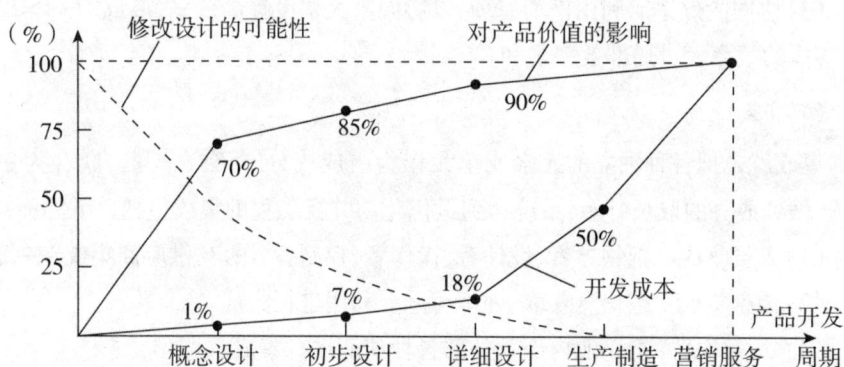

5.7　产品生命周期的费用分布

二、并行工程着眼点

并行工程是对传统串行工程的颠覆,它克服了串行工程的不少缺点,带来了许多优势,在现代智能制造领域,它强调四个着眼点:并行、整体、协同和集成。

（一）并行

并行是相对串行而言的,从工程一开始,即在产品设计阶段,就同步考虑产品整个生命周期中的所有因素,力图并行优化、处理和利用这些因素,做到一次性的整体最优,所有生产环节都并行设计,但是设计环节和生产环节不重叠。

（二）整体

考虑问题从整体角度出发,具有系统观念,利用系统工程的理论和方法,一切以整体最优化为设计的指导思想,在尽量做到局部最优化的同时,重点是保证全局最优化,甚至有时要牺牲局部利益来换取整体的利益。

（三）协同

协同是协作、合作、配合等的同义词。并行工程的协同含义为以下方面。

（1）协同组织结构。以团队来开展工作,成立工作小组,小组成员由各种专业的人员组成,组员分工明确,责权利清楚,相对独立地完成工作任务,同时又互相协作,彼此支持。

（2）协同设计思想。独善其身的自我设计被协作设计所取代,所有成员的思想上、观念上都强调协同,高度重视一体化,以相互联系的指导思想来并行工作,完成协同设计。

（3）协同的效率。利用倍增原理,以协同来大幅度提高效率,形成"1+1>2"效果,整体的效率大过局部效率之和。

（四）集成

集成就是把各种独立的元素或单元作为组成成分,组合在一起,联合为一个系统,做到成分的取长补短,系统达到最优化。并行工程的集成包括以下方面。

（1）人员集成。把领导者、设计者、操作者、控制者、用户、供应商集成在一起。

（2）信息集成。把信息获取、处理、存储、利用进行集成。

（3）功能集成。把企业内部及外部各种功能进行集成。

（4）技术集成。把不同学科知识、理论、技术、方法集成。

（5）部门集成。把设计、人事、财务、加工、物流、营销等各个职能部门集成。[1]

三、并行工程关键作业

（一）重构和改进开发

产品开发是一个不断完善的过程,它可以通过重新设计开发程序,重新构造开发活动来改善整个开发工作,提高和改进以下这些基本工作就可以改进开发工作:组织结构、资源配置、开发计划、作业操作、设计技术、调度调整等。

（二）将产品模型化

用理想模型代表实际产品,模型也是对物理实体的简化和仿真,模型必须真实表达产品特性,反映产品的丰富信息,例如,模型表达功能、质量、工艺、程序、操作、生命周期等信息。各成员和各部门能够共享模型中的信息,以信息模型作为并行作业的依据。

---

① 王隆太.先进制造技术(第2版)[M].北京:机械工业出版社,2015.(课件.)

（三）协调+控制

并行设计是一个反复迭代优化的过程，每一个设计人员要加强彼此沟通，以团队设计方式完成共同设计。因此，团队协调起了关键作用，团队控制起了监管作用。协调+控制是并行工程的必要条件和保证。

第六章

工作研究

第一节　工作研究概述

一、工作研究

智能制造虽然属于先进制造范畴,但是它的基础工作仍然是工作研究,工作研究的对象是作业系统。作业系统是为实现预定的功能,达成系统的目标,由许多相互联系的因素所形成的有机整体。作业系统的目标是输出一定的产品或服务。它由材料、设备、能源、方法和人员组成。检测作业系统主要是检测时间、质量、成本和柔性。

工作研究的结果是提高生产率,增强企业竞争力。它研究以少投入、高产出,合理利用人、财、物等资源,节约成本,挖掘潜力的方法。

工作研究内容包括方法研究与作业测定。方法研究目的是研究高效的工作方法,它包括三项分析:程序分析、作业分析和动作分析;作业测定是确定各种工时定额,它包括四项测定:秒表测时、工作抽样、预定动作时间标准法和标准资料法。

工作研究应遵守四项基本原则:"消除、合并、重排、简化"。即消除不必要、多余的作业;合并同类作业;重排作业循序;简化加工方法步骤。四项基本原则以效率提高为最高标准。

工作研究的有效方法是5W1H自我完善方法,即自问自解决六个问题:做什么(what)、为何做(why)、何时做(when)、何处做(where)、何人做(who)、如何做(how)。以上各问题分别在目的、原因、时间、地点、人员、方法六个本质问题,全面解决工作研究。

二、方法研究

方法研究就是对搬运、加工、组装、改造、包装等各种作业,进行观察、记录,采用各种分析技术,例如数理统计技术、控制分析技术,分析原因,提出改善策略,优化作业方法,减少无效劳动,降低作业成本,提升绩效,并使优良方法标准化。

方法研究的实施目标是"改进"和"节约"。"改进"就是改进技术、改进循序、改进步骤、改进操作方法、改进组织、改进设备、改进布置、改进作业环境,即尽可能优化与作业有关的各种因素;"节约"就是降低各种资源消耗,杜绝浪费,实施严格的成本管理,减小劳动强度。

方法研究追求创新,以新方法获得突破;方法研究寻找最佳方法,以最佳方法求得最佳经济效益;方法研究从整体出发,以总体最优取代局部最优。

方法研究以系统为研究内容,生产运营方法研究自然就以生产运营系统为研究内容,力求使运营系统改善、优化。

方法研究按照先后顺序,分别要经过程序分析、作业分析和动作分析三个工程,表现出递进性。其中:

程序分析研究的是工序,工序是指对一个或一组劳动对象连续进行的操作,例如抛光、洗涤、钻孔等。

作业分析研究的是操作,操作是动作的组合,若干操作构成作业,例如取件、卸载等。

动作分析研究的是动作,动作是最小的作业单位,是研究的最底层,例如抓取、下蹲、举高等。

方法研究的过程:首先,选择研究对象,选择的重点对象是有问题的工序,即质量不稳定、生产能力受限大、成本高的工序;其次,观察与记录,做到全面观察,记录及时准确,以便发现问题,分析原因,改善方法,方法评优,直至标准化。

三、作业测定

作业测定是运用各种技术来确定合格工人按照规定的作业标准,完成某项工作所需的时间的过程。其中,合格工人指这样的工人:受过合格教育和训练,掌握合格知识及技能,在身体、心理、经验、技能、水平上都能胜任规定工作,并能达到理想工作效果的工人。作业标准来自方法研究后的成果,即标准工艺、流程、方法、操作,这些标准都是优化的、科学的、高效的规定。

作业测定主要测定标准时间,它以科学、客观、令人信服的方法决定时间标准,时间标准是合格工人按照作业标准完成规定任务的时间标准,作业测定法确定的标准时间为制定劳动定额打下了基础。有了劳动定额，就可以督促工人节约时间，提高时间利用效率，提高生产制造效率。

作业测定的其他积极意义是：一是设计作业，设计生产制造系统，选择最佳作业和系统；二是调整、改善、管理已有的作业系统，倍增系统效率；三是作为考核依据，让实施贯彻按劳分配原则、奖优罚劣有据可依；四是通过工时分析，提高工时利用率，挖掘工时潜能。

第二节　程序分析

复杂的智能制造可以借助程序分析展开。程序分析是按照工作流程循序，分析每一个工作地和环节是否有不合理现象，例如多余、重复、浪费、费时、颠倒等不合理的作业，描述整个工作过程，得出结论，设计合理的改善措施，依据科学原理，按照效率原则，优化作业方法，改善布局，大大提高生产效率。程序分析按照这样的逻辑进行：调查—分析—改善。改变不经济、不均衡、不合理的现象。

程序分析要抱着宏观与系统的思想。面向系统全局，不以局部作业环节最优为目标，而以系统整体最优为最高目标，因此程序分析要做到全面、综合。当然，局部最优化分析是基础，这存在一个互相匹配的问题。

程序分析包括四项分析：工艺程序分析、流程程序分析、布置和经路分析和管理事务分析。四项分析常用到的分析工具分别对应为工艺程序图、流程程序图、线路图和线图、管理事务流程图。

程序分析的基本原则是优化步骤，即消除、减少、合并、缩短不必要的步骤，安排调整循序，使个步骤及环境经济、合理、高效。程序分析应重点面向三个方面：操作方面、检验方面、流程方面，从此三个方面寻求优化突破点。实践中，可以具体分析五个作业：加工、搬运、等待、储存和检验，这些作业隐藏着不少利益改善之处，十分值得挖潜改善。

程序分析的步骤可归纳为选择—记录—分析—建立—实施—维持。其解释为：

选择——选对重点分析对象；记录——利用程序分析工具详细、全面记录真实状况；分析——用 5W1H、ECRS 四项原则进行分析；建立——建立科学高效新方法；实施——贯彻执行新方法；维持——检查、保持、改善之前的新方法。

程序分析经常要用到以下符号，如表 6.1 所示。

表 6.1 程序分析符号

符号	含义	解释	例如
○	加工	原材料、零件或半成品经过机械、物理,化学等改造	车削,打磨
□	检查	测量原材料、零件、半成品的特征值和数量	测量产品尺寸、误差
→	搬运	表示人、物、料、设备在空间位置的转移	物料按照轨道运输,产品出库线路
▽	等待或暂存	生产过程中的多余的时间等待	停工待料,排队等候加工、检验
D	储存	生产中存储物料、零件、半成品	现场储存,仓库保管

四种程序分析法比较如表 6.2 所示。

表 6.2 四种程序分析法比较

程序分析种类	对象	适宜的活动	改善关键	适用情景
工艺程序分析	制造对象全部工艺过程	作业检验	操作和检验工序设置的合理性	制造工艺流程分析
流程程序分析	人型图:操作者所承担的作业流程全过程	操作、检验、运输、等待	操作者活动路线合理、减少运输和等待活动,提高作业活动的有效性	适合各类操作和作业活动分析
	物型图:原材料或半成品投入到制成品的全过程	操作、检验、搬运、储存、等待	缩短物品的流动路线,减少运输和等待,缩短生产周期	适合各种制品生产过程的分析
布置和路径分析	物料搬运的全过程	物料搬运过程中发生的各项活动	缩短搬运路线,提高搬运的方便性,提高搬运的效率,尽可能减少工作量	原材料、半成品、成品和各种物料的搬运
事务流程分析	管理事务的全过程	操作,检查,传送、等待,储存等活动	减少环节、减少文件积压,提高管理工作效率	公文、单据的传送、管理文件审批

一、工艺程序分析

（一）工艺程序分析

工艺程序分析指以生产系统为研究对象，对生产系统全过程、各环节多角度进行完整分析，全面掌握生产系统一般性问题，熟悉生产系统状况，概括性把握现状，发现存在的问题，为随后进行的流程程序分析、布置和经路分析打下良好基础。

程序分析是面对整个系统进行的全面分析，因此其分析对象是生产运营全过程、全环节，它专门针对加工工序和检查工序实施分析，加工工序是增值工序，检查工序是保障工序，非增值部分应该排除在分析以外。程序分析的有力工具是工艺程序图。

（二）工艺程序图

1.工艺程序图概念

工艺程序图图形是一种简单、直观的事务描述工具。它是对生产全过程的描述图，简明扼要地反映生产系统全貌，表达了各组成部分的内在关系，按照加工先后循序，描述了部件的逻辑关系。它是依照前后关系依次从左到右画出来的，表明进和出、内部流程，并注明各项材料和零件的进入点、规格、型号、加工时间和加工要求等。

工艺程序图表达的信息是工作流程的全面概况，显示出各个工序之间的逻辑联系及依次关系，该图是按照工序的前后循序依次画出，从此图容易发现工序的问题所在，找到关键环节，抓住发现的主要矛盾，图中标注了每道工序的工时定额。

工序程序图的组成是表头、图形和统计三个部分。格式并无统一规定，表头即表的标题，清晰简明易理解即可，格式的内容根据程序分析的具体任务而定，一般应包括：研究对象的名称或编号、研究对象的文字说明、图号、研究内容、研究者、审核者、研究日期、现行方法或是改良方法、部门等内容。对工艺程序图，按照加工循序检查和统计，就能得到统计结果。

2.工艺程序图的识图

垂直线表示工序流程，水平线表示材料、零件的进入，水平引入线上填上零件名称、规格、型号。主要零件画在最右边，其余零件按其在主要零件上的装配顺序，自右向左依资排列。"加工"、"检查"符号之间用长约 6mm 的竖线连接，符号的右边填写加工或检查的内容，左边记录所需的时间，按实际加工装配的先后顺序,将加工与检查符号从上到下、从右至左分别从 1 开始依次编号于符号内。若某项工作需分几步做才能完成,则将主要的步骤放在最右边,其余按重要程度,自右向左依次排列。

3.工艺程序图类型

工艺程序图有以下四种类型:一是直线型,指一种材料先后经过几道工序,流经唯一的一条线路的工艺程序图。二是合成型,指多种材料、零部件合成为一个产品,或者多个分工序合成为一个总工序的工艺程序图。三是分解型,指一个主程序分解成几个分程序的工艺程序图;四是复合型,指加工工艺先分解,后合成的工艺程序图。

4.工艺程序分析程序

工艺程序分析程序如表6.3所示。

表6.3 工艺程序分析程序

步骤	项 目	内 容
1	预备调查	调查工艺流程、生产计划、实际产出量、设备配备、原材料消耗、检验方法,掌握第一手资料。
2	绘制工艺流程图	将工艺程序图绘制成直列型、合成型、分解型、复合型
3	测定并记录各工序中的项目	测定各工序的必要项目,并填入表中
4	整理分析结果	分析测定的结果,发现作业问题,找出原因
5	制定改善方案	针对现象和原因提出改善方案
6	改善方案的实施与评价	实施、评价和修订改善方案
7	使改善方案标准化	标准化行之有效的改善方案,成为固定模式

二、流程程序分析

(一)流程程序分析概念

流程程序分析是一种研究产品制造和零配件加工全过程的最基本的分析,它从加工、检查、搬运、等待和存储五个基础方面研究加工工艺,即对流程的拆分、细化研究。流程程序分析包括物流流程程序分析、人流流程程序分析两种类型。

流程程序分析的特点为:对生产全程单独分析,因为其五个基础分析形成分析的具体化、详细化,记录了生产全程的时间定额、移动距离等重要参数。它是作业分析、动作分析之前的必要环节,是最基本的分析方法。

实施流程程序分析的原因是通过掌握制造加工全过程,掌握流程、设备、方法、时间具体资料,以便做好如下工作:为流程优化做好基础准备,制订生产计划和作业计划,选址及设备布局,制订改善方案。它是进行作业分析、动作分析之前必须要经历的一个环节,是最基本也是最普遍的一种分析方法。

(二)流程程序分析图

为了形象直观反映流程程序分析过程,我们常用流程程序分析图作为分析工具,比起工艺程序图,它多了搬运、储存和等待三种符号,它同样由表头、图形和统计三大部分组成。

(三)流程程序分析的运用

其运用应该依据如下流程:项目调查→绘制工序流程图→测定并记录各工序中的必要项目→整理分析结果→制订改善方案→改善方案的实施和评价→使改善方案标准化。

其中的每一步都应该针对五个基本工序进行,即加工、检查、搬运、等待和存储工序,例如第一步的项目调查,针对五个工序分别调查主体、客体、时间、空间和方法等内容。第四步的制订改善方案,应该采用头脑风暴法、德尔菲法、专家法等集体决策方法,考虑问题力求全面、完善。①

三、布置和路径分析

布置和路径分析指对作业现场布置,对材料、产品、半成品、零配件和人员移动路线进行的分析。其分析种类有线路图及线图两种。

通过布置和路径分析,可以缩短搬运距离,改变不合理移动线路,提高位移效率;此外,它克服了流程程序图只知道移动距离,但不知道具体移动线路的缺陷,具有详细知道移动线路的特点。所以,进行此项分析的目的是优化设施布置,改善移动线路,减少位置、路径、移动成本,提高位置和移动效率、

运用时常常从5W1H的思考切入,遵守"消除、合并、重排、简化"四项基本原则,对位置和线路分别从二维平面角度、三维立体角度优化。

四、管理事务分析

管理事务分析是借助信息管理、办公自动化等手段,调查和分析业务流程,设计和改善业务流程的一种分析方法。通过管理事务分析,能做到流程科学化、标

---

① 易树平.基础工业工程[M].北京:机械工业出版社,2017.(课件.)

准化和自动化。信息的传递、准确、快速和共享是此法成功的关键,沟通与协调起到很大作用。此法的管理工具是管理事务流程图。

此法以办公事务管理为形式,应重点分析作业、搬运、审核、停放等现场作业环节,对它们调查、检查和制订改进方法。

第三节 作业分析

作业分析是指对工序进行研究,使作业主体、客体,工具三者有机结合,做到工序结构科学合理,使作业省时、减耗,使生产优质、高产这样的分析活动,让操作者轻松。它分析单个环节、地点、工人的操作,分析单位是操作;而程序分析则分析整体运行,分析单位是工序。类似于传统作业,智能制造作业也存在作业分析问题。

作业分析应做到:删减、合并、简化操作,使工序排列最佳,合理善用人的体力,减少作业时间、循环和次数,优化工艺,避免等待,实施人机操作同步。

作业分析的对象是一个地点、一个工人的操作,借用程序分析的基本方法,分析内容包括各种影响操作效率及质量的因素,例如工具、机器、手法、配置等。

作业分析包括人—机作业分析、联合作业分析、双手作业分析三种类型。

一、人—机作业分析

人—机作业分析是对人和机器联合作业实施观察、记录,掌握操作者和机器的各自及联合工作情况,发现其不足,分析其原因,改善其操作,使人和机器的配合良好,提升人—机工作效率。

通过人—机作业分析,能找到影响人—机作业效率的因素,判明一个人能同时操作几台机器,能测算闲余能力的大小,分别从人和机器角度寻求增加功效的方法。

人—机作业分析的常用工具是人—机作业分析图,该图对人和机器的作业在同一个表中反映,反映了二者同时和不同时的协作关系,通过图形可以调整、改善人和机器的作业,提高二者的联合效率。

对人—机作业分析的步骤是:各自记录人与机器在同一个作业周期内的操作步骤、内容、时间→做出人—机作业分析图,从图中分析人与机器的协同关系→试图改进人与机器各自的操作,试图改善人与机器的联合关系→重新画出优化的人—机作业分析图。如表6.4所示。

表 6.4　人—机作业分析改善措施

现象	改善措施
操作者等待	加速机器运转,提升机器功效,提高机械化水平。
机械等待	改善操作者作业方法,研究科学合理的、省力舒服的人工方法,尽量把人工改为机工。
操作者、机械都等待	调整作业顺序,改变流程。
操作者、机械无等待	协调、均衡操作者与机械的工作进度,避免积压,减少库存。

二、联合作业分析

联合作业分析是指当若干个操作者共同从事一项作业时,对各操作者的操作关系予以分析,协调人员作业关系,理顺人与人之间的协作,消除人际工作障碍,避免人与人之间操作的不均衡、不经济行为,以便产生联合最大效益。该分析是借助联合作业分析图,对多人作业的组合分析,所分析的内容都是个人与群组作业,例如个人与群组作业时间、等待时间、单位时间产出。

此分析应力求人与人、人与机器尽量同步,节拍吻合一致,避免时间差。

联合作业分析可以产生如下作用:均衡人与人的作业,缩短工时,消除等待,使人与人、人与机配合合理,提高人与机器作业效率。

联合作业分析步骤是:记录与分析每个单人作业情况为基础→在共同时间坐标轴下,联合分析群组作业情况,画出联合作业分析图→设计改善个人与群组作业措施→重新画出优化后的联合作业分析图。如表 6.5 所示。

表 6.5　联合作业分析改善措施

现象	改善措施
多人等待	减少人员,重新分配作业,调整作业顺序,改变并行作业
某部分人等待	减少这一部分人数,重新组合这一部分人,均衡这部分人与其他部分人的任务,对这部分人重新分配作业

三、双手作业分析

双手作业分析以人的操作动作为分析对象,观察、记录和分析人的双手动作,改变不合理的手动作,使动作幅度小,节省力量,提高动作的精准性,避免不必要动作,使人员保持动作舒适。

双手作业分析的重点是作业者的双手,其根本目的是提高手动效率,其有效工具是双手作业图,该图记录了手动情况,以符号和关系图反映了手动关系,是经济原则在双手动作上的体现,为改善动作提供了一种图形方法。

通过双手作业分析,可以研究每一只手的最佳动作,对双手进行合理分工,平衡双手的动作;避免多余、费力、重复等无效动作;使作业者动作范围小、时间短,姿势舒适,减少体力消耗;使科学合理的动作规范化,使之标准化,写成动作规范书,便于以后重复使用。

绘制双手作业分析图应注意:要在熟悉整个作业周期的基础上进行动作分析;每个作业周期的起点是抓取物品的时刻;双手要分别记录,每次只记录一只手动作;一次记录要完整记录整个动作全部;两手同时的动作记录在同一水平线上,顺次发生的动作记录在不同水平线上。

对优化双手作业时,要确保手动的安全,避免危险动作,动作要规范,做好劳动保护,手动不能太快,次数不可太多,休息时间要足够,抓取的物品不能太重。①

表6.6 各种作业分析方法比较

作业分析种类	对象	适宜的活动	改善关键	适用情景
双手作业分析	个人双手动作	加工、操作、检验、搬运、等待	改善手的动作,提高手动效率,动作省时、省力,消除重复、不必要、粗笨动作	手工作业,劳动密集型作业
人—机作业分析	人与机械作业和关系	操作、等待、人机配合	人和机器各自动作,二者协同,提高二者的各自生产率及联合生产率	机械化、自动化、智能化作业
联合作业分析	群组作业	操作、等待、人—人合作,群组间协同	人—人分工协作,组—组分工协作,提高协同效率	机械化、自动化、智能化作业

第四节 动作分析

一、动作分析概念

智能制造作业也是由一个一个具体动作组成,对每一个动作进行详细分析是智能作业的基础。动作分析是指针对作业者的各种操作动作进行的分析与研究,

---

① 易树平.基础工业工程[M].北京:机械工业出版社,2017.(课件.)

例如抓取、搬运、举起、放下、转身、改变姿势等,其研究对象是每一个具体动作。它要对作业者所有动作进行观察记录,用图形表示,判定动作的优劣,寻找优良动作,优化动作,提高动作效率。动作分析是各项作业分析的基础,从最初级、最细化的动作开始分析,要求我们善于观察不显眼的微小动作,防微杜渐、以小见大改善动作。

针对被作业对象,常见的动作有四种类型:改变形状、改变位置、维持现状和等待。

动作分析要达到的目标是:掌握所有动作情况,掌握作业者身体状况与动作的关系,明确各个动作的必要性及意义,发现各个不合理动作,找到多余、浪费的动作,考察各个动作的先后逻辑关系,了解双手是否能同时动作,寻找双手作业的平衡方法,设置科学合理的动作,改变动作方法,提高动作效率。

动作分析具有以下意义:发现不合理甚至错误动作,找到原因,制定优化的动作,即改善动作循序、步骤、方法、工具、范围,将动作规范化甚至标准化,使动作符合动作经济原理,最终实现减轻作业强度,减低操作疲劳,提高工作效率的目的。

动作分析的常用方法是动素分析法和影像动作观察法。

二、动素分析

动素分析是借助动素符号,观察与分析手、足、眼、头各种肢体和器官活动,发现动素的不合理之处,找到动素循序的不恰当之处,消除动素的等待、重复、低效、多余、费时、浪费、费力等问题,使动素变得科学合理。

动素分析把动作分为 18 种基本的最小动作单位,能详细了解每个最小动作状况,高清各动素之间关系,明确各动素与人体肢体与器官的关系,发现和消除不合理动素,强化必须动作,选用辅助动作,去除不必要动作。

从动素的作用分类,动素分为第一类有效动素、第二类辅助动素、第三类无效动素三种。有效动素作业必不可少的动作,辅助动素是帮助支持有效动素的动素,无效动素是没有价值且必须取消的动素。从动素的重要性分类,动素分为核心动素、常用动素、支持动素和消耗性动素。

动素分析应遵守如下步骤:明确应实施动素分析的作业→准备动素分析→实施动素分析法→分析并制定动素改善措施。如表 6.7 所示。

表 6.7　动素分析步骤

步骤	具体内容
明确应实施动素分析的作业	确定动素分析目的,发现不良动素
准备动素分析	方法准备,时间准备,人员准备,工具准备

步骤	具体内容
实施动素分析法	观察与记录动作,填写动素分析表,整理、统计、分析结果并形成结论,绘制作业布置图。
分析并制定动素改善措施	以头脑风暴法、专家意见法、集合意见法等集体决策方法制定改善方案,绘制改善动素分析表。

三、影像分析

影像分析就是利用各种记录设备,例如照相机、摄像机、录音机,记录人的动作,对人的动作进行分析的一项技术。该分析能客观真实记录现实情况,给分析提供可信赖的真实证据,避免了口说无凭,避免了文字记载的可信度低的缺点,给分析者身临其境的感觉,能回放展现过去的情景,弥补记忆的不足,说服力强。

影像分析最常用的是慢速影像动作分析,也叫细微动作影像分析。

对于慢速影像动作分析,就是用慢速度摄像,用正常的速度播放拍摄的画面,这样就可以看清楚动作的细节,对分析动作很有帮助。其分析步骤为:按照正常速度播放影像→记录观看到的问题→反复观看存在的问题,初步研制对策→手动进给重放影像,仔细观看并分析慢动作→填写慢速影像动作分析表→用流程图表示操作者的活动→形成分析结论,设计新的动作。

慢速影像动作拍摄过程为:确定拍摄目的→确定拍摄对象→确定拍摄内容→确定拍摄时间、地点→与被拍摄者沟通→安装、调试摄像机→正式开拍。

慢速影像动作分析可以起到如下作用:一是对用肉眼无法感受的快动作进行慢速分析,能细化、精确分析每一动作细节;二是精准测定高速动作的时间和动作轨迹的长度;三是以拍摄资料为依据制定工作标准;四是作为教学资料进行动作培训。

四、动作经济原则

动作经济原则是以动作的经济高效为目标的原则,其原则的基本目标是动作轻快、节约,动作少,产出多,质量高,同时还需优化机械、设备、工具的功能,让物与动作协调。

动作经济原则要求两个明白,即明白合理动作与不合理动作,明白动作错误的原因。同时要求有明确的动作意识,重视动作研究,专心动作研究,不断改善动作,做好动作与设备的配合。

遵守动作经济原则可以实现:发现违反动作经济的原则的作业,剔除不合理、不科学、不起作用、使人疲劳的动作,使作业者心情愉快,精神良好,动作敏捷保持良好的状态,实现动作经济效益,同时可以提高作业者对作业经济的思想认识,增强动作意识。

动作经济原则的本质就是从动作层面讲究经济效益,追求基层面的低成本、高效益、高质量,使作业现场布置,工具、夹具和机器的使用得到极大改善。

动作经济原则的具体内容是四项:减少动作的数量、双手同时进行动作、缩短动作的距离、轻松动作。每一项内容可以从三个要素予以确定:动作方法、作业现场布置、工夹具与机器。如表6.8所示。

表6.8　动作经济原则表

四项原则\要素	1.减少动作数	2.双手同时进行动作	3.缩短动作距离	4.轻快动作
	去除多余、无效动作,合并同类动作,简化动作	避免两手先后动作,两手同时、同步操作,双手作业平衡	减少动作距离,减少动作幅度	减少动素数量,动作轻松快捷
1.动作方法	①取消不必要的动作 ②取消无效动作 ③减少眼、头、手、足、腰的活动 ④合并同类型动作 ⑤增加增值动作	①双手动作同时开始,同时结束 ②双手动作同方向、对称 ③一只手负担过重的动作由两只手分担 ④两手动素相同	①用最适当的人体部位动作 ②用最短的距离动作 ③动作距离与人的手臂长度一致 ④动作幅度以人体感觉舒适为宜	①以省力机械代替肌肉动作 ②利用重力和其他力完成动作 ③利用惯性力和反弹力完成动作 ④连续圆滑的改变动作方向 ⑤利用自然风、水等力量完成动作
2.作业现场布置	①将工具物料放在操作者眼前的固定位置处 ②按作业顺序放置工具料 ③工具、物料的放置要便于作业 ④一目了然,不必翻找工料	①按双手能同时动作布置作业现场。 ②每一只手伸展到的位置都可以布置工料	①在不妨碍动作的前提下作业区域应尽量窄。 ②适当分散摆放,减少走动距离	①采用最舒适的作业位置高度 ②布置符合人体生理要求 ③布置符合人体工程要求

第五节 秒表时间研究

一、秒表时间研究概述

智能制造作业与精确的时间有关。秒表时间研究指利用时间测量仪器,对某项作业或操作进行时间测量,观察与检测时间运用情况,把实际时间记录值与计划时间值或理想时间值加以对比,修正时间作业时间,再加上一定的时间宽放值,作为标准作业时间,这样的一种作业标准时间研究方法。

秒表时间研究利用了统计推断方法,从作业总体中随机抽取样本,可以是简单随机抽样、等距随机抽样、分层随机抽样、整群随机抽样,对样本实施调查,调查结果以一定的置信水平推断到总体,同时可进行假设检验和方差分析。

工序是秒表时间研究研究对象,测量时间的方法是,采用精确的计时器,对某个作业或工序,在规定时间段,多次、连续记录作业时间,实施密集抽样观察,剔除偶然或不合理因素的影响,再加上一定的宽放时间,便形成标准作业时间。

秒表时间研究对测量时间工具有严格要求,以便获得精准时间测量结果,进而获得精确科学标准时间。误差小、方便使用、能连续密集使用、便于观察是对测时工具的基本要求。常用的时间测量或研究工具有秒表、记录板、时间记录表格、计算器、测量工具,摄影、录像设备、钢卷尺、千分尺、弹簧秤、转速表。

只有重复作业并能重复测量时间的工序才适合进行秒表时间研究,重复循环持续的时间,应该大大超过抽样测量的时间。工作之前先确定标准的做法不适合用秒表时间研究去加以验证。

二、秒表时间研究过程

完整的秒表时间研究要经过以下八个过程。

(一)收集信息

秒表时间研究从收集各种信息资料开始,凡是与时间因素相关的信息都值得收集,越全面越好。这些信息有文案资料、说明书、操作指南、历史记录、人财物和设备资料。

(二)划分操作单元

作业由各个操作单元组成,每个单元的操作时间总计便构成了作业总时间。故测定时间应该是首先将作业分解为单元,分别测定单元时间,再合成为总时间。

具体来说,划分操作单元的作用表现为以下方面。

(1)单元内动作数量少,动作相似度高,便于分析;

(2)每一个单元动作快慢各有差别,时间难以同步匹配,分别测量、评估和调整各单元作业时间,才能精确调整总体作业时间;

(3)能分辨有效时间和无效时间;

(4)以操作单元为单位制定标准时间更精确、更实用、更科学;

(5)以操作单元为单位的操作规范易于制定,在改变单元动作时,修正本单元时间即可;

(6)总体作业知识分解、细化到操作单元,形成系统知识,也利于操作人员培训;

(7)对于由单元标准时间合成基础上的总体标准时间,如果单元有增减,能够马上算出标准时间,并迅速调整。

操作单元划分的有效性要注意相关问题。

(1)各单元界限清楚;

(2)各单元操作时间长度不要相差太大;

(3)务必分开这些类型的单元:人工操作单元与机器操作单元、固定单元与可变单元、长期单元与零时单元、内部单元与外来单元。

(三)确定样本容量

确定样本容量也叫确定观测次数。我们以抽样调查的方式进行秒表时间研究,所抽取的样本数量要足够大,测量时间的次数要足够多,这样才能获得较准确对结果。但是过大的样本量也耗费过多人财物资源,当统计误差已经小到一定程度时,在增加样本量也不会明显减少误差了,所以理论上样本量或称观测次数应有一个最佳数量,我们的任务就是计算出这一个数量值。下面介绍误差界限法、d2值法、通过作业周期确定观测次数的法。

智能制造过程,样本容量确定常常使用以下误差界限法。

若取置信度为 5%,那么置信度水平为 95%,即在 95% 的可能性下,应观测的次数为:

$$n' = \left(\frac{40\sqrt{n\sum\limits_{i=1}^{n} X_i^2 - \left(\sum\limits_{i=1}^{n} X_i\right)^2}}{\sum\limits_{i=1}^{n} X_i} \right)^2 = \left(\frac{40\sigma}{\overline{X}} \right)^2$$

例如,某种操作作业被测量 10 次,各次测量的作业持续时间为 7,5,6,8,7,6,7,6,6,7 分钟,如果最大误差规定不可超过 5%,设定置信度 95%,那么测量次数应该是多少?

解:由题意知 $n = 10$, $\sum X = 65$, $\sum X^2 = 429$,把数字代入公式计算

$$n' = \left(\frac{40 \sqrt{10(429) - (65)^2}}{65} \right)^2 = 24.6 \approx 25 (次)$$

故测量次数是 25 次。

如果最大误差规定不可超过 10%,设定置信度 95%,测量次数的计算公式则是

$$n' = \left(\frac{20 \sqrt{n \sum_{i=1}^{n} X_i^2 - \left(\sum_{i=1}^{n} X_i \right)^2}}{\sum_{i=1}^{n} X_i} \right)^2$$

(四)时间测量

时间测量可以用到如下几种方法。

1.不间断测时法

此法就是在整个操作过程中不停息地计时,把每一个单元的终止时点记录下来,每相邻两个终止时点之差,就是这两个终止时点所夹的单元的作业时间。

2.归零测时法

每结束一个操作单元时,立即停表读数,再将表归零,重新进行下一个操作单元的时间测量。

3.累计测时法

这是数个表联动使用、自动启动和结束,几个秒表先后连续计时的方法,每一个秒表对一个单元计时,几个秒表被一个主控机构共同控制,几个秒表先后走动不间断计时,每当结束一个前面单元的操作时,其对应的秒表自动停止计时,后一单元计时表自动起动。把每一个单元停下的表读数相减,即可计算出各单元的持续时间。

4.周程测时法

合并几个时间很短的单元共同计时,依次去掉一个单元重复计时,即可算出每一个单元时间。

(五)剔除异常值并计算各单元实际操作时间

异常值是是由不确定外在因素引起的,它超出正常值范围,应该剔除。其方

法为:先求出平均值和标准差,然后把取值高于平均值三倍标准差和取值低于平均值三倍标准差的数值视为异常值,予以剔除。

平均值为

$$\overline{X} = \frac{\sum_{i=1}^{n} X_i}{n}$$

标准差为

标准偏差为 $\sigma = \sqrt{\dfrac{\sum_{i=1}^{n} (X_i - \overline{X})^2}{n}}$

例如,在对某一操作单元进行多次观测计数,由于不慎少记了一次,20 次被记录下来的数据分别是:20、20、21、20、22、20、19、24、20、22、19、19、21、20、28、21、20、20、22、20,把异常值剔除掉的方法如下。

平均值为

$$\overline{X} = \frac{\sum_{i=1}^{n} X_i}{n} = \frac{418}{20} = 20.9$$

标准差为

$$\sigma = \sqrt{\frac{\sum_{i-1}^{n} (X_i - \overline{X})^2}{n}} = \sqrt{\frac{31.98}{20}} = 1.599 \approx 1.6$$

上限值　$UCL = \overline{X} + 3\sigma = 20.9 + 3 \times 1.6 = 25.7$

下限值　$LCL = \overline{X} - 3\sigma = 20.9 - 3 \times 1.6 = 16.1$

数值大于 25.7、小于 16.1 的均为异常值,予以剔除。

对剔除异常值后的剩余数据,视为合格值,合格值的平均数代表单元测定时间。

（六）计算正常时间

正常时间是在正常条件下的作业时间,这里指操作的技术、方法、速度、环境均处于普通条件下的作业时间。正常时间需要评定,评定实际操作速度与理想速度（正常速度）做比较,确定评定系数。

正常时间 = 观测时间×评定系数

（七）确定宽放时间

操作者除了用纯粹时间进行有效操作,还必须花费必要的与工作无直接关系的时间,这些时间虽然可以缩短,当不能消除,例如喝水、上厕所、休息、准备、擦拭等,这种时间叫宽放时间。

宽放时间的确定可以用连续观测法或工作抽样法。

连续观测法就是对一个操作人员在一个完整班内的活动实施不间断测量,把任何非直接生产时间记录下来,分析记录的这些时间的合理性,予以改善计算。

工作抽样法就是对样本随机观测,统计每一种非生产时间占总时间的百分比是多少,由此推算宽放时间。

宽放率表示宽放时间的宽松程度,其计算公式为:

宽放率(%)=(宽放时间/正常时间)×100%

或

宽放率(%)=(宽放时间/标准时间)×100%

表 6.9　宽放种类

宽放种类		解释
私事宽放		由于操作者个人生理、心理需要的延迟。
疲劳宽放		由于操作者个人生理、心理疲劳,需要休息恢复的延迟。
延迟宽放	无法避免、非本人能控制所形成的延迟。	操作宽放:操作规范中规定的延迟。
		机器干扰宽放:当作业员同时操作两台机床,其中完成某一单元作业的一台机床,等待作业员过来操作所形成的延迟。
		偶发宽放:加工中偶然因素引起的延迟。
		政策宽放:管理政策允许的延迟。

（八）确定标准时间

标准时间是正常时间与宽放时间之和,而宽放时间等于正常时间与宽放率的乘积。

三、评定方法

（一）速度评定法

它以评定人员心目中的理想速度或正常速度为标准,来评定工作速度,也就是把实际测量的速度与已有的理想速度对比,获得评价结果。速度评比尺度有三种,即 60 分、100 分、75 分。评定所用公式有

正常时间 = 观测时间 × 速度评定系数

$$速度评定系数 = \frac{实际速度得分}{正常速度得分}$$

（二）平准化法

此法分别设定了四个系数：熟练系数、努力系数、工作环境系数、一致性系数。每个系数按照取值程度差异，分为超优、优、良、平均、可、欠佳六个等级。总评定系数，即评定系数的决定如下：

评定系数=1+熟练系数+努力系数+工作环境系数+一致性系数

正常情况下，上式右边四个系数均为0，评定系数为1，其他情况下评定系数大于1.

（三）客观评定法

该方法是对实际测得的时间进行两次调整，求得正常时间。方法是按照先后分别做以下计算：

（1）速度评比系数 $=\dfrac{\text{实际速度}}{\text{正常速度}}$

（2）六项调整系数之和=身体使用部位调整系数+足踏情况系数+两手情况系数+眼与手配合系数+搬运条件系数+重量系数

（3）工作难度调整系数=1+六项调整系数之和

（4）正常时间=实测单元平均值×速度评比系数×工作难度调整系数

（四）合成评比

此法是按照以下公式计算评比系数 K

$$K=\dfrac{\text{预定时间标准}}{\text{相同单元实测平均时间}}\times100\%$$

然后用 k 值分别乘以各个单元实测时间，求出单元标准时间。

最后，对评定方法要补充说明。评比要本着客观原则，只评比人工作业单元，不要对很难评比的作业单元勉强评比。①

第六节　工作抽样

一、工作抽样概述

工作抽样是指从总体中抽取样本，测量样本作业者和机器设备的作业，求得

① 易树平.基础工业工程[M].北京:机械工业出版社,2017.(课件.)

其作业相关值的集中程度和离散程度,在一定的概率保证度下,对统计总体进行推断。如表 6.10 所示。

表 6.10 工作抽样优缺点比较

优点	缺点
简便、高效、经济、低成本	可能的往返、循环时间多,移动路线不合理。
正确的抽样保证调查的代表性	粗略得知大致情况,对细节无法获知。
以一定的概率度恰当地推断总体的区间范围	被观察者可能受到心理影响,影响其正常工作。
以确定的样本容量确保调查允许的最大误差	不能用于生产周期短、重复性高的作业。
精确度高,较好地控制误差	无法将作业分细,只适用第三、四阶次的作业。

总体看,工作抽样比起秒表时间研究,有更多优点,比如其测定效率高、经济性好、方法简便、易于掌握、测量精度高、易于满足使用要求,适用多种作业。

工作抽样法应用有较大价值。

(1)能优化作业。用工作时间除以总时间求出工作比率,用空闲时间求出空闲比率,两个比率计算也可用次数代替时间,两个比率之和等于1。

$$工作比率 = \frac{工作次数}{总观测次数} \times 100\% \quad 空闲比率 = \frac{空闲次数}{总观测次数} \times 100\%$$

从工作比率或空闲比率可以总体上看出忙碌程度或空闲程度。接着对空闲时间细化,观察测量具体各项空闲结构,找出各细化空闲时间的原因,设法去除原因,努力改善作业。

$$工作比率 = \frac{工作次数}{总观测次数} \times 100\% \quad 空闲比率 = \frac{空闲次数}{总观测次数} \times 100\%$$

(2)能改善设备管理。通过抽样调查,仔细研究机器样本的运转状况,对机器设备的性能、有效工作时间、故障率都能调查清楚,能查出机器不良工作的原因,能提出针对性的改善机器的措施,保护好机器,延长机器使用寿命,最大限度发挥机器的功能,提高机器工作效率。

(3)能制定标准时间。对抽取的样本作业,经过分析研究,可以比较精确地确定宽放时间,进而确定精确的时间标准,并且可以与秒表测时法、预定时间标准化法多种方法结合,互相比较,综合制定最佳标准时间。

$$每件产品标准时间 = \frac{观测总时间}{生产总数量} \times 作业率 \times 评比率 \times (1 + 宽放率)$$

二、工作抽样方法

(一)抽样分布

1.总体分布与总体参数

推断统计是统计学的一个分支,它是与描述统计相对应的一个概念。推断统计试图从总体中选出样本,然后用样本数据的取值情况来推断总体分布。参数估计和假设检验是推断统计的主要方法。所有观测值在总体里的分布构成了总体分布。总体分布情况可以用总体参数来描述,总体参数是反映总体特征的统计量,常见的总体参数有总体平均数(μ)、总体方差(σ^2)、总体标准差(σ)和总体比例(π)。

2.样本均值的抽样分布

如果总体分布为正态分布,$x \sim n(\mu, \sigma^2)$,那么样本平均数分布也将是正态分布,$\bar{x} \sim n(\mu, \frac{\sigma^2}{n})$。

如果样本量 $n \geq 30$,属于大样本容量,即便总体是非正态分布,样本平均数分布也近似于正态分布。反之,如果样本量 n 不到 30,对于非正态分布的总体,其样本平均数分布就不是正态分布。

3.样本比例的抽样分布

在大样本容量的情况下,不论总体比例如何分布,样本比例 p 的分布接近正态分布。此时,重置抽样的 p 分布为 $p \sim n(\pi, \frac{\pi(1-\pi)}{n})$,不重置抽样的 p 分布为 $p \sim n(\pi, \frac{\pi(1-\pi)}{n} * \frac{N-n}{N-1})$。其中,$\pi$ 为总体比例,N 为总体单位数,n 为样本量,我们把符合 $np \geq 5$,且 $n(1-p) \geq 5$ 条件的样本视为足够大的样本。

4.统计量的标准误差

样本统计量分布的离散程度可以用标准差衡量,此标准差叫作统计量的标准误差,它反映了样本统计量与总体参数之间到底有多大的差距。其计算公式为:

样本平均数的标准误差:$\sigma_{\bar{x}} = \frac{\sigma}{\sqrt{n}}$

样本比例的标准误差:$\sigma_r = \sqrt{\frac{\pi(1-\pi)}{n}}$

(二)区间估计

1.区间估计概念

区间估计是一种推断估计方法,它借助所测定的随机抽样样本的统计量值,

在设定的一定程度的可靠度下,估计总体参数所分布的区间。对于总体平均数 μ 的区间估计为:

若置信水平为 68.73%,则是 $(\bar{x}-\dfrac{\sigma}{\sqrt{n}},\bar{x}+\dfrac{\sigma}{\sqrt{n}})$;

若置信水平为 95.45%,则是 $(\bar{x}-2\dfrac{\sigma}{\sqrt{n}},\bar{x}+2\dfrac{\sigma}{\sqrt{n}})$;

若置信水平为 99.73%,则是 $(\bar{x}-3\dfrac{\sigma}{\sqrt{n}},\bar{x}+3\dfrac{\sigma}{\sqrt{n}})$ 。

2.一个总体平均数的区间估计

在 $1-\alpha$ 置信水平下,对总体平均数 μ 做区间估计:

如果是大样本的情况,即 $n \geqslant 30$。当总体方差 σ^2 已知,估计区间为 $(\bar{x}-z_{\alpha/2}\dfrac{\sigma}{\sqrt{n}},\bar{x}+z_{\alpha/2}\dfrac{\sigma}{\sqrt{n}},)$;当总体方差 σ^2 未知,估计区间为 $(\bar{x}-z_{\alpha/2}\dfrac{s}{\sqrt{n}},\bar{x}+z_{\alpha/2}\dfrac{s}{\sqrt{n}},)$,S 为样本标准差。

如果是小样本的情况,即 $n<30$。当总体方差 σ^2 已知,估计区间为 $(\bar{x}-z_{\alpha/2}\dfrac{\sigma}{\sqrt{n}},\bar{x}+z_{\alpha/2}\dfrac{\sigma}{\sqrt{n}},)$;当总体方差 σ^2 未知,估计区间为 $(\bar{x}-t_{\alpha/2}\dfrac{s}{\sqrt{n}},\bar{x}+t_{\alpha/2}\dfrac{s}{\sqrt{n}},)$ 。

3.一个总体比例的区间估计

在 $1-\alpha$ 置信水平下,对总体比例 π 做区间估计:

如果是大样本的情况,即 $n \geqslant 30$。当总体比例 π 已知,估计区间为 $(p-z_{\alpha/2}\sqrt{\dfrac{\pi(1-\pi)}{n}},p+z_{\alpha/2}\sqrt{\dfrac{\pi(1-\pi)}{n}})$;当总体比例 π 未知,估计区间为 $(p-z_{\alpha/2}\sqrt{\dfrac{p(1-p)}{n}},p+z_{\alpha/2}\sqrt{\dfrac{p(1-p)}{n}},)$ 。①

三、工作抽样的过程

工作抽样有一定的流程,遵循这些步骤来进行工作抽样将会取得较好的效果:设定调查目的→划定抽样范围→以一定标准对调查项目进行分类→明确观测通路及方法→编制工作抽样观测表→确定观测次数→确定观察期间及一天的观察次数→向有关人员说明调查目的→正式观测→观测数据的整理与分析。

---

① 国家统计局统计教育培训中心.统计业务知识学习指导与习题第二版(修订)[M].北京:中国统计出版社,2012:165-166.

第七节　预定动作时间标准法

一、预定动作时间标准法扫描

预定动作时间标准法能保证智能制造分析研究的客观性,从而真实可靠,因为它无须人为实施作业评定。它必须对操作过程进行实时测量,记录真实数据。标准时间是实际工作时间的指导,必须事先明确,同时应该明确与标准时间对应的操作规范,标准时间与作业方法相对应,但是预定动作时间标准不变。

采用预定动作时间标准法有重要的意义。

1.设立标准工作时间

该方法对秒表测时方法制定标准时间,进行验证和修订,从而有利于制定准确可靠的标准时间。相等的作业单元引起相等的时间,该方法不受作业性质的影响,具备稳定性。

2.使评估更加可靠

因为它为生产之前的评估做准备,是评估的基础、根据,依据此法修正作业方法,选择和配备机器、设备和工具,利用此法也可以使产品设计更加科学合理。

预定动作时间标准法分类如表 6.11 所示。

表 6.11　预定动作时间标准法分类表

分类标准	类型	适应范围
应用范围	通用型	适用于一切手工作业场合,且在全世界通用
	功能型	只适用于一定专业活动范围
	专用型	专为一个企业的具体部门开发的,一般无法在其他地方应用
动作要素划分的复杂程度	基本水平系统	要素只包括单一的动作,不能再进一步分或成更细的动作
	较高水平系统	将两个或多个基本水平的要素组合成多动作要素时,称为第二水平。两个或多个第二水平的要素组合,可得第三水平,依此类推

二、方法时间衡量(MTM)系统

(一)MTM 时间和动素

MTM 的时间单位是 TMU(Time Measurement Unit)。把 TMU 时间换算为小

时、分钟、秒的关系是：

1TMU＝O.00001h＝0.0006min＝0.036s

以摄像机对人的操作予以拍摄，按照 16 框/秒的速度拍摄，通过胶片框数可以算出动作的时间平均值，以此平均值当作动作标准时间。

人的动作由许多要素构成，这些要素是动作的分解，是动作的基本组成部分。专业人员的基本动作包括：转身、弯腰、跪、坐、站、走、挥臂、手握等。分别测量出每一个动素的平均操作时间，再确定每一个动素的宽放时间，平均时间加上宽放时间就是动素标准时间，一个动作所有的动素标准时间累加，就得到该动作完整的标准时间。此外，研究每一个动素的合理性，改善动素、优化组合动素，就可使整个动作科学合理。

(二)动素举例

在智能工厂，最小的动作单位，即动素，依然是复杂的动作的基础。动素可以用一些符号进行简单的表示。

1.伸手(R)

手向物体靠近的动素就是伸手。空手移动、手持物体移动是伸手的两种形式。手或手指的移动距离、伸手的条件、动作形态均对伸手时间有影响。

2.搬运(M)

用手来实现物体空间位置改变的动素便是搬运，此外，把空手作为工具实施动作也属于搬运。这些因素影响了搬运时间：搬运的距离、条件、环境、动作方式、重量、体积。

3.身体的辅助动作(BA)

在伸手或搬运动作的同时，身体各部位也随之发生移动，这种辅助伴随发生的动作称为身体的辅助动作。

4.旋转(T)

这是一种以肘关节或腕关节为轴，手的旋转动作。对旋转有影响的因素是旋转角度、阻力。

5.加压(AP)

它是对物体所施加的一种压力。这两个因素影响加压：一是重抓条件下的强力加压，二是无重抓条件下的轻微加压。

6.旋摆运动(CM)

它是以肘为轴进行的摆动。这三个因素影响选摆:摆动半径、摆动阻力、摆动方式。

7.抓取(G)

它是手把持物体,对物体予以控制的一种动作。放手是与抓取相反的动作,即是松开手持之物,放弃对物体的控制。放手包括两个动作:先是松开手指放开物体,后是手脱离物体并完全放弃对物体的控制。

8.对准(P)

它是把两个或多个物体在位置上彼此对准的动作。这三个因素影响对对准有影响:准确度要求、物体彼此的对称性、操作难度。

9.拆卸(D)

它是将啮合在一起的若干物件分离的动作,其用力方向与原来的对准用力方向相反。这两个因素能够影响拆卸:啮合深度、操作难度、物体彼此的对称性。

(三)用方法时间衡量法制定标准时间的流程

方法时间衡量法在制定标准时间时往往要经过如下流程。

1.标明作业设备

设备工具是作业必不可少的基础,它也深刻影响时间确定,必须事先注明。

2.方法记录

根据动作前后循序,记录每一只手单元的符号,记录每个动作等级、形态、距离等因素。

3.求操作的正常时间

从动做记录查表赋值,即可求出动作时间,然后把所有求出的动作时间加总,最终便可以算出所需要的操作正常时间。

4.求标准时间

修正正常时间,考虑作业对象、工具、人员等各种影响时间的因素,制定宽放时间,把觉放时间加到正常时间就可求出标准时间。

三、工作因素法(WF)

(一)WF法的基本动作要素

WF法的基本动作要素如表6.12所示。

表 6.12　WF 法的基本动作要素

要素动作	WF 法符号	动作内容	影响时间的因素
移动	R,M	①变换身体各个部位的位置②让物体做空间位置的改变③在人和物的空间移动过程中做出伴随性动作	空间移动路线、轨迹及距离,动作复杂性
抓起	Gr	让人体接触操作的物体,控制物体,把持物体,掌握物体	抓起方法、物体重量、物体形状、物体尺寸,"复杂抓起"中有主要尺寸、同时动作、卷合、粘结、滑动
放下	RL	①让人体与物体分离②手彻底放开物体,物体靠重力作用自然落向低处	放下方法
预对	PP	把物体进行转动,改变物体的方向	用几只手进行操作,物体的重量、体积、大小、形状和尺寸
装配	Asy	把若干物体彼此结合,组成联合体	各物体之间的比例搭配;组合体的整体外形
使用	Use	①各种控制性操作②处理时间的动作	是否应该值得施加力量
拆卸	Dsy	分离连接体	所施加的力如何改变
检验	MP	利用人体感觉器官以及神经系统予以操作的动作	聚焦,检测,反应

（2）动作时间的影响因素

动作时间的影响因素如表 6.13 所示。

表 6.13　动作时间的影响因素表

影响因素	说明
身体部位	各部位的不同功能可做出不同动作,各部位结构影响动作时间
移动距离	指从动作起点到动作终点的直线距离。在有障碍物时,因为避开障碍物造成移动线路改变,动作起点到障碍物的顶点的直线距离,加上障碍物顶点至动作终点的直线距离就是移动距离

续表

影响因素	说明
人力控制	指人力控制方式,是人的动作努力程度和约束程度。包括4种人力控制:①定位停止。操作者在一定的位置,对一个进行中的动作单元中断执行,或因接受停止操作。②引导。引领某动作向指定的方向或状况实施,调节动作方向、形式和动作强度,它是引导动作向欲达到的具体目标进行的要素。③谨慎。是身体保护性因素,保护身体安全,防止工作中的身体被伤害,确保安全作业,避免事故。④改变方向。变换移动方向,改变作业方向,它是绕过阻挡物和障碍物的要素
重量和阻力	指作业者或器具承受的重量或阻力,若不是对重量或阻力的利用,重量或阻力是工作中的消耗力,影响工作效率。每一个身体部位、器具有一个承受重力或阻力的最大值,超过了极限最大值,则动作难度的构成因素明显增大,对人和器具也易造成损坏
"人力控制"与"重量和阻力"	把"人力控制"与"重量和阻力"两个因素结合

作业中存在哪个因素,哪个因素就是1个"动作难度";如果不存在该因素,该因素表示的基本动作的难度数为0。动作难度不决定动作时间值,但动作难度数则决定动作时间值。这些动作可以视为不包含难度的动作,即难度数是0:自然动作、不经意的动作、休息动作、放下动作、毫不费力地抛出、用坚固的物体做制止的动作。

四、模特法

模特法将人的各种不同的动作标准化,即各种动作都制定一个模特动作,作为动作模板,作为实际动作的参考,这对实际动作的分析有好处,也有利于改善动作。

(一)模特法应用的客观依据

(1)复杂动作可以简单化。人的作业动作多种多样,十分复杂,但是经过仔细分析、详细分解,任何复杂动作都可以拆分为21个基本动作,一般动作就是这些基本动作的组合体。

(2)模特动作是作业动作的基础。因为普通动作由基本动作构成,所以制定模特动作的最佳方式,便可使普通动作容易模仿而得以优化。

(3)不同人的同一动作相差不大。不同人在相似条件下,他们做一样的动作所用的时间几乎相等,最大误差不会高于7%。

(4)人体的各部位的动作有快慢之分,每一部位最快动作的用时与正常速度的用时之比基本相等。

（二）模特法的时间单位

模特法的时间单位是 MOD。它与秒的关系是：1MOD＝0.129s。

该时间单位是这样制定的：人的动作有快慢之分、强度之分、能耗之分，经过人体工程学实验，把人体动作分为若干等级，把一个正常人的最低等级的手指一次动作的时间消耗值，作为它的时间单位，定为 1MOD。其中，最低等级是指速度最快、能量消耗最少。

（三）模特法的特点

（1）模特法的动作分类少，所划分的动作简单，便于记忆，容易使用。

（2）模特法的一个基本动作时间单位定义为：手指移动 2.5cm 所花费的时间。任何别的动作时间都是一个基本动作时间的整数倍，使得时间具有连续性特点。

（3）动作符号与时间值往往合二为一，二者具有相等关系。

（4）模特法简便易学，适用面广，使用效果良好，其使用误差也比较小。①

（四）动作角度的模特法分型

动作角度的模特法分型如表 6.14 所示。

表 6.14　动作角度的模特法分型

在工厂中常见的操作动作	上肢动作（基本动作）	移动动作	移动动作	M1 手指动作	注1、注2：需要注意的动作独：只有在其他动作停止的场合独立进行者往：往复动作，即往复一次回到原来状态
				M2 手腕动作	
				M3 小臂动作	
				M4 大臂动作	
				M5 伸直的手臂	
			反复多次的反射动作	（M1/2，M1，M2，M3）	
		终结动作	摸触动作、抓握动作	G0 碰、接触	
				G1 简单地抓	
				G3（注）复杂地抓	
			放置动作	P0 简单放置	
				P2（注1）较复杂放置	
				P5（注2）组装	

① 易树平.基础工业工程［M］.北京：机械工业出版社，2017.（课件.）

在工厂中常见的操作动作	身体及其他动作	下肢和腰部动作	F3 足踏板动作	注1、注2：需要注意的动作
			W5 走步动作	独：只有在其他动作停止的场合独立进行者
			B17(往)弯体动作	
			S30(往)起身动作	
		附加因素及动作	L1 重量因素	往：往复动作，即往复一次回到原来状态
			E2(独)目视	
			R2(独)校正	
			D3(独)单纯的判断和反应	
			A4(独)按下	

（五）模特法动作研究

模特法动作研究如表 6.15、表 6.16、6.17 所示。

表 6.15　移动动作研究

	解释	位移长度	所费时间
手指的动作	用手指与手掌联结的关节，使得整个手指做出的动作	2.5cm	1MOD
手的动作	用腕关节以前的部分进行的一次动作	5cm	2MOD
小臂的动作	肘关节以前(包括手指、手、手臂)的动作	15cm	3MOD
大臂的动作	在肘运动的同时，整个手臂，包括前臂与后臂所做出的伸展动作	30cm	4MOD
大臂伸直的动作	使得大臂尽可能向各方向伸出，保持直线状态的动作	45cm	5MOD
上臂反射动作	它表示手指、手、小臂和大臂等上臂部位的各种反射动作		1/2MOD 1MOD 2MOD 3MOD

表 6.16　抓取动作动作分析

	说　明	时间
触及动作	它是以手或手指来触碰物体，并没有去抓住物体的动作，一般表现为触、摸、推	0MOD

续表

	说 明	时间
简单的抓	在自然放松的状态下用手或手指抓取物件的动作,在被抓物件的附近没有障碍物,动作自然,无踌躇现象	1MOD
复杂的抓取动作	在抓取目的物使有迟疑现象,或是目的物周围有障碍物;或是目的物比较小,不容易一抓就得,或是目的物易变形、易碎	3MOD

表 6.17 放置、装配动作动作分析

	说 明	时间
无意识的放置	把抓着的物品运送到目的地后,直接放下的动作。它不需要用眼注视周围的情况,放置处也无特殊要求,被放下的物体允许移动或滚动	0MOD
大致位置上的配合	该动作为往目的地放物体的动作,并需要用眼睛看,以决定物体的大致位置	2MOD
放置动作	是将物体准确地放在所规定的位置或进行配合的动作。	5MOD

第八节 标准资料法

一、标准资料法扫描

(一)何为标准资料法

进行完作业测定,研究人员可以获得大量测定数据,把这些数据整理、归类和分析,可以得到关于作业要素的时间数值,这些时间数值是重要的历史资料,将其作为数据库的标准资料储存,在作业标准的设计中,也往往以此标准资料储存为依据。

标准资料法就是借助过去的标准资料,再依据现有的实际情况,适当进行调整,从而设计出新作业的标准时间。

有了标准资料,新作业标准时间的制定就无须从头开始再次测定,直接利用数据库里的资料,作为新作业的标准时间,十分方便有效。新作业作为一个完整作业显得比较复杂,应该将整体新作业细化分解成许多基本要素,在数据库中查找每一基本要素的标准时间,根据实际情况给标准要素加上一定的放宽时间,新作业的标准时间就形成了。

(二)标准资料法本质

(1)用其他作业测定方法获得的时间数据要预定时间标准既相似又不相似。有相似性才有可比性和借鉴性,但两种时间的作业阶次不同:标准资料是作业要素的时间数据,预定时间标准是动素的时间数据。

(2)直接利用性。制定新的时间标准只需直接利用已经测好的标准资料,把查到的标准数据加以合成即可获得新标准,速度快、成本低、容易方便,不必重新测量一遍。

(3)数据资料一致性好。虽然要对测量、记录大量的作业才能整理出标准资料,但是对资料的整理分析的标准是一致的,必然造成数据资料有较高的一致性。

(4)标准资料可靠性及可信度高。标准资料是经过大量数据的测量和分析所形成,符合统计学大样本、随机性的要求,偶然误差基本消除干净,误差很小,因此标准资料可用性强,信得过。

(5)客观性强。对利用标准时间合成的时间不必再评比,人为因素干扰基本消除,保持了强客观性,因而误差较小。

(6)标准资料法并非与其他作业测定方法对立。因为在制订标准资料时,标准资料法与其他作业测定方法并不矛盾,它们彼此相容,彼此弥补,有不少共同之处,甚至同源的。

(三)标准资料法作用

标准资料法主要用于制订和修改工序、制订和修改作业标准时间,为作业调节和改善作业设计提供作业参考依据。具体应用时可以发挥这些作用:制订和修订各种作业宽放率、人员休息宽放率;提供各种操作时间数据,例如手工操作时间数据、设备操作时间数据等。

(四)标准资料法种类

标准资料法可以按照许多标准予以分型,人们往往按照五个标准来分类,即制定和实施范围、内容、综合程度、设备、确定方法来分类,如表 6.18 所示。

表 6.18   标准资料法种类

制定和实施范围	国家标准、行业标准、地方标准和企业标准
内容	(1)作业时间标准资料; (2)辅助时间标准资料; (3)宽放时间标准资料

制定和实施范围	国家标准、行业标准、地方标准和企业标准
综合程度	作业阶次低、对应的标准资料综合程度也就低; 作业阶次高,对应的标准资料综合程度就大
按设备分类	(1)按设备的作用分;　(2)按设备不同类型分; (3)按设备规格分;　(4)按设备制造厂分
确定方法	综合标准资料 分析标准资料

（五）标准资料法的表现

标准资料法反映了作业要素与时间的内在规律,其表现方式必须表达明确、易于理解、便于应用。满足这种条件的表现形式是解析式、图线、表格。

1.解析式

也叫公式表达式,它以标准时间为因变量,以影响标准时间的各种因素为自变量,建立标准时间与影响因素之间的函数关系,反映各变量之间的数量关系,展现了因素之间彼此的联系,用公式表达既简单,又精准,概括性强。

2.图线

它是解析式的直观表现。在坐标系中将解析式画成图线,就能形象反映变量的变化情况,图线形状可以一目了然的表达图线走势,图线也可以用描点法绘出。

3.表格

表格是最常见的统计表,简明扼要的反映事物变化规律,信息浓缩,数值具体,但不够形象直观,变量之间的依存规律不容易看出,不能表达太复杂的变量关系。

（六）标准资料的层次

标准资料依据其综合性程度,是分了层次的,也叫分级。由最基础层,到中间层再到最高层要依次经过五个层次:动作→要素→任务→中间产品→成品。

每一个后面的层次,都是由与其相邻的前一个层次的若干标准资料相加而成,最后的成品标准资料,就是标准资料层层累加的结果。如此便可以全面的,并且分层次地表示出多种多样的标准资料。最基本的动作标准资料一般要经过作业测定才能获得,其他层次资料属于综合性质的,可以一步一步汇总,直到最高级的产品资料。

（七）采用标准资料的注意事项

（1）标准资料不能应用于与获取标准资料的作业有较大差别大的作业。

（2）成本限制。进行标准资料法需要一定投入，人财物的消耗可能不少，成本可能较大，因此要进行成本核算，比较因为采用标准资料法的成本投入与产生的利益大小，只有前者小于后者才值得实施。

（3）受条件和范围限制。标准资料并非另外一种独立方法，它是在其他测定方法基础上建立的，应该满足其他方法的使用条件才可以使用，它源自其他方法，但不代替其他测定方法。

（八）标准资料法的使用过程

标准资料法的使用过程可概括为："分解，查找，宽放，合成"。具体含义为：①将作业分解为各个要素；②从标准资料中查出各个作业要素的时间标准；③给每一个要素标准时间加上一定的宽放时间；④将宽放后的各要素标准时间累加合成，形成新标准时间。

二、机械加工的标准资料时间

（一）准备时间

这里的准备时间是针对机械加工的准备时间，其中的一种准备时间是对所有的机械加工都适用的准备时间，叫作通用准备时间；另一种准备时间是只适合某一种特定加工的准备时间，叫作特有准备时间。把这两种准备时间相加，针对某一种特定加工的总准备时间就被求出来了。

（二）处理时间

处理时间是对具体加工过程的每一个操作的使用时间。结合使用的机械设备，根据具体的操作内容，把动作的固定时间和变动时间相加就是处理时间。

（三）机械加工时间

机械加工的标准时间如表 6.19 所示。

表 6.19　机械加工的标准时间

加工形式	时间	说明
车削时间	$t=\dfrac{l}{ns}=\dfrac{\pi dl}{1000VS}$	t 为切削时间（min）；l 为加工件长度（mm）；s 为每次进刀量（mm/转）；n 为转速（r/s）；d 为工件直径（mm）；v 为切削速度（m/s）

加工形式	时间	说明
钻孔时间	$t = \dfrac{l}{ns} = \dfrac{\pi dl}{1000VS}$	t 为切削时间(min);l 为钻孔长度(mm);d 为直径(mm);n 为转速(r/s);s 为每转进刀量(mm/转);v 为切削速度(m/s)
铣削时间	$t = \dfrac{L}{S} = \dfrac{l + \sqrt{l + (D-h)}}{S}$ $t = \dfrac{L}{S} = \dfrac{l + D}{S}$	t 为切削时间(min);L 为铣的总送刀长度(mm);1 为工件被切削面的长度(mm);h 为进刀深度(mm);D 为刀具直径(mm);S 为铣的送恨刀量(mm/min)
龙门刨	$t = \left(\dfrac{l}{v} + \dfrac{l}{v'} + a \right) \times \dfrac{w}{s}$	t 为切削时间(min);v 为切削速度(m/s);v' 为倒退速度(m/s);a 为因素的行程前后的增加时间(min);w 为加工件的宽度(mm);s 为送刀量(mm/行程)
圆筒磨削	$t = n \dfrac{L}{NS}$	t 为磨削时间(min);L 为工件长度与磨轮宽度之和(mm);S 为工件每转 1 次的磨轮送入量(mm/min);N 为工件每分钟转数(r/min);n 为磨削次数(次/min)

第七章

生产计划和作业计划

第一节　综合计划

与智能制造相关的生产计划包括综合计划、主生产计划和生产作业计划。综合计划是一种中期的整体性计划，它是对资源和需求之间的平衡所做的概括的计划，面向未来较长一段时间。它的制定必须是先调查了解企业资源及生产能力，做好需求预测，分析企业产品、产量、质量、财务等信息资料，然后做出综合性决策。它连接着上层的总体战略和下层的主生产计划，起到承上启下的中间作用，它贯彻总体战略，又指挥协调各项具体计划。综合计划在智能生产中统领主生产计划、生产作业计划，如表 7.1 所示。

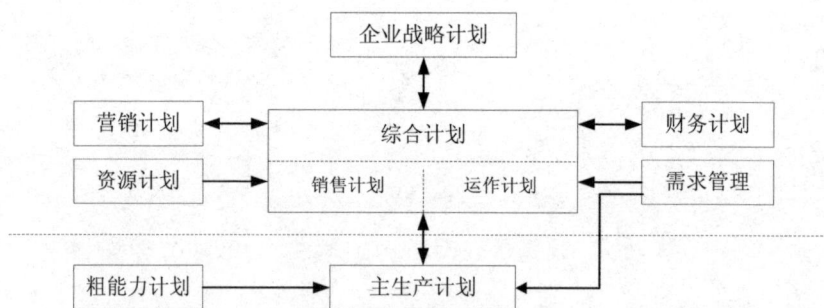

图 7.1　综合计划作用图

把年度经营目标和各种职能计划结合、综合，就可以制订年度综合计划，各企业的综合计划功能大同小异，形式类同，但综合计划内容依据生产类型、企业性质而有所不同。年度综合计划的形成来自对每一项具体计划的制订，并有效组合，达到整体协调平衡。

年度生产计划编制的内容一般分为:制定年度生产计划大纲、编制产品出产进度计划两部分。

一、年度生产计划大纲

年度生产计划是对年度内生产的安排,是年度生产的指导性文件,它具体规定了年内生产的产量、品种、质量等内容。该大纲常常要指明年度内以下四个生产指标。

1.品种指标

该指标是关于产品的品种、型号、规格等的指标。

2.质量指标

该指标是关于生产质量水平、档次的指标。质量指标包括产品质量和生产质量两类,产品质量反映产品质量的高低,其表现形式有技术性能、功能好坏、耐用性、优等品率等;生产质量表达生产制造过程质量情况,其表现形式有生产管理水平、设备功能发挥、技术发挥、返修率、时间利用率等。

3.产量指标

该指标是关于生产产品数量多少的指标,反映了生产规模。它也决定了人财物等各种生产资源使用数量,产量包括成品数量及半成品数量两类。

4.产值指标

该指标是就是用价值反映的产品产量指标,它以货币为媒介表达产量的多少。产值指标包括商品产值、总产值、工业销售产值和工业增加值。

二、年度生产计划的编制

编制年度生产计划的步骤是:市场调查—分析企业生产条件和外部环境—制定各种生产指标,平衡各指标—拟定生产计划,修订生产计划—审核与批准。

年度生产计划编制的基础是做好市场调查,掌握市场需求,这样才能定出切实合理的计划。

生产计划指标的制定是计划的关键,指标的准确和良好的综合平衡,决定了计划的好坏程度。指标编制如图7.2所示。

综合平衡是对各指标的综合与协调,主要是生产任务、生产能力各指标与各种生产条件的平衡协调,使指标值与生产条件相适应,检查发现不协调因素,找到原因,及时修正,获得平衡。具体平衡关系有生产任务与生产能力的平衡、生产任务与劳动力的平衡、生产任务与物料供应的平衡、生产任务与外部协作的平衡,以及生产任务与生产技术准备工作的平衡等。此外,整个生产计划还必须与其他计

```
┌─────────────┐                              ┌─────────────┐
│   生产预测   │                              │   已签合同   │
└─────────────┘                              └─────────────┘
        │                                            │
        └──────────────────┬─────────────────────────┘
                           ▼
┌─────────────┐    ┌─────────────┐    ┌─────────────┐
│ 生产能力状况 │───▶│ 测算总产量指标 │◀───│  利润、成本  │
└─────────────┘    └─────────────┘    │   计划指标   │
                           │          └─────────────┘
                           ▼
┌─────────────┐    ┌─────────────┐    ┌─────────────┐
│ 物料供应和   │───▶│ 测算分品种产量 │◀───│ 新产品开发进度和│
│ 库存状况     │    │    指标       │    │ 生产技术准能力 │
└─────────────┘    └─────────────┘    └─────────────┘
                           │
                           ▼
┌─────────────┐    ┌─────────────┐    ┌─────────────┐
│ 分车间分月   │───▶│ 安排产品     │◀───│ 销售和物料供应│
│ 生产能力状况 │    │ 出产进度计划 │    │ 初步安排     │
└─────────────┘    └─────────────┘    └─────────────┘
                           │
                           ▼
                   ┌─────────────┐
                   │ 确定生产计划 │
                   └─────────────┘
```

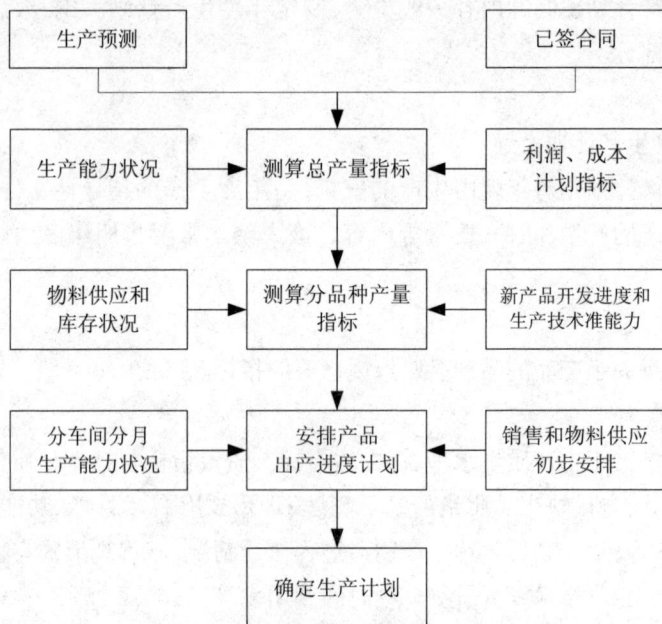

图 7.2　生产计划指标编制图

划指标求得平衡。

有了年度生产计划大纲后,应进一步做好出产进度安排。方法是把全年计划里的各种指标,分配到季度、月、周等时间单位去,作为分段执行指标,使企业有了生产时间进度安排,也作为执行依据。

三、年度生产计划产量指标的制定方法

产量指标的测算方法包括盈亏平衡分析法、边际分析法。

(一)盈亏平衡分析法

盈亏平衡分析法是对生产三大因素,即产量、成本和利润三者关系,在确定盈亏平衡点的基础上制定生产指标。如图 7.3 所示。

总收益与产量及各项成本之间关系如下。

$R = PQ = F + VQ + E$

式中:R——总收益;

　　P——产品单价;

　　Q——产量;

　　F——固定成本;

184

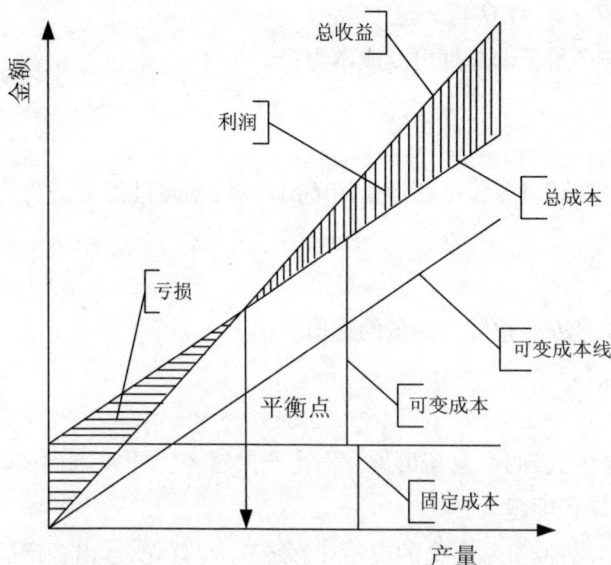

图 7.3　生产盈亏平衡图

　　V——单件可变成本；

　　E——利润。

由以上基本等式可以计算相关指标。

毛益贡献是销售收入减去可变成本后的余额。设 C = 单件毛益贡献（或称边际贡献），

　　$C = P - V$。

单件毛益贡献率是单件毛益贡献在单价中的比率，以 Cr 表示，

　　$$Cr = \frac{P - V}{P} = 1 - \frac{V}{P}。$$

盈亏平衡产量是利润 E 为零时的产量，此时的收益为，

　　$R = PQ = F + VQ$。

整理上式，得盈亏平衡产量为，

　　$$Q* = \frac{F}{P - V} = \frac{F}{C}。$$

在利润为 E 时的产量为，

　　$$Q = \frac{F + E}{P - V} = \frac{F + E}{C}。$$

在一定产量下的利润为，

$$E = (P-V)Q - F = CQ - F。$$

预定利润与产量下的单件可变成本为,

$$V = P - \frac{F+E}{Q}。$$

安全边际是指超过盈亏平衡产量的多出产量,或超过盈亏平衡产值的多出产值,用 G 表示。

$$G = Q - Q*。$$

安全边际率是安全边际与产量的比值。

$$Fr = \frac{G}{Q}。$$

安全边际越大,表明产量超出盈亏平衡产量越多,亏损可能性越小,说明生产越安全,盈利可靠程度越大。

如果生产多品种,盈亏平衡的应用计算步骤为:首先,算出各产品的产值占总产值的比率;其次,以各比率作为权重,按照加权平均法计算单位产值的总毛益贡献率;接着,算出总的盈亏平衡产值;最后,计算出每种产品的盈亏平衡产量。

(二)边际分析法

当生产达到了一定产量,再多生产一个单位产品,所增加的收入叫边际收入,增加的成本叫边际成本,增加的利润叫边际利润,三者之间存在一定关系,如图7.4所示。

$$MR - MC = ME$$

其中,MR——边际收入,MC——边际成本,ME——边际利润。

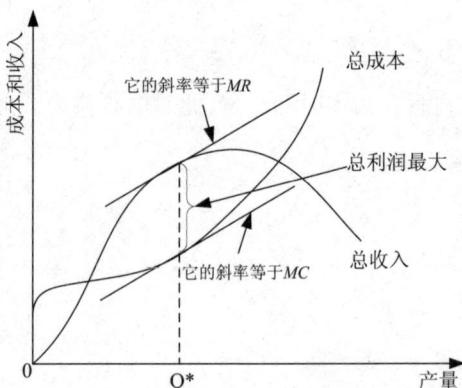

图7.4 边际收入、边际成本、边际利润关系图

当 $MR>MC$，则 $ME>0$，表明每增加单位产量时总利润增加，此时增加产量能获利更多。

当 $MR<MC$，则 $ME<0$，表明每增加单位产量时总利润减少，此时增加产量能减少获利。

当 $MR=MC$，则 $ME=0$，此时企业的总利润达到最大。

四、产品出产进度计划的编制

(一)产品出产进度计划的编制原则

合理科学的产品出产进度计划必须遵守一定原则，否则计划正确性难以保证。

(1)按照轻重缓急循序确保订货合同按时完成。时间紧、数量大、质量高、重要客户的合同要优先保障实施，进度计划要向其倾斜，次要合同可以缓一缓。

(2)生产负荷要综合平衡。在各年、月、日的生产负荷尽量均衡，不要时紧时松，即产量和品种均衡，均衡还包括机时、工时、设备运转的均衡。

(3)生产资源要与生产进度相一致。要所需的原材料、零配件要与生产时间和产量协调一致，使资源既不短缺影响生产，又不过量形成浪费。

(4)各年度计划要前后衔接。确保中长期生产计划的整体性，当年计划是上年度计划的继续，又是下一年度计划的前奏。

(二)产品出产进度计划的编制步骤

1.准备计划编制

做计划编制必须准备大量信息、资料和物资，例如订货合同、成品仓库进货需要量、备件需要量、预测、安全库存量、季节性存货需要量。

2.制定产品出产进度计划草案

对于大批大量生产企业，可将产量均匀地安排到各时期，保持各季度、月份、周的生产任务均匀，设备均衡运转。

对于成批生产企业，注意品种搭配。对于产量较大的生产可以模仿上述大批大量生产的安排方法；对于产量较小的产品最好集中某一段时间生产。

对于单件小批生产，根据订货合同要求安排生产，以按时、保质、保量为原则，并合理利用工时、劳动力。

3.确定资源保障程度

确定企业生产资源能否满足生产需要，资源的数量、质量与生产能力是否匹配，确定供应商对资源对供应保障程度如何。生产资源包括原材料、零配件、能源、劳动力，资金等。

4.确定计划

计划确定是一项综合复杂对工作,需要多部门和人员合作,因为计划设计采购、库存、设计、设备、技术、劳动力、财务等多项职能,所以确定计划要征询其他部门意见,甚至要召开计划讨论会,实施民主决策,该过程需多方讨论、协商,可能比较花费时间及精力。

五、生产计划方法适应性和调整生产能力

现代市场往往是多变市场,而智能化生产面对的就是多变的现代市场,因此智能化生产计划要满足市场需求,因此要具备市场适应性,具有一定的弹性,能够调整。通过营销策略的调整可以顺应市场变化,例如改变销售渠道、价格调整、促销策略改变等;通过生产安排的改变也能适应市场,例如改变工时、调整作业人员数目、增加机器设备等。

一般来说,通过生产安排的改变适应市场变化,主策略是跟踪策略和均匀策略。跟踪策略依据市场需求的变动来改变生产计划的;均匀策略是一种以不变应万变的方法,不管市场如何波动,始终按照均匀的速度进行生产,各季、月、周产量基本一致,实施存货生产。实践中,根据实际情况两种策略往往结合使用,以便起到最佳效果。

生产任务应该小于等于生产能力,如果生产负荷超过生产能力,应该调整生产能力,适应生产任务和交货合同的需要。调整生产能力的方法有:改变劳动力的数量;忙时加班加点,闲时培训;利用半时职工;利用库存调节;转包;改变"自制/外购"的决策。如图 7.5 所示。

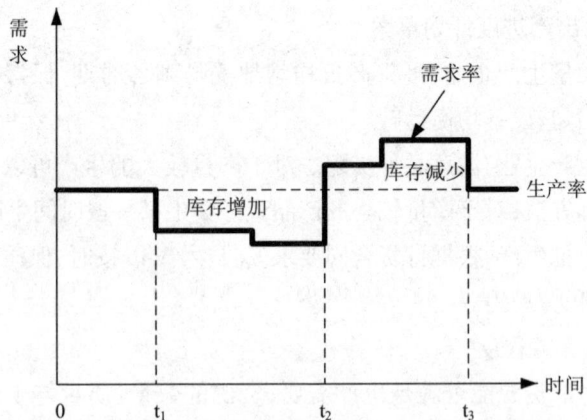

图 7.5 通过改变库存水平来吸收需求波动

(一)运输表法

假定产量、生产成本等有关变量之间的关系是线性的。设想一个简单的生产系统,有三种生产方式,第一种为正常班次时间生产,第二种为加班时间生产,第三种为转包生产;产品可在计划期长度内储存,不允许缺货,该生产系统的综合生产计划模型可表达为:

$$\min Z = \sum_{i=1}^{m} \sum_{j=1}^{n} \sum_{k=1}^{n} c_{ijk} x_{ijk}$$

$$s.t. \sum_{k=1}^{n} x_{ijk} \leqslant p_{ij}$$

$$\sum_{i=1}^{m} \sum_{j=1}^{n} x_{ijk} = D_k$$

$$x_{ijk} \geqslant 0 (i=1,2,\cdots,m;j=1,2,\cdots,n;k=1,2,\cdots,n)$$

式中:

x_{ijk}——第 j 月中使用第 i 种方式生产的产品在第 k 月销售的数量;

c_{ijk}——第 j 月中使用第 i 种方式生产的产品在第 k 月销售产品的单位成本;

p_{ij}——第 j 月中使用第 i 种生产方式的能力;

D_k——第 k 月的需求量。

(二)动态规划法

求生产成本最小的综合生产计划的动态规划模型为:

成本函数 $C(X,I) = A + VX + MI$

递推公式 $f(Ij) = \min\{Cj(Xj,Ij) + fj+1(Ij+Xj+1-Dj)\}$

状态方程 $Ij = Ij-1 + Xj - Dj$

约束条件 $0 \leqslant Xj \leqslant Nj$

$Xj + Ij \geqslant Dj (j=1,2,\cdots,K)$

式中:X——月生产量为决策变量;

I——月库存量为状态变量;

N——生产能力;

D——各月份的需求量;

A——设备一次调整费用;

V——单位产品变动成本;

M——单位产品月存储费。

例:某公司 2009 年 1~6 月 Y 型电动机的需求量分别为 1500 台、1000 台、500 台、2000 台、1000 台、1500 台,共计 7500 台。单位电动机的变动成本为 2000 元,每次设备调整费用为 50000 元,单位电动机每月库存费用为 100 元,一月初和六月末的库存为 0,最大生产能力为每月 2500 台,确定该公司的综合生产计划。

解:生产计划模型如下

成本函数　$C(X, I) = A + VX + MI$

递推公式 $f(Ij) = min\{Cj(Xj, Ij) + fj + 1(Ij + Xj + 1 - Dj)\}$

状态方程 $Ij = Ij - 1 + Xj - Dj (j = 1, 2, 3, \cdots, 6)$

约束条件,能力约束 $0 \leqslant X \leqslant 2500$

一月份约束 $1500 \leqslant X1 + I1 \leqslant 2500$;二月份约束 $1000 \leqslant X2 + I2 \leqslant 3500$

三月份约束 $500 \leqslant X3 + I3 \leqslant 5000$;四月份约束 $2000 \leqslant X4 + I4 \leqslant 4500$

五月份约束 $1000 \leqslant X5 + I5 \leqslant 2500$;六月份约束 $X6 + I6 = 1500$

计算结果如表 7.1 所示,有两个最优解,最低成本为 1560 万元。[1]

表 7.1　需求量与生产进度计划表(台)

	总计	一月	二月	三月	四月	五月	六月
需求量	7500	1500	1000	500	2000	1000	1500
计划一	7500	1500	1500	0	2000	2500	0
计划二	7500	2500	0	2500	0	2500	0

(三)滚动计划法

不稳定的生产环境和条件,要求智能制造企业的计划具有可变性,滚动式计划方法是一种具有灵活性、能够适应市场环境变化的计划方法。如图 7.6 所示。

滚动计划法有两方面优点:

一是计划的严肃性与灵活性有机结合,二是不同计划期之间的衔接性好。

第二节　主生产计划

一、主生产计划概述

(一)主生产计划的概念

主生产计划(Master Production Schedule, MPS)是具体产品的具体生产计划。

---

[1]　吴爱华.生产计划与控制(第 2 版)[M].北京:机械工业出版社,2019.(课件.)

1~6月生产计划					
详细	较详细		较粗略		
1月	2月	3月	4月	5月	6月

本期实际完成

计划与实际差异 → 计划修正因素

计划修正因素		
差异分析	客观条件变化	经营方针调整

2~7月生产计划					
详细	较详细		较粗略		
2月	3月	4月	5月	6月	7月

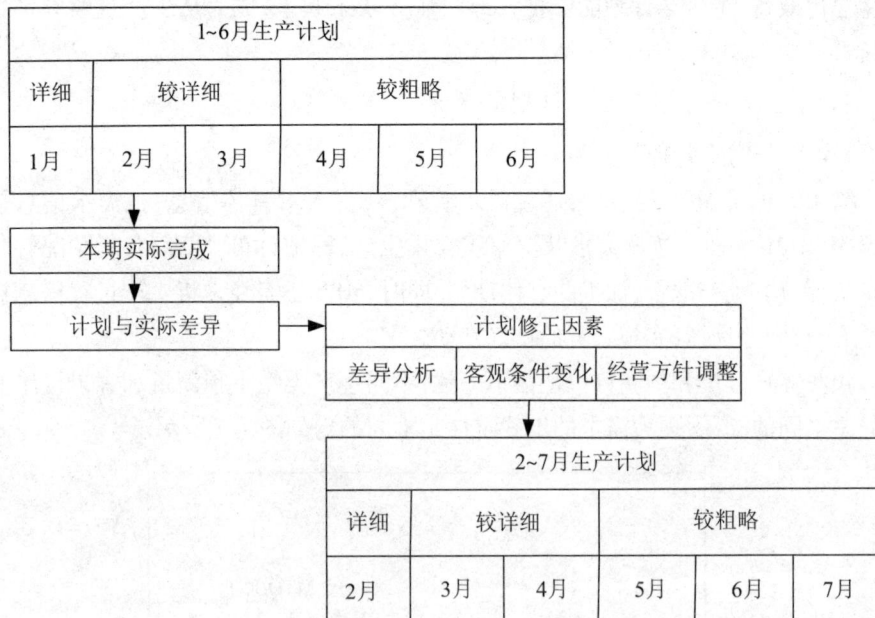

图 7.6 滚动计划图

它明确了每一个规格产品的详细生产安排。它把产品出产进度计划进一步细化,即品种、步骤、流程、操作、时间都细化,使生产过程得以落实,它以最后成品为目标指定今天方案。主生产计连接生产与销售,有了它才能最终完成生产过程。智能生产主生产计划可以把智能生产综合计划转化为可操作的具体过程。

主生产计划要明确确定四个答案:生产什么? 生产多少? 生产时间? 交货时间?

(二)主生产计划的作用

主生产计划的作用有以下几种。

1.纽带作用

主生产计划连接着宏观计划和微观计划,把综合计划分解为操作计划,承上启下的中间过渡作用。

2.协调作用

市场需求和企业制造资源的不一致,可以靠主生产计划加以协调,解决二者之间的矛盾,使制造资源适应市场需求,充分有效地利用资源,使生产顺利进行。

3.融合作用

销售、设计、生产等作业不是彼此独立的,需要横向联系,形成一个整体才能产生总体效益,主生产计划能够把各部门业务联系起来,成为从生产过渡到销售的桥梁。

(三)主生产计划与其他计划的关系

1.MPS 与需求管理的关系

需求管理是 MPS 的基础,通过需求管理,获得需求具体信息,把需求信息提供给 MPS,MPS 即可按照需求状况组织安排生产,即把订单、库存、备货状况转化为排班、采购、生产准备、加工的具体计划,同时,MPS 还需经常将生产过程信息提供给客户,做好反馈,实施二者的良好互动。

预测客户订单和预测订单往往不一致,不同生产类型下预测量和客户订单的差异是不同的,既表现为需求的不确定性是不同的。如图 7.7 所示。

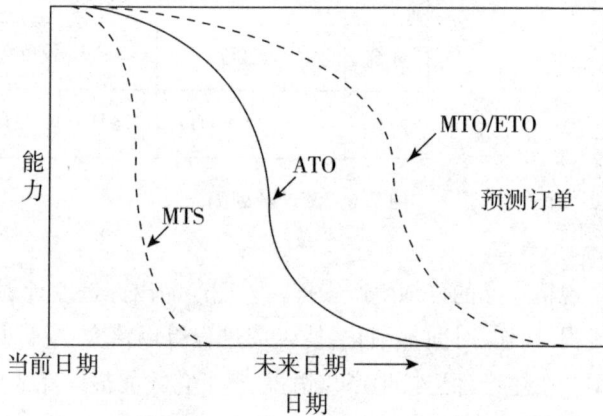

图 7.7 实际订单与预测订单

当处于按库存生产(MTS)情况下,不确定性使成品库存波动,企业需要设置一定的安全库存,以保证自身的服务水平;当处于按单装配(ATO)情况下,不确定因素包括客户需要数量、时间、品种;当处于按单生产(MTO)和按单设计(ETO)情况下,不确定性不是需要的数量、时间,而是需要多少资源。MPS 的关键点是,在不同的需求情况之下,设置怎样的缓冲来缓解因为需求的不确定所造成的影响。

2.MPS 与综合计划的关系

综合计划指导 MPS,在综合计划的基础上,MPS 才能分解综合计划,将其内容加以细化,MPS 是综合计划的具体化,例如对于综合计划的产品,应该细化到品种、规格、型号。

3.MPS 与粗能力计划的关系

可用性资源计划是粗能力计划的计划内容,资源数量及质量制约生产制造,所以粗能力计划要为 MPS 服务,尤其是解决关键的瓶颈资源,MPS 也应该适应资源情况来制定,使生产安排合理,生产效率不断提高。

4.MPS 与物料需求计划的关系

MPS 指导物料需求计划,因为物料需求计划是为生产提供各种物料,它以恰当的数量、品种、规格、质量和时间为生产提供物料。物料需求计划是根据 MPS 来制定,其服务产品以物料清单反映。

5.MPS 与最终装配计划的关系

最终装配计划(Final Assembly Schedule,FAS)是对 MPS 的继续,MPS 只需计划到基本部件这一层次,对于具体装配哪一种规格,就靠 FAS,FAS 将产品装配到最终的产品,这样使得 MPS 比较简单,而 FAS 使产品更多样化,二者互相配合协调。

二、主生产计划的时间参数

(一)计划期

计划期是主生产计划经历的总时间,它比完整的生产周期或累积提前期都大。

(二)时段

时段是对完整计划期的时间分段,通常以一定的时间单作为时段,例如年、季、月、周。划分时段的目的是为了分时段计划、生产,使生产阶段性进行,便于分阶段安排生产,使管理便于分时段进行。

(三)时区

时区是对时段的分区。时区包括:需求时区(时区 1)、计划时区(时区 2)和预测时区(时区 3)。如图 7.8 所示。

需求时区(时区 1):是产品的总装提前期的时间跨度,即产品最终装配的时间跨度。在时区 1 内,订单经过确认并已经下达执行,产品已经进入最后装配阶段。

计划时区(时区 2):是在产品的累计提前期的时间段内,超过需求时区以外的时段,实质上是指产品零部件的采购与加工阶段。

预测时区(时区 3):是在产品总提前期或计划期的时间段内,超过需求时区和计划时区以外的时段,也就是比一个完整的生产周期多出的那部分。

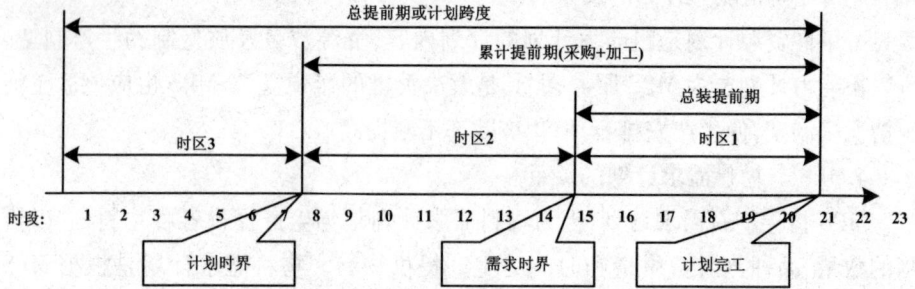

图 7.8 时区与时界

理论上计划编制应该按照上图从完工的右端向左端进行,但是在编制主生产计划时,实际时区分布与上述时区分布是相反的,即编制时区是从左到右依次进行,从左到右的时区分别是时区 1、时区 2 和时区 3。如图 7.9 所示。

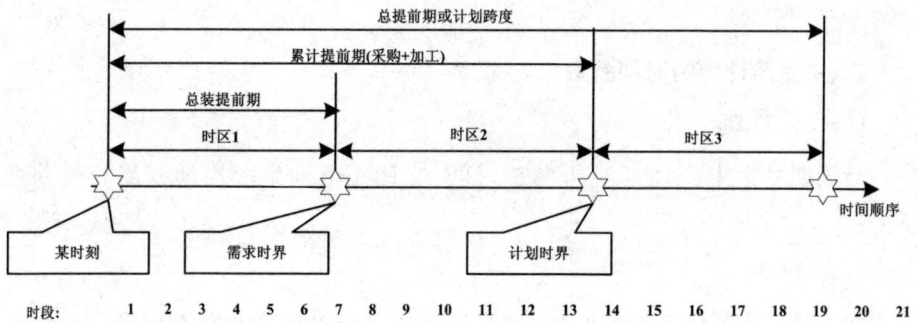

图 7.9 主生产计划的时区分布

(四)时界

时界是时区与时区连接点。它又分为需求时界和计划时界。

需求时界是需求时区和计划时区连接点。在该界限之前,需求量由实际客户订单决定。该时段的计划不能改变,否则,计划变动会带来生产损失。

计划时界是计划时区与预测时区的连接点。在此时界以前的第二时区,需求量是客户订单量和预测量两者之间较大者。该时段计划变动不能自动进行,需人为进行,也可给生产带来一定损失,决策应该慎重。

在计划时界之后的第三时区,需求量取预测量,计划还未正式确认和下达,主要是做好技术准备工作。所以计划允许变动,无代价。计划员即有权进行更改。

三、MPS 的变动

MPS 不是固定不变的,它应该富有弹性,根据生产进展情况可以调整,以便更好地适应新的情况,因此,滚动计划法是有效的计划变动方法。

时区 1:计划明确,十分具体,要求操作性强,要求比较精准,所以该区计划不可改变。

时区 2:该区相对计划比较粗糙,不要求十分准确,有一定的灵活性,可以适当更改。

时区 3:该区计划只具有指导意义,以原则性为主,不能直接操作,修改余地比较大,是滚动计划法的主要修订区域。

每经过一个执行期,计划向前滚动一个周期,根据上一期的实际执行情况,较小幅度修改时区 2 的内容,可以较多修改时区 3 内容,使整体计划更符合实际。在新计划的基础上,再滚动一个周期,然后如法炮制进行修改,这样不断重复,一期一期的滚动下去。

第三节　MPS 的指标和期望标准编制

一、MPS 的指标

MPS 中有若干指标,它们从不同侧面反映计划内容,综合这些指标就可总体反映 MPS 总面貌。在智能工厂中,常见的 MPS 指标如下。

(一)毛需求量

它是指在特定时段的总需求数量。毛需求量是真实的需求量,与各时段对应,各时段有各自的毛需求量。在各时段的毛需求量确定方法是:

在需求时区内,毛需求 = 实际订单量;

在计划时区内,毛需求 = max{预测量,订单量};

在预测市区内,毛需求 = 预测量或者毛需求 = max{预测量,订单量}

(二)计划接收量

它是以计划日期为分界线,之前已经下了订单,之后计划按照订单接收的数量。它是实际接收时段的可用库存量。从可用库存量能够推算出净需求量、预计可用库存量。

（三）预计可用库存量

它是某个时段的期末库存量,减去用于其他用途的已分配量,剩余的值可以用于需求计算的那部分库存量。其计算公式为:

预计可用库存量＝前一时段末的可用库存量＋本时段计划接收量＋计划产出量－本时段毛需求量

（四）净需求量

它是某时段的实际需求数量。净需求反映了还缺多少数量。其计算公式为:

净需求量＝本时段毛需求量－前一时段末的可用库存量－本时段计划接收量＋安全库存量

（五）计划出产量

它是指当需求不能满足,即净需求大于零时,根据设置的批量规则计算得到的应该出产或供应的数量。

计划出产量的确定规则是:

当净需求量小于一个固定批量时,计划出产量＝一个固定批量的数值

当净需求量大于一个固定批量时,计划出产量＝n倍固定批量的数值

如果采用"直接批量"规则,计划出产量＝净需求量。

（六）计划投入量

它是按照计划准备投入的数量,可以从计划产出量、提前期和合格率推算出来。其所在时段比计划出产量的时段早一个提前期。其计算公式为:

计划投入量＝计划出产量＋可能出现的不合格品数量。

（七）可供销售量

它是在某一期间内,物品的出产数量减去订单数量的剩余数,即多出的可供销售的数量。该剩余数可以随时向顾客供应,也是多出的库存。"某一期间"是指连续两次出产该项目的时间间隔。其计算公式为:

对于编制计划期:可供销售量＝前期预计可用库存量＋计划产出量＋（期间）计划接收量之和－（期间）订单量之和

对于其他各期:可供销售量＝计划产出量＋（期间）计划接收量之和－（期间）订单量之和

二、MPS 的期量标准

（一）批量及批量规则

批量是指在成批生产中,一次性购买或投入或出产的各种物料及产品的数

量。与智能作业相关的常用 MPS 批量有：

固定批量——每一批的采购量、投入量、出产量都是一个固定值的批量。

经济批量——使库存费用和订货费用之和为最小的批量，是总成本最低的批量。

直接批量——有多少计划或者有多少实际需求就确定多少的批量。

固定间隔批量——以每一个固定间隔时期的总量为一个需求的批量。

经济间隔期批量——根据经济订货批量计算订货间隔期，从而决定每年订货次数，从批量推出订货次数。

(二)最小总成本法

对于离散型需求，一般的经济批量计算方法不能使用，但是我们可以继续利用经济批量原理，推导出适合于离散型需求的批量确定方法。

根据库存保管费用等于订货费用时，总成本最低。可以制定"经济件期数"(Economic Part Period，EPP)这样一个概念，它能够表明批量组合是否经济。以 EPP 表示经济件期数，其定义和计算为

$$EPP = \frac{订购成本}{单位存货成本}$$

为了达到使库存成本等于订货成本这样一种状况，需要进行试算，把几期需求量组合作为一个批量，计算公式为

$$C = (HX_2 + 2HX_3 + \cdots + kHX_k + 1)$$

式中：C：每次订货成本；H：每期单位库存成本；Xk：第 k 期的需求量；K：期数。

在满足库存成本与订货成本相等时，总成本达到最低。此时

$$EPP = C/H = (X_2 + 2X_3 + \cdots + kX_{k+1})$$

可见，经济件期数 EPP 等于库存数量乘以存货时间。

[例 7.1]某物料的单位价格为 50 元，订购成本是 100 元，库存费用率是 2%，其物料净需求量如表 7.2 所示，请为其做计划期内的订货安排。

表 7.2 某物料的净需求量

周期	1	2	3	4	5	6	7	8	9
净需求量	35	10	20	20	0	20	5	10	30

解：计算经济件期数。

逐期进行合批试算，当库存量与库存时间乘积的累计值最接近 100 时，停止

合批,此时的批量即为成本最小的批量。如表7.3所示。

表7.3　最小总成本法的计算过程

周期	净需求量	库存时间	预定批量	库存量与库存时间的乘积	库存量与库存时间乘积的累计值	备注
1	35	0	35	0	0	
2	10	1	45	10	10	
3	20	2	65	40	50	
4	20	3	85	60	110	停止合批
5	0	0				
6	20	0	20	0	0	
7	5	1	25	5	5	
8	10	2	35	20	25	
9	30	3	65	90	115	停止合批

前4期的需求量合为一批,批量为85,第5至9期的需求量合为一批,批量为65

（三）安全库存

为了保证不因为原材料、半成品的步骤造成停工,也为了能及时满足顾客的需要,不造成断货的现象,企业应该保有一定的库存量。而最小的库存量就是安全库存,也就是在各种最不利的情况发生,供应不及时最严重的时候,也不会造成断货的库存。安全库存可根据以往经验、根据缺货概论及缺货数量,通过数理统计的方法计算出来。

第四节　MPS的计划对象及处理方法

最终产品是最终产品,也是MPS的计划对象,它是根据综合计划细化之后得出来的。不同的环境会有不同的具体出产产品,如表7.4所示。

表 7.4 各种环境下 MPS 计划对象与方法比较

业务环境	计划对象	计划方法	附注
MTS 存货型生产	产品、备件、配件	单层 MPS 计划 BOM	同分销需求 计划 DRP 集成
ATO 订单装配	基本组件、零件、通用件	双层或多层 MPS 计划 BOM 最终装配计划 FAS	
MTO 按单生产	产品	单层 MPS	
ETO 按单设计	产品交货期及主要节点	单层 BOM 关键路线法 CPM	

一、 MTS 下的需求管理及其 MPS 计划对象

存货型生产(Make to Stock or Production to Stock,MTS)的订单分离点在成品库存。顾客需求的满足需要具备足够的库存予以保证,因此要力求使为满足顾客需求的生产与库存水平协调一致。

备货型生产按照事先市场预测量来组织生产,它适合于大批、大量、标准化生产,需要以提前生产,做好库存来应对顾客需求,以库存缓和需求波动。此时 MPS 计划对象是最终成品、备品、备件。

主生产计划的对象应该比综合计划对象更具体、更详细,前者对象是品种、规格、型号的层级,而后者只是产品系列的粗略水平。因此必须把产品系列的预测转化为品种预测,关键是要准确估算产品系列总数量和各品种的数量,求出每一品种数量占总数量的百分比。

二、ATO 下的需求管理及其 MPS 计划对象

订单装配(Assemble to Order,ATO)是企业按照顾客的要求来为顾客提供针对性的装配,订单分离点移动至部件。因此,ATO 下需求管理的关键是依据顾客的具体要求,为其进行个性化组装。

ATO 预测的对象是成品和各种零部件,各种零配件要有足够的库存,以便满足订单装配的需要。订单来自何顾客和交货期都约束 ATO,不太容易进行调整,自由度小。

实践中,通过预测,可以生产并备好一定库存各种通用件和基本组件,当获得

订单后,再根据订单从库存件中选择装配。此时,基本组件+通用件构成了最终产品,该最终产品计划可以通过 BOM 和 MPS 来确定。多层 MPS,是基于模块化计划 BOM 来实现的。

模块化计划 BOM 是将一个产品系列的所有通用件汇总为一个模块,而将其他可选择配置的零部件分别作为单独的模块,然后按照产品的结构层次将它们列出。这种 BOM 列出了一个产品系列的所有可选项。各个可选模块划分为必选、多选一和可选三类。

多层 MPS,就是将 MPS 分为两层或多层,上层 MPS 的处理对象是最终产品,下层 MPS 的处理对象是构成产品系列的各个模块。对于上层 MPS,首先将对产品系列的预测数据输入系统,作为计算下层各模块预测数据的依据。待落实订单后,再编制最终装配计划,安排各种具体型号规格产品的装配和出产;对于下层 MPS,则通过基于模块的计划 BOM 形式,将对产品系列的预测数据,按一定比例计算得到各个构成模块的预测数据,并依此组织生产和采购。

三、MTO 的需求管理及其 MPS 计划对象

对于按单生产(Make to order,MTO)计划,企业完全依照客户要求生产一些标准定型产品,或实行来图加工,企业无法预测,生产品种多、复杂、难度大,企业无法事先备好一定的通用件,只有接到订单后才能组织采购零配件,零时决定加工装配等作业。因此 MTO 的需求管理的关键是依据订单,零时组织原材料和生成。

因为产品是标准的或定型的,产品结构确定,所以主生产计划的对象是产品的最终装配和产出。原材料、零部件的采购和加工,可根据稳定的 BOM 由物料需求计划来控制。

四、ETO 的需求管理及其 MPS 计划对象

对于按单设计(Engineer to order,ETO)环境下,企业除了为顾客生产产品外,还需要按照顾客的需要,为其进行产品设计,设计产品组成成分、功能、形状,企业和顾客要充分沟通,把顾客的要求变成产品方案。因此,需求管理的关键是协调顾客需求与设计、生产的关系。

企业既要把制造能力、设计能力与顾客需要结合,解决它们之间的矛盾;预测内容既有原材料,又有生产能力。企业必须保有一定的库存。与供应商的关系更加紧密,甚至形成战略伙伴关系,当设计有变更,供应商能第一时间供应所需的零配件,供应商能适应企业多变的进货需求。

ETO 需求管理应按照项目管理的方式进行,每一个订单都是一个项目,把项

目分解到主要节点。主生产计划既要确定最后完工日期,又要对各生产节点进行控制。主生产计划内容不但包括最终产品,而且包括各节点应完成的半成品。

所以主生产计划的对象是用户订单要求的最终产品以及各个主要节点所要求完成的工作内容。在这种情况下,客户订单的交货期和各个主要节点都是主生产计划的控制点。

生产系统的计划模式可以用关键路线法。

五、MPS 的编制

MPS 的编制流程的每一步如下。

(一)编制 MPS 初步计划

主要工作内容有收集信息、整理数据,确定计划期,划分时区,计算毛需求、净需求。

(二)制订粗能力计划

(三)评价初步的 MPS

粗能力计划产生后,要经过评价,评定其可行性,检查其缺点何在,并设法改善这个计划。评价应该组成评价组,发扬民主,领导牵头,以专家为主,包括各部门人员。

评价不但要评价总体计划,还要重点评价瓶颈环节、关键环节,比较重要的评价方面是能力、交货期、成本控制、服务、时区。

(四)确认和批准 MPS

六、最终装配计划

最终装配计划(Final Assembly Scheduling,FAS)是生产的最后一道工序,即把所有的已完成的半成品及零部件组合,装配成最终产品。FAS 的成果是已经全部完工的产品,其作业内容有最终装配、测试、包装等。使用 FAS 来控制装配组合的最终产品,可以不必准确地预测最终产品的配置,而仅根据用户订单对成品装配的要求,来制定短期的生产计划。MPS 负责基本部件的计划,而装配过程计划由FAS 接任。

FAS 的计划对象总是最终产品。对那些不受主生产计划控制,但又为总装所必需的部件组装或者采购活动,也由 FAS 进行计划和控制。

实施 FAS,要同时考虑客户所下的订单、MPS、零件库存量、装配能力等四种因素,进行综合平衡。①

第五节　生产作业计划

一、生产作业计划层级

生产作业计划应该与车间的生产组织结构相适应。车间的生产组织形式有对象专业化工作中心和工艺专业化工作中心两种形式,如图 7.10 所示。

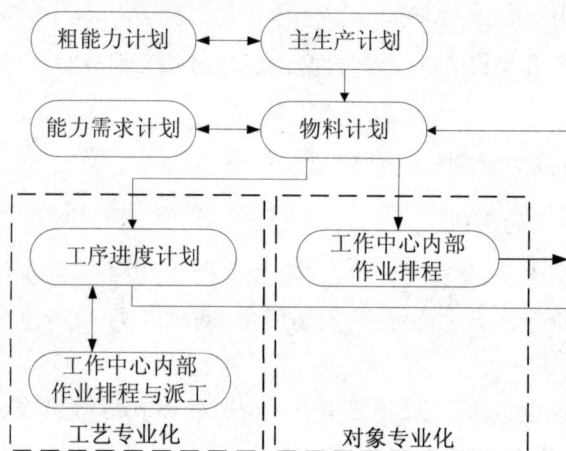

图 7.10　生产作业计划的层次

制定生产作业计划的应该努力实现:保证生产加工过程的顺利进行,保证按时完成生产任务,节约生产成本,消除时间上的浪费,减少在制品数量,减少加工中的库存,缩短流程,缩短等待次数和等待时间,加快生产物料速度,减少故障率,充分提高资源的使用效率,提高劳动生产率。

二、生产作业计划

生产作业计划规定了生产作业的具体实施过程和方法,具有很强的操作性,规定上表现的十分明确,也非常细致。从产品上看,详细确定了质量、规格、品种、数量;从操作部门看,具体规定了车间、工段、班组、个人;从设备上看,对成套设

---

① 吴爱华.生产计划与控制(第2版)[M].北京:机械工业出版社,2019.(课件.)

备、组合设备、单台设备、辅助设备都有十分具体的规定;从时间上看,细化了年、季度、月、周、日、小时,这些种种的细化工作有利于生产过程有条不紊地顺利进行。

(一)流水生产作业计划

1.流水生产的特点

流水生产适合于生产大量的同种产品,具有稳定性、连续性特点,生产过程快速高效,产量和质量可以得到保障。设计科学合理的流水线是流水生产成功的核心问题,要确定流水线上各工作站点的位置,设计每一站点的能力以及最大负荷,安排好作业顺序,计算确定合适的生产节拍。

2.大量流水生产的期量标准

期量标准是对生产规定的一些标准,体现在对生产的数量、质量、时间给予的标准化规定。生产作业计划的编制务必要以期量标准为根据,使得生产作业计划更科学、先进、可行,确保作业过程实现生产的均衡,也保证了生产控制的有效性。期量标准的意义很大,它是科学高效组织生产的必不可少的标准。大量流水生产的期量标准有节拍、标准工作指示表、在制品定额等。

(1)节拍

节拍反映了连续出产两件相同制品的时间间隔,它是流水线生产的一项重要期量标准。单一产品生产流水线的节拍 R 计算公式为:

R=计划期有效工作时间(Fe)/计划期内计划产量(Q)

多对象流水生产的一种类型是可变流水线,此流水线以一定的间隔期,成批的生产不同种产品,每一间隔期只生产一种产品,一种产品的生产完成后再转向生产另一种产品。多对象流水生产的另一种类型是混合流水线,此流水线上可以同时生产多种不同类型产品,实现混合生产。这种混合生产是把不同的产品按照一定的比例进行搭配,依照一定的生产顺序安排,形成各个产品组,使得各个产品组在流水线上按照规定的顺序进行连续生产。

我们可以用如下的方法来确定可变流水线节拍。

①代表产品换算法。

代表产品换算法的实现,首先应选择一种有普遍代表意义的典型产品作为标准产品,此类产品被选择的标准是产量高、消耗大、制造复杂、技术和工艺比较具有代表性,求出其他产品劳动量与代表产品的劳动量比例;然后以这种比例关系把别种产品的的产量换算为代表产品的产量;最后按照根据每一种产品换算后的产量确定每一种产品的节拍。

②劳动量比例分配法。

劳动量比例分配法的实现,首先是计算出不同产品的劳动量比例;然后把总的有效工作时间乘以比例关系,得出每一种产品分得的有效工作时间;最后按照每一种产品的有效工作时间以及产量,求得每一种产品的节拍。

确定混合流水线节拍的方法是:分好产品组,以产品组为单位计算组节拍,计算公式为:组节拍 = 有效作业时间 ÷ 组数。

(2)流水线标准工作计划

流水线标准工作计划是一种工作标准图,该图对每一个工作地的工作方法以制度形式明确下来,以便认真遵守执行。应做好如下三项。

①确定时间跨度 R。流水线的生产应该做到节奏性强,每一道工序的作业量、作业时间、效率要保持一定的比例关系,实现平衡生产,为了达到这一目的,建立时间跨度很有必要,在同一个时间跨度里每道工序的产量应该相等。

②计算工作站在时间跨度的工作时间。可以用下列公式计算:

某工作站在时间跨度的工作时间＝时间跨度 × 某工作站的负荷系数

③计算工作站时间跨度产量。可以用下列公式计算:

某工作站时间跨度产量＝某工作站的计划工作时间/某工序单件时间

把计算出的看管周期产量填入标准工作指示图表。

(3)在制品占用量定额

在制品占用量定额是指在一定的时间、地点及生产技术条件下,为了确保生产能稳定、连续、均衡地进行,所需要的在制品占用量定额时,对每一条生产线,应确定哪一种在制品的占用量是主要占用量;其计算应结合批次,结合指示图,分零件计算,按零件所在地汇总;生产计划部门负责该指标的制定后,各作业部门应进行估价,核定本部门对该指标的占用量,将指标分解到各车间、班组直至个人,将指标落到各环节;在制品占用量定额经科学制定并合法化后,各部门应严格执行,并应根据实际情况的改变而预以适当调整。

3.编制流水生产作业计划

编制流水生产作业计划应该分别从工厂级和车间级两个层次展开编制。

站在工厂级的作业编制。要先编制年度生产计划,然后分解编制季度生产作业计划,再到月生产作业计划编制。要注意统筹兼顾,把总生产作业目标和任务合理分配给各车间,做到各作业车间按照科学比例进行协调生产,编制时强调各作业车间在任务难度、产量、数量、进度、资源的利用互相协调,避免忙闲不均,避免比例失调,这样才能最大限度提高工厂级的整体生产效率。车间的作业组织方法决定了季度生产计划被分配到车间的方法。假如车间以产品专业化形式组织生产,则要搞清楚每一车间的生产能力、负荷、设备情况、作业条件,然后把季度作业计划直接分配到各车间;假如车间以工艺专业化形式组织生产,就应该按照工艺流程的相反顺序,从最末工序的车间,一级一级地向前工序车间计算每一车间的投入产出,从后往前分配车间任务。

站在车间级的作业编制。它是把分得的车间作业任务再行分配到车间内每一个部门、工段、小组、岗位直到每一个员工,这就需要做的小范围的统筹优化。

(二)编制成批生产作业计划

成批生产作业计划的编制要运用一些专业术语,或者说专业指标,所谓生产作业计划编制就是要在生产计划中设计专业指标的具体取值。这些专业指标包括:生产批量、生产间隔期、生产周期、生产提前期、在制品占用量定额。其中计算过程按照工艺过程反顺序计算,因为出产提前期不仅与生产周期有关,还与批量、生产间隔期有关。

编制成批生产作业计划的方法如下。

1.厂级生产作业计划的编制

厂级生产作业计划要重点做好每一个车间的投入产出安排,尤其要做好每一个车间的进度、时间、产量、资源安排。与大量生产不同,成批生产的任务往往具有可变性,其计划编制不能采用大量生产所应用的在制品定额法编制法,它以最终产品的出厂期为起点,按照产品生产工序的相反顺序,一级一级的倒退计算每一个工艺的提前期,把提前期与产量之间的内在联系找到,最终从提前期计算出每一道工序的投入量及产量。

2.车间内部生产作业计划的编制

车间内部生产作业计划是对工厂级生产作业计划的进一步落实,其计划更加细致、具体,措施的操作性极强,也非常有利于控制。其任务分解过程是按照如下顺序逐步分解:厂级生产作业计划→零件任务→工序任务→作业场所→作业个人。车间内部生产作业计划编制后,务必做好人财物的准备工作,加强组织实施,把计划变成执行力。成批生产的可变性大,稳定性差,订单的不确定性高,车间的零件加工任务众多,工艺路线各不相同,这些特点造成成批车间内部生产作业计划的编制,比起流水生产的车间内部生产作业计划的编制困难。因此,需将其分解为不同的层次进行计划与控制。一般分解为三个层次:作业进度计划、作业短期分配和作业的进度控制。

(三)编制单件小批量生产作业计划

单件小批量生产与大量生产和产品生产有巨大的差别。单件小批量生产的显著特点是产量很小,甚至只生产一件,生产的针对性极强,每一次生产都是按照顾客的独特需要来进行,各次生产有很大差异,表现在产品的品种、规格、数量、质量差别较大,同时表现在生产流程、工艺、技术、组织的不一样,每一次生产往往都是满足顾客的特殊要求企业所生产的产品的品种多,很难使用机械化程度高的生产设备,生产专业性不高,生产可变因素多,不可能做到像大量生产或成批生产那样的稳定,以通用设备进行多种生产,每一工作岗位可能实施多种作业,生产效率可能不高,生产成本偏高。因为单件小批量生产可调节性强,富有灵活性,对顾客需求的应变性不错,所以在激励的生产竞争中能很好地适应环境。

典型的单件小批生产的期量标准是生产周期、总日历进度计划。其中,总日历进度计划是针对多次订货所做出的总体时间规划。在编制总日历进度计划时,首先应该预测、计算顾客的订货数量及时间;接着据此规划生产作业,重点是生产作业进度;最后是依据作业进度和任务的繁重程度来分配设备的负荷,做到设备负荷的均衡协调。在智能制造实践中,生产周期进度表、网络规划技术常常被用于编制单件小批量生产作业计划。

三、作业排序

(一)作业排序实质

通常,我们把"n 项加工任务,在 m 个加工单位进行作业"的表述,定义为作业排序,也称为 $m×n$ 排序。

在流水作业的情况下,每一个加工任务都有完全一致的工艺顺序,因此 n 项加工任务的总排序方案数是 $n!$ 个;在非流水作业的情况下,每一个加工任务工艺顺序可能不相同,因此 n 项加工任务的总排序方案数是 $(n!)m$ 个。

有许多因素都可以影响生产作业排序。例如,原材料是集中、成批还是逐渐到达工作地点能影响排序;此外,设备功能与数量、操作人员素质与数量、生产任务转移方式、流水方式、车间的单件式或混合式,都足以影响作业排序。

(二)排序规则

1.FCFS(先到先服务)

按照先来后到的顺序,依次进行加工,类似于人的排队购物。

2.SPT(最短作业时间)

最先加工作业时间最短的作业,其次加工作业时间第二短的作业,然后是第三短的作业,所需时间越长的作业越是放在后面加工。

3.EDD(最早交货期)

按照交货期的先后顺序来加工,越是早交货的加工越是应该优先进行,越是不急于交货的加工越是可以适当推迟进行。

4.ESD(最早开始日期)

越是开始日期早的作业越应该优先进行。

5.STR(剩余松弛时间)

交货期前的剩余时间与剩余的加工时间只差便是剩余松弛时间。越是剩余松弛时间短的作业越应该早进行。

6.STR/OP(每个作业的剩余松弛时间)

STR/OP=交货期前的剩余时间-剩余的加工时间。

7.CR(关键比率)

用交货日期减去当前日期的差值,再除以剩余的工作日数就是关键比率。关键比率最小的订单优先执行。

8.QR(排队比率)

用计划中剩余的松弛时间除以计划中剩余的排队时间就是排队比率。排队比率最小的订单优先执行。

9.LCFS(后到先服务)

(三) 作业排序方法

1.n 个作业的单机排序问题(n/1)

对 n 项任务在单台机器上的排序问题的评价一般选择平均流程时间最小或最大延期量最小。

[例7.2]5 个客户提供了他们的订单。详细的作业排序数据及规则如表7.5~表7.10 所示。公司必须决定 5 个订单的加工顺序。

表7.5 作业排序数据

作业(按到达顺序)	加工时间/天	交货日期(从现在起天数)/天
A	3	5
B	4	6
C	2	7
D	6	9
E	1	2

表 7.6　FCFS 规则

作业顺序	加工时间/天	交货日期/天	流程时间/天				
			开始时间	+	加工时间	=	完成时间
A	3	5	0	+	3	=	3
B	4	6	3	+	4	=	7
C	2	7	7	+	2	=	9
D	6	9	9	+	6	=	15
E	1	2	15	+	1	=	16

总流程时间=全部作业的加工时间+全部作业的等待时间=3 天+7 天+9 天+15 天+16 天
=50 天
平均流程时间=总流程时间/作业数=50 天/5=10.0 天
平均作业数=总流程时间/总加工时间=50 天/(3+4+2+6+1)天=3.1 个(或批)

表 7.7　SPT 规则

作业顺序	加工时间/天	交货日期/天	流程时间/天
E	1	2	0+1=1
C	2	7	1+2=3
A	3	5	3+3=6
B	4	6	6+4=10
D	6	9	10+6=16

总流程时间=1 天+3 天+6 天+10 天+16 天=36 天
平均流程时间=36 天/5=7.2 天

表 7.8　EDD 规则

作业顺序	加工时间/天	交货日期/天	流程时间/天
E	1	2	0+1=1
A	3	5	1+3=4
B	4	6	4+4=8
C	2	7	8+2=10
D	6	9	10+6=16

总流程时间=1 天+4 天+8 天+10 天+16 天=39 天
平均流程时间=39 天/5=7.8 天

表 7.9 LCFS 规则

作业顺序	加工时间/天	交货日期/天	流程时间/天
E	1	2	0+1=1
D	6	9	1+6=7
C	2	7	7+2=9
B	4	6	9+4=13
A	3	5	13+3=16

总流程时间=46 天

平均流程时间=46 天/5=9.2 天

平均延迟=4.0 天

表 7.10 STR 规则

作业顺序	加工时间/天	交货日期/天	流程时间/天
E	1	2	0+1=1
A	3	5	1+3=4
B	4	6	4+4=8
D	6	9	8+6=14
C	2	7	14+2=16

总流程时间=43 天

平均流程时间=43 天/5=8.6 天

平均延迟=3.2 天

2.n 个作业的双机排序(n/2)

(1)流水型排序法

约翰逊法排序步骤:列出全部作业及其在各个工作中心的时间——选取时间最短的作业,如果最短时间在第一个工作中心,就将该作业排在第一位,如果在第二个工作中心,则将其排在序列的最后一位——消除这项作业及其时间,进行下一步的考虑——重复第二、第三步,直到所有作业都已进入序列。

(2)非流水型排序法

杰克逊法计算步骤如下。

第一步,将任务进行分类。对 n 项任务,将在机器 M1 或机器 M2 上的加工划分为以下四类集合:

{M1}:只有一个工序,在机器 M1 上作业的工件集合。

{M2}:只有一个工序,在机器 M2 上作业的工件集合。

{M1,M2}:第一工序在机器 M1 上加工,第二工序在机器 M2 上加工的工件集合。

{M2,M1}:第一工序在机器 M2 上加工,第二工序在机器 M1 上加工的工件集合。

第二步,按约翰逊算法,对{M1,M2}和{M2,M1}分别排序。由于{M1}和{M2}与所需总时间的大小与排序先后并无关系,可以任意排序。

第三步,按下列规则排序

机器 1:{M1,M2},{M1},{M2,M1}

机器 2:{M2,M1},{M2},{M1,M2}

[例 7.3]某冲模工厂有 10 项工作需通过两个工作中心(钻机和车床)的操作,各项工作的操作时间如下表所示,为这组工作进行排序,使总完成时间最短。如表 7.11 所示。

表 7.11　各项工作的操作时间(单位:h)

工作	加工顺序	工作中心 1(钻机)	工作中心 2(车床)
A	−	2	−
B		3	−
C	−	−	3
D		−	2
E	先 1 后 2	8	4
F	先 1 后 2	10	7
G	先 1 后 2	5	8
H	先 2 后 1	7	12
I	先 2 后 1	5	6
J	先 2 后 1	9	4

解:(1)对任务按加工设备进行分类。

{A,B}:只有一个工序,在机器工作中心 1 上作业的工件集合;

{C,D}:只有一个工序,在机器工作中心 2 上作业的工件集合;

{E,F,G}:第一工序在机器 M1 上加工,第二工序在机器 M2 上加工的工件集合;

{H,I,J}：第一工序在机器 M2 上加工，第二工序在机器 M1 上加工的工件集合。

（2）分别对各类集合进行排序。

①对单机作业进行排序。

工作中心 1（钻机）上的单机作业 A 加工时间为 2，B 加工时间为 3，按照 SPT 规则，两项作业的加工顺序为 A-B。工作中心 2（钻机）上的单机作业 C 加工时间为 3，D 加工时间为 2，按照 SPT 规则，两项作业的加工顺序为 D-C。

②对双机作业进行排序。

按约翰逊算法，对 E、F、G 工作进行排序：

工作 E 在工作中心 2 上的加工时间 4 为最短工时，排到最后；

F、G 工作中最短工时 5 为工作 G 在工作中心 1 上的加工时间，排到第 1 位；

可得到{E,F,G}的排产顺序应为：G-F-E。

同理，可得{H,I,J}的排产顺序应为：I-H-J。

（3）分别在工作中心 1 和工作中心 2 上进行作业排序。

按照杰克逊规则排序，可得这 10 项工作的排序顺序为：

工作中心 1（钻机）：{G,F,E}，{A,B}，{I,H,J}

工作中心 2（车床）：{I,H,J}，{D,C}，{G,F,E}

（4）按各工作中心的加工顺序列出加工时间表，按此表计算出整批工件通过时间为 49h。如表 7.12、图 7.11 所示。

表 7.12　工作中心各时间

工作	工作中心 1（钻机）		
	加工时间	工序开始时间	工序结束时间
G	5	0	5
F	10	5	15
E	8	15	23
A	2	23	25
B	3	25	28
I	5	28	33
H	7	33	40
J	9	40	49

工作	工作中心 2（钻机）		
	加工时间	工序开始时间	工序结束时间
I	6	0	6
H	12	6	18
J	4	18	22
D	2	22	24
C	3	24	27
G	8	27	35
F	7	35	42
E	4	42	46

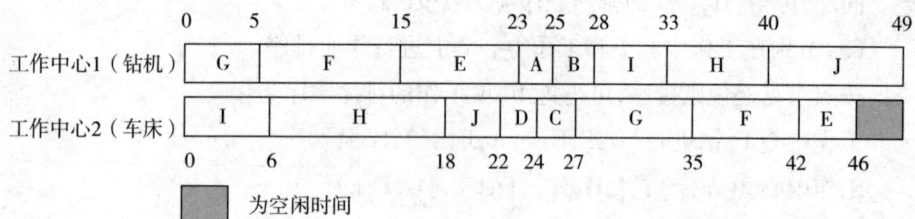

图 7.11 各工作中心作业时间与空闲时间分布图

3.三台机器上 n 项作业的排序(n/3)

对于流水型排序法,约贝规则求解条件:

机器 1 上的作业最小操作时间至少等于机器 2 上作业的最大操作时间。

机器 3 上的作业最小操作时间至少等于机器 2 上作业的最大操作时间。

求解的方法是:

假设两台机器 G、H 代替这三台机器;

零件在假想机器 G 上的操作时间为机器 1 与机器 2 上操作时间之和;

在假想机器 H 上的操作时间为机器 2 与机器 3 上操作时间之和;

将问题就转化为了对 G、H 两台假想机器的作业排序问题,运用约贝法则求解。

[例 7.4]有四项作业 A、B、C、D,需经过三台机器的加工,它们在各机器上的操作时间如表 7.13 所示,试决定它们的作业顺序。

表 7.13　各作业在各机器上的操作时间（单位：h）

作业	机器 1，T1	机器 2，T2	机器 3，T3
A	13	5	9
B	5	3	7
C	6	4	5
D	7	2	6

解：从表中可看出，前面提到的两个条件均满足，因此可假想两台机器 G、H 代替这三台机器，其操作时间如表 7.14 所示。

表 7.14　假想机器 G、H 的操作时间（单位：h）

作业	机器 G，T1+T2	机器 H，T2+T3
A	18	14
B	8	10
C	10	9
D	9	8

运用约贝规则，可得作业顺序为：B—A—C—D。

第六节　生产作业控制

一、生产作业控制概述

（一）生产作业控制的概念和意义

1.概念

生产作业控制是指对具体生产作业过程的控制，即对作业计划执行的控制，包括所有操作都在控制之中。

2.意义

采集现场作业数据。实时观察和收集业控制，可以保证生产作业计划有效实施，纠正错误的、违背作业计划的操作，及时发现错误并更正，确保生产目标实现，确保满足顾客的需求，提高生产效率，增加生产经济效益。因为智能化生产要求作业的精准性，所以智能制造的生产作业控制显得极为重要。

（二）生产作业控制的内容

现场作业数据，获得第一手生产资料。

（1）对比、分析采集的数据与生产作业计划。通过对比可以发现计划的执行情况，重点找到二者不吻合大的操作，分析形成原因。

（2）及时纠正。采取调度措施进行调整，使操作回归正常。

（3）确认和保持良好的结果。确认结果正常后，应予以一定的手段保持良好结果。

（三）生产控制模式

1.推动式控制

该种控制模式依据生产作业计划，有计划的下达指令，向生产各环节分配任务，对各环节予以控制。推动式控制是集中控制，是把主生产计划分解为作业计划的各个细部，由前端向后端推动执行，把集中控制的指令，以零配件和物料形式，分解依次推向每一个工序环节，不必考虑实际工序实际状况，它可以保证每一个工序环节作业效率，增加产出，提高设备使用效率。不过可能会增加中间库存，产能与流程不太匹配，经济效益不会很好。

2.拉动式控制

该种控制以"看板"为生产物料信息传递工具，每一个后道工序，把自己需要的原材料品种、规格和数量，以看板的方式向前一道工序索取物料，前一道工序按照看板信息内容向后一道工序提供原材料或半成品。该种控制消除了浪费，避免了过多库存和过量生产。

3.输入输出控制模式

通过控制企业的输入/输出，可以控制好生产过程。其思路为：首先控制好工作中心前的任务等待时间，从而控制好每一个环节流水时间，最后控制好整个生产周期。该模式要按照工作中心的能力，控制好对工作环节的输入量，把生产水平和在制品量控制在合理水平。具体做法是将等待投放的任务先放置在一个车间前端的任务池内，以一定规则和速度投放资源，使生产能力与资源投放匹配，避免投放不足影响效率发挥，或者投放过量造成生产拥堵。

在工艺专业化的车间，在制品占用量＝平均日产量×平均生产周期。当在制品数量达到某某一值时，平均日产量增长变慢，而平均生产周期持续增长，把制品数量调整到最佳值，可以使各工作中心的负荷平衡。订单在进入车间之前会排队等候，生产提前期是车间内的时间加上等待进入车间的时间。必须限制进入车间的订单数量，以缩减订单进入车间的等待时间。

二、作业分配

作业分配之前应该做好一切准备工作，然后正式进行分配。这两个部分分别包含更具体的内容。

(一)准备工作

准备是为正式的工作分配服务的，无准备则无分配，准备的具体工作为以下内容。

(1)技术准备。准备好所有的技术资料文件，这些资料来自顾客、技术标准、生产能力，并且把技术资料分发给各工序作业人员，做好协调沟通。

(2)物料准备。生产各环节需要的物料要事先备齐，把所需的物料从库存中挑选、配齐，以便分配给各作业环节。所准备的物料下发的方式可以是发料或领料两种不同方式，这取决于生产方式的不同，例如在 MRP 生产模式下，常常用发料方式，按照计划发料；如果采用 JIT 生产方式则使用领料方式，依照本道工序的需要量向上一道工序领料。

(3)人员和设备准备。组织人员和设备硬件是生产顺利进行的保障。

(二)形成作业指令

一切准备就绪后，就可以根据作业计划的安排形成各个生产作业指令，予以下发。作业指令往往以派工单的形式表现，派工单上表明了各种具体作业信息，作为操作员执行的依据，它表明了做什么、怎样做、作业时间等内容，派工单也是检查、控制的依据。派工单的不同形式有投入出产日历进度表、加工路线单、单工序工票、工作班任务报告、班组生产记录和传票卡等。

(三)作业指令分配

应根据不同的生产作业方式采用不同的指令分配方式。

对于大量大批生产的各工序，应实施标准指令派工。因为每一工序、每一操作员工作内容比较固定，操作重复，操作 标准化，所以可以用标准指令来下发。

对于成批生产的各工序，应实施定期指令派工法。根据每一批产生时段的划分，对每一时段分别派发作业指令。要考虑加工进度和设备的负荷，在派工时要同时编制零件加工进度计划和设备负荷进度计划。

对于单件小批量生产的各工序，应实施临时指令派工法。因为该生产方式复杂多样，不定因素多，各单件和生产程序相差大，难以做到标准派工和定期派工，所以应该根据每一特定的单件生产来零时派工。

三、生产进度控制

生产进度控制指对执行中的生产作业的节奏、快慢实施控制,保证生产速度的合适,确保生产时间和完工时间符合要求,具体来说就是从原材料及零部件的投入、出产的数量和时间方面,检查其与作业计划是否相符,对误差部分予以调整,使实际生产进度与计划相一致。

(一)生产进度控制的方法

对于先进的智能化作业,常见的生产进度控制方法有调度板法、图表控制法、条形图法和投入产出日历进度表法。

1.调度板法

调度板法就是用调度板作为控制工具对作业进度进行控制,调度板也叫任务分配板。该方法适合于是单件小批生产的进度控制,因为单件小批生产各有特点,差别很大,不能按照事先计划控制,只能根据短期生产计划和设备实际负荷,借助调度板,给每一台设备安排生产任务。如图 7.12 所示。

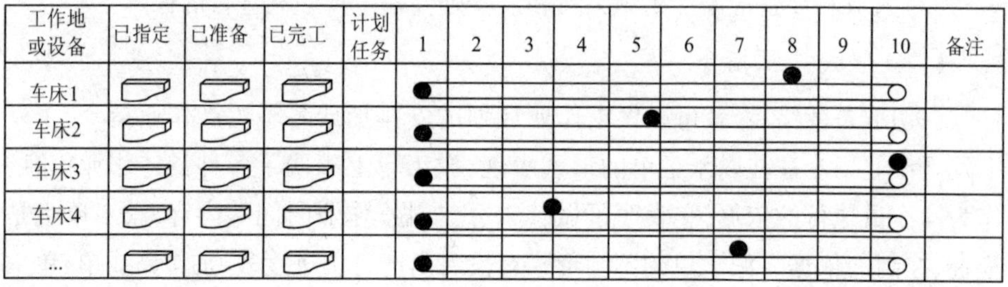

图 7.12　调度板

2.图表控制法

生产进度控制既可以用表格也可以用坐标图曲线来控制。

用表格控制时,应该把各日期的计划产量和实际产量罗列出来,这样就可以通过对比,看出二者的差异有多大,所列出的产量有日产量和累计产量,当误差达到一定程度时就有必要采取调整手段予以纠正。如表 7.15 所示。

表 7.15　生产进度控制表

日期		1	2	3	4	5	6	7	8	9	10
计划	日产量	50	50	50	50	50	50	50	50	50	50
	累计	50	100	150	200	250	300	350	400	450	500

续表

日期		1	2	3	4	5	6	7	8	9	10
实际	日产量	40	30	30	25	35	60	55	70	45	60
	累计	40	70	100	125	160	220	275	345	390	450

用坐标图控制时,以横轴表示日期,纵轴表示产量,把生产进度控制表的数值描点在直角坐标系里,用光滑曲线或折线连接,就能分别描绘出计划产量线和实际产量线,很直观地看出两种线不重合程度的大小,如果两线分离程度足够大,就有必要采取纠正措施。该图只反映同一日期生产数量的差异,无法反映进度日期上的差异。如图 7.13 所示。

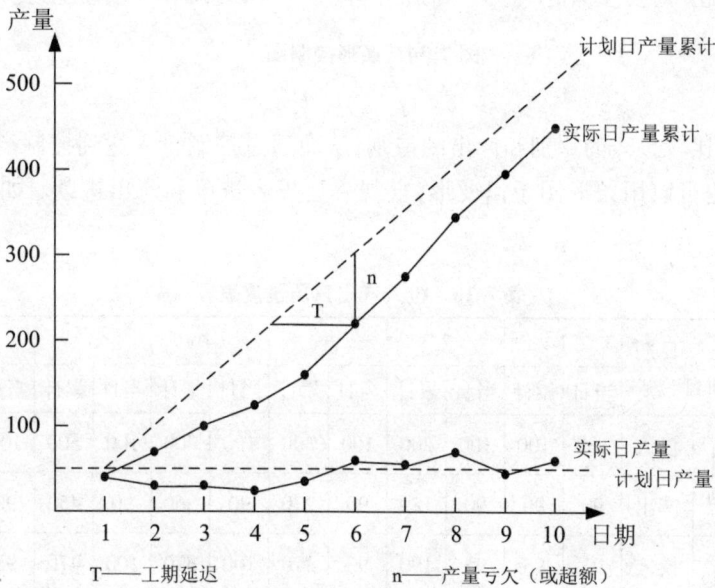

图 7.13 坐标系控制图

3.条形图控制法

以条形的长度表示进度,条形起点为开始日期,终点为进行到的最后日期,同时画出计划条形和实际进展条形,就可以比较二者有多大差异,从而为进度调整提供参考。此法也很直观形象,能同时比较多种产品产品的进度。不过,它不能表示生产数量的差异,只反映时间差异。如图 7.14 所示。

4.投入产出日历进度表控制法

此方法从计划和实际生产两个方面,分别对每天的投入与产出列表表示出

产品名称		车间	各制造阶段的期限				完成日期及进度
	日月 项目		铸造	锻造	机加工	装配	一月 / 二月 / 三月（上中下）
xx产品	计划	投入	3/1	8/1	18/1	16/2	
		产出	22/1	8/2	15/2	15/3	
	实际	投入	5/1	10/1	18/1	19/2	
		产出	25/1	10/2	15/2	20/3	

铸造车间　锻造车间　机加工车间　装配车间　实际进度

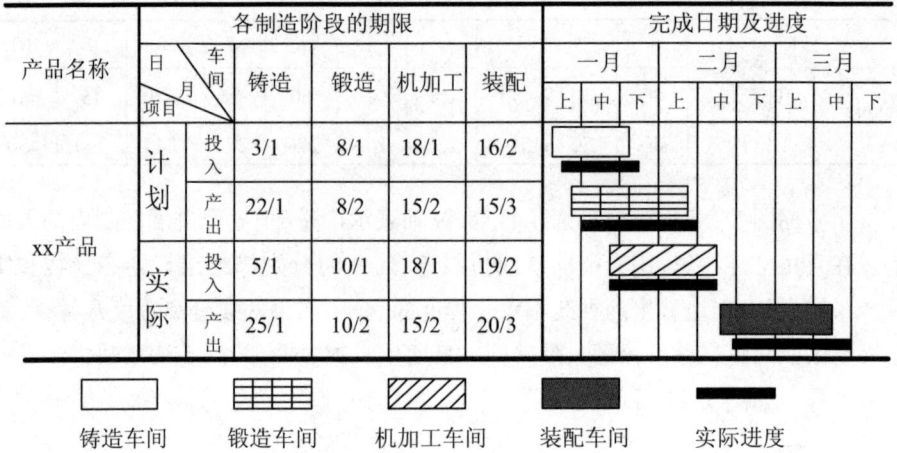

图 7.14　条形控制图

来,便可以比较投入的差别和产出的差别,从而通过控制投入达到控制产出的作用。该图也可以用条形图予以变形,直观表达投入进度和产出进度。如表 7.16 所示。

表 7.16　投入产出日历进度表

零件编号	日期 项目		1		2		3		4		5		6	
			当日	累计	当日	累计	当日	累计	当日	累计	当日	累计	当日	累计
xxxx	计划	投入	100	100	100	200	100	300	100	400	100	500	100	600
		产出	90	90	90	180	90	270	90	360	90	450	90	540
	实际	投入	95	95	95	190	90	270	100	370	100	470	95	565
		产出	85	85	85	170	80	250	90	340	100	440	85	525

零件编号	日期	1	2	3	4	5	6
	数量	100	200	300	400	500	600
xxxx	投入 计划						
	投入 实际						
	产出 计划						
	产出 实际						

（三）生产均衡控制

为了经济高效地生产,应确保生产过程的均衡,不但要按时按量完成最后生产任务,而且要求各时段、各环节也应该按照计划完成,在中间工序不能过于超前造成等待,也不能过于滞后形成积压,实施匀速生产,不赶工不待工。所以进度控制应着眼于每一工序的均衡控制,而并非只对最后结果的控制。事实上,做好了均衡控制,最终结果控制自然也就做好了。这就是所谓过程决定结果。如图7.15、图7.16所示。

（四）生产成套性控制

对于组装式生产,必须生产出各种必需的零配件,然后再进行最终产品的装配,因此要求各零配件的产出应该按比例进行,产出速度也要配套,有多快、有的慢会造成各零配件产出速度不协调,使有的部件要赶工而有的部件要等待。因此应该做好各零部件的成套性控制,做好整体进度控制。生产成套性控制以甘特图方式,对各种零部件进度进行条形表示,便于比较各零部件进度情况,做的整体配套性控制。如表7.17所示。

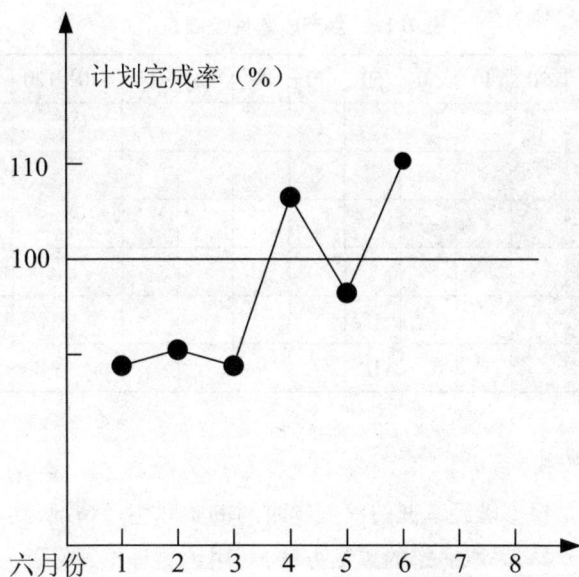

图 7.15　实际完成率控制图

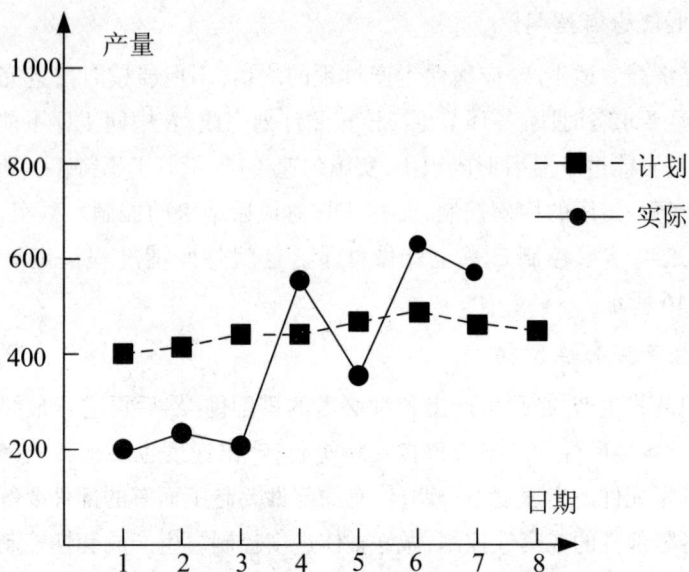

图 7.16　计划产量与实际产量

表 7.17　生产成套性控制表

数量	10	20	30	40	50	60	70	80	90	100	110	120	130	140	150
床头箱			E				C						A		
进给箱															
手轮															
中心架															
刀架															
尾架				F		D						B			

（五）生产预测

生产预测就是根据已经掌握的前一段时间的实际生产情况,比较实际生产与计划生产之间的差异,采取一定的损测方法,利用预测理论,对后一段时间的生产情况予以预测,以便根据预测结果与计划生产之间的差异,采用一定的调控手段,对生产予以控制。常常采用差额推算法和相关推算法。

1.差额推算法

该方法要测量出已经完成的实际产量或产值,依据未来条件的变化,推算出以后时间的产量或产值。此法适合于产量或产值的生产预测。

2.回归推算法

把预测指标作为因变量,找到因变量与哪些影响因素有关,影响因素看成自变量。根据已经完成的根生产数据,测算因变量与影响因素的相关系数,并建立回归预测方程,检验回归方程的可靠度,验证通过后,把下一阶段的因素值代入回归方程,推算出因变量的预测值,一般以一定的置信水平区间预测。

四、在制品控制

在制品是还没有最后完工,尚不能作为最终产成品出售的处于生产中间过程的制品。在制品广泛存在于各工序、各环节中。在制品分为毛坯、半成品和车间在制品。

(一)车间内在制品流转和占用量的控制

1.大量生产条件下的控制。各工序关系固定、稳定,且连接紧密,在制品按须序有规律地从前道工序向后道工序流动,节奏性强。控制方法主要是采用产量报告表和在制品台账来控制,使在制品流转有序,占有量适当。

2.成批或单件生产条件下的控制。产品品种规格可变,数量也常变化,生产条件复杂。控制方法是结合工序来控制,采用加工路线单、单工序工票、台账等工具来控制,同时要进行作业核算,比较在制品实际占用量和在制品定额之间的差异,分析原因,并调整实际占有量使它与定额尽量一致。

(二)半成品流转和占用量的控制

半成品控制主要方法是:建立半成品管控制度,并严格执行,对半成品有一系列的入库、出库、验收、交接、传递、保管具体规定。用凭证、台账和报表作为管理工具。对半成品要定期或不定期实施检查,做好库存盘点工作,随时掌握库存半成品数量状况,尽量做到账实相符,账目清楚。

五、生产调度

(一)生产调度内容

生产调度是在生产过程中对正在进行的作业实施现场调控,其内容十分丰富,包括:

(1)检查生产作业计划执行情况,检查了解在制品在各个工艺阶段的投入、出产进度和工序进度,及时解决发现的问题;

(2)检查、督促有关部门及时做好各项生产准备工作,保证生产作业计划的正

常实施;

（3）与有关部门紧密配合,合理调配各生产要素,保证各生产环节协调地工作;

（4）检查和了解生产设备的运行和利用情况,协助和督促各生产单位合理利用生产设备,做好设备的维护、保养和计划检修工作,以保证生产的正常、安全地进行;

（5）配合运输部门根据生产需要做好调度运输工作,使得生产企业内外部物流畅通,保证生产顺利进行;

（6）组织好厂级和车间的生产调度会议,协调生产进度,组织并检查督促有关部门限期完成;

（7）对生产情况进行统计分析。

（二）生产调度机构

1.厂级调度机构

建立总调度室,负责全厂的生产调度工作,总调度室调度员分工一般有三种形式。

（1）按产品分工,负责一种或几种产品的全部调度工作,其优点在于可以按照产品的生产过程统筹安排各种产品的生产调度,缺点在于容易形成对车间的多头管理,主要适用于单件、小批或成批生产的产品;

（2）按车间分工,负责一个车间的调度工作,全面掌握一个车间所有的生产。优点在于能够对车间的生产进行统筹安排,缺点在于无法掌握全部产品的生产过程,容易使生产前后脱节,一般应用于品种比较稳定的成批生产或品种较少的大量大批产品生产企业;

（3）条块结合,即分工时可以按产品为主兼顾车间或按车间为主兼顾产品。优点在于每个车间都有专人负责,同时产品生产的各个环节都能兼顾,是一种较为灵活的分工形式,适用于生产多品种产品的企业。

2.车间、工段调度机构设置

车间内的调度机构,一般不单独设立,而是和生产作业计划编制工作结合在一起,一般称为计划调度组,设置计划调度员。

（三）生产调度方法

1.调查研究

调度人员要深入企业实际,随时掌握生产情况,分析与研究现状,并能够预测未来发展的趋势,找出问题根源所在,能够迅速地采取措施加以解决。

2.召开各级调度会议

各级调度机构应召开调度会议,对所产生的问题进行分析与研究,统一意见与处理方法,迅速且准确应对问题。

3.加强日常检查

为了保证原定计划的顺利完成,要对出产量和各工序的完工情况进行核算与监督,在这个过程中,调度员可以利用台账和各种形式的图表来核算实际的工作量;对在制品积存量和半成品储备量进行核算监督;对生产准备工作进行核算监督;运用生产进度控制、在制品占用量控制等方法进行有效控制。

(四)生产调度工作制度

1.调度会议制度

由企业调度部门召开,是上下进行沟通,横向进行联系的一种手段,同时它起到集思广益,统一调度的作用。

2.调度值班制度

各级调度机构应做到只要有生产就要有调度值班,在值班期间要做好检查,及时处理出现的问题,并做好调度值班记录,严格实行交接班制度。

3.调度报告制度

为了使各级调度机构能够及时掌握生产实际情况,企业的各级调度机构要把每日值班调度的记录上报给上级调度机构和有关领导。

4.现场调度制度

对于某些突发的、紧急的问题,调度人员组织相关的技术人员、管理人员和工人,在现场共同研究协商解决问题的制度。

5.班前、班后小组会议制度

班前小组会布置任务,调度生产进度;班后小组会检查生产作业计划完成情况,总结本班生产的经验和教训。

第八章

制造质量工程管理

第一节　生产制造质量管理基础工作

一、质量管理的基础工作内容

智能制造工程往往就是质量工程,制造质量工程管理首先要做好基础管理工作,为其他质量管理工程打下良好的基础,这些基础工作包括质量标准化工作、计量工作、质量信息工作、质量责任制和质量教育工作。

（一）质量标准化工作

质量标准是一种关于质量工作和结果的标准化文件,这些标准是经过经验总结、理论推导和专家研讨后,经过公认机构认证,在企业统一执行的标准。质量标准包括技术标准、管理标准和工作标准,它们是分别针对不同领域制定的标准。

标准化工作是制定标准的工作,它依据各种工作性质,把工作涉及的操作、问题的处理予以规范化,并固定下来,以便今后能重复运用。

标准化应有一个固定的实施过程,将标准正确有力地推广实施,它包括制定标准、发布标准、实施标准三个步骤,前后彼此衔接成为一个完整的过程。

（二）计量工作

计量是标准管理的基础,它采用一定的计量工具,对生产制造过程中的各种数据和参数予以测量,获得真实准确的信息,从而掌握过程的进展情况,以便能发现问题,监督过程,为采取相应措施提供参考依据。没有计量就没有准确信息,没有准确信息就没有决策依据。所以,计量务必及时准确,计量仪器要精度符合要求,确保管理的精准性、科学性。计量包括测试、化验、分析和检测等工作。

（三）质量信息工作

质量信息工作是指在生产制造和产品使用的全过程中,采用信息获取的方法及技术,收集与制造和产品质量有关的各种信息,并对信息进行加工、处理、储存,以便管理决策能够参考。信息应该以数据、图表、图像、视频等方式展现给人。

（四）质量责任制

质量责任制就是将质量责任落实到各部门、个人,每个部门及人员要承担与其工作内容相一致的质量责任。质量责任应该与质量权力相等,即责任与权力一致。

（五）质量教育工作

好的质量管理最终还是要靠高素质的人,因此做好质量教育是根本,以提高人的思想认识和质量管理技术。质量教育包括质量的意识、知识、技术教育。

二、质量管理的成本分析

质量管理的成本分析,它分析质量的投入和产出关系,寻求最佳的质量效益,从而获得理想的经济回报。质量经济效益的计算公式为:

质量经济效益=质量活动总收益-质量活动总支出

（一）质量成本组成

质量成本是为了确保满意的质量而产生的费用,以及没有得到满意质量而造成的损失。质量成本包括运行成本、外部质量保证成本两部分,其中运行成本是内部生产制造和管理所产生的成本,它又分为预防成本、鉴定成本、内部故障成本和外部故障成本,外部质量保证成本是在企业之外为了获得适当质量水平而产生的成本。

质量成本的产生符合冰山理论,少部分的成本是可以明确看出来并计算出来的,就像一座冰山露在水面外的部分,但只是小部分,还有很大一部分成本是隐藏不露的,就像冰山在水面下的部分。

（二）质量成本分析

质量成本的计算公式为:

质量总成本=（预防成本+鉴定成本）+（内部故障成本+外部故障成本）

由图8.1可知,随着质量水平的提高,"预防成本+鉴定成本"逐渐增加,而"内部故障成本+外部故障成本"下降,它们的总和,即质量总成本是先降后升,形成一条类似抛物线的线,最低点表示总成本最低,此时对应的质量水平是最佳水平。

这说明,一开始提高产品合格率有利于降低质量总成本,当总成本降到最低后还进一步提高合格率,总成本反而会增加。所以,生产制造应该确定产品合格率的最佳水平,而不是追求产品合格率越高越好。

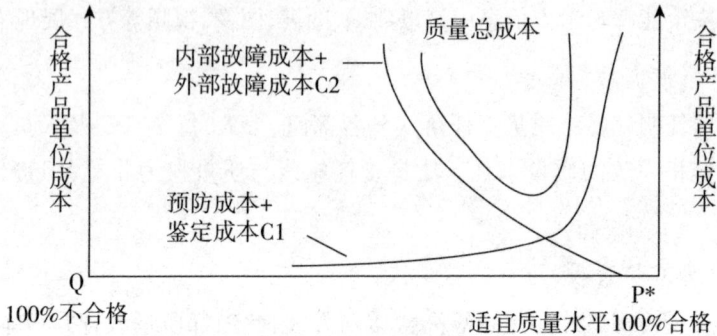

图 8.1　质量成本曲线

总成本抛物线大致可以划分为三个区段。

抛物线左半部分:属于质量成本改进区,损失成本大于 70%,预防成本小于10%,应提高质量水平。

抛物线右半部分:属于质量成本过剩区,损失成本小于 40%,鉴定成本大于50%,应重新审查标准或放宽检验方案。

抛物线底部附近部分:属于质量成本控制区,损失成本约等于 50%,预防成本约等于 10%,应提高质量水平,主要是做好控制。

三、顾客满意度

顾客是一个广义的概念,它包括受制造和产品影响的所有内部顾客、外部顾客和顾客供应商。内部顾客是下一道工序的接受部门,外部顾客是产品的最后接受者,顾客供应商是顾客的上游供应者。

满意度是一种心理体验。顾客事先对产品有一个心理预期值,在实际使用过产品后,如果其体验值未达到预期值,则感觉不满意;如果达到预期值则满意;如果大于预期值则十分满意。偏离预期值越多则满意或不满意的程度越大。

不满意的顾客会产生抱怨,如果抱怨得不到解决,就会抛弃企业,不可能第二次购买该企业产品;如果顾客多次满意,将有可能成为企业的忠诚顾客。

质量管理的要义就是追求提高顾客的满意度。满意度定义为顾客感受到所得到的益处与其期望值之比,反映满意程度的大小。

四、质量信息管理

智能生产是以信息为基础的生产,质量信息是产品制造和使用全过程所形成的与质量有关的各种信息,这些信息以文字、图线、图像、表格等方式展示给信息利用者。

从狭义角度看,质量信息是产品生命周期的完整信息,例如,设计、工艺、操作、物料、物流、品质、耐用性、返修率等。

从广义角度看,质量信息除了包括狭义角度的信息,还包括市场信息、顾客信息、销售信息、供应链信息等外部信息。

质量信息管理是对各种质量信息的收集、加工、处理、储存、运用的管理。随着时代的发展变化,信息管理技术越来越进步,质量信息管理大致经历了三个不同阶段,具体内容如表 8.1 所示。

表 8.1 质量信息管理三个阶段

质量信息管理阶段	内容	特点	针对对象
质量检验	对不合格品计数	内容及范围单一	产品
统计质量控制	对信息进行数学加工和统计分析	手工管理,数学工具	制造过程
全面质量管理	数理统计分析、计算机和自动化技术	复杂化、系统化、电子化	产品、制造过程、外部关系、供应链

优良的智能制造质量信息管理要借助质量信息系统。质量信息系统是一种管理信息系统,它是 IT 技术、网络技术、通信技术、计算机技术的统一系统,能够让质量信息在企业内部进行上下、横向、斜向的流通,能够确保企业内外部的信息沟通,保证各部门快速、方便地获取所需的准确信息,为企业决策提供良好的信息支持。信息系统需要建立和维护,其带来的经济效益往往超过信息系统本身所花费的成本。

五、质量改进

质量改进指的是改善质量工作,提升战略管理水平,让质量过程与结果更好地满足顾客的需要。

质量改进起始于顾客的需要,企业掌握了顾客的期望后,根据自身的条件,结合对未来的预测,有计划地组织实施质量改进工作。实施改进可以通过 PDCA 循环法、QC 小组法、质量委员会进行。

PDCA 循环法也叫戴明环法。它认为一个完整的质量改进要经过一个先后的四步骤循环：

计划 P——制订质量改进计划。这是在调查研究的基础上进行的,计划内容由顾客需求、企业现状、客观条件和未来趋势决定,要做到切实可行,又能达到目标。

实施 D——执行计划,将计划变成行动。

检查 C——对实施结果进行检查,发现成功与不足,找到原因,形成经验和教训。

处理 A——对遗留问题实施处理,准备为下一个循环做好安排。

PDCA 循环的每一个步骤里面往往还包含次一级的 PDCA 循环,即大循环套小循环,环环相扣。每经过一个循环,战略管理水平应该上一个台阶,不断循环。质量管理水平节节攀升,循环往复,永无止境。如图 8.2~8.3 所示。

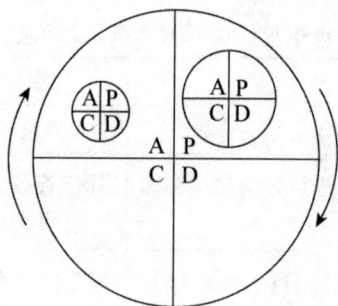

图 8.2　PDCA 循环

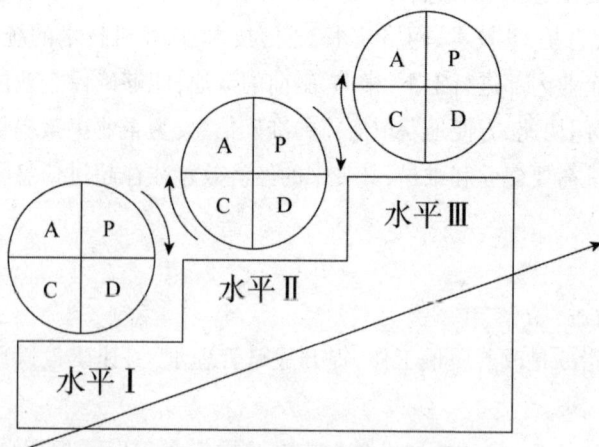

图 8.3　质量不断攀升的 PDCA 循环

QC 小组是一种质量改进小组,依靠的是群策群力,每一个人积极为质量改善工作出谋划策,并努力工作。这种自觉的行为提高了员工改善质量的积极性、创造性。

质量委员会是质量改进的领导机构,它依靠专家权威和领导力量,推动、协调、指导质量改进工作,它所起的基本作用是:制定质量改进方针;提供质量改进的后勤保障,确保资源供应;协调各 QC 小组的行为与关系;制定质量改进薪酬制度、奖罚制度;评估质量改进工作,实施奖惩。

六、供应商质量管理

供应商质量管理就是针对供应商提供的产品,采用质量控制手段,运营质量控制工具,利用质量控制理论,控制供应商质量行为,确保其产品质量的形成过程符合质量要求,保证其供应过程满足顾客需求,使其所供应的产品质量和供应行为质量不断提高。

供应商质量管理应该做好如下三大内容。

1.建立供应商质量管理体系

这是管理的基础,管理过程也将在这个体系框架内进行。

2.建立供应商管理机制

机制也是管理模式、制度、办法,为管理提供了具体应对办法,机制应力求严谨完善,也应具有一定的弹性。机制应包括质量先期策划和生产件批准程序。

质量先期策划是在产品质量形成以前对质量的策划。它要对产品开发、设计、制造、反馈和评定五个阶段实施策划,在事先就识别质量问题,并进行解决,防止以后出现质量大问题。这是一种未雨绸缪的策划,是质量前期控制。

生产件批准程序是对符合生产条件的生产予以批准的程序,其目的是保证只有确实能满足顾客质量需要的生产才可以开工,从而生产出满意质量的产品,它规定了开工的必备要求,要求供应商正确理解顾客的要求,有持续满足这些要求的潜在能力。

3.对供应商供应过程实施质量管理

采用传统和现代质量控制工具,对供应商的每一供应行为实施管理。

供应商质量管理的内容十分丰富,具体包括以下方面。

(1)建立供应商质量管理体系。

(2)建立供应商实施管理的有效机制。这里包括质量先期策划和生产件批准程序。

(3)供应商过程质量管理。此时可以利用质量管理的各种工具,做好统计控制,运用测量系统分析。

(4)对供应商进行开发和提升。寻找发掘有潜力的供应商,并予以联合,建立供求关系。要全力辅助供应商提高质量能力,实施供求双方共赢策略。

(5)对供应商不断进行改进。比较有效的实施工具是 PDCA 循环法。

选对供应商是最基本的供应商管理,为此就要对供应商的能力进行评估,通常是检查供应商的供应能力,检验其产品质量、质量形成过程,考查其历史,调查其资信状况、资金情况,检验其合作态度,对它进行整体评价。

七、建设质量文化

企业质量文化是指企业和社会在长期的生产经营中自然形成的一系列有关质量问题的意识、规范的价值取向、行为准则、思维方式以及风俗习惯。

质量文化从内到外分为三层,分别是意识层、制度层和形象层。意识层居于中央,是文化的核心,它是关于企业的价值观、思想、理念,统领其他层次;制度层是关于企业的各项规章制度,以规定的方式反映价值观;形象层是展现企业价值的外在表现,其形象也受制度层的约束,具有直观性。

质量文化的内容大体上包括精神文化、制度文化、行为文化、物质文化。其中,精神文化属于意识层,制度文化属于制度层,行为文化和物质文化属于形象层。

质量文化是企业文化的组成部分,是企业文化在质量工程里的表现,其特点有以下几种。

(1)客观性。它是质量工程过程的客观反映,产生于客观实践。

(2)社会性。质量文化受社会的影响,它是社会要求的反映。

(3)时代性。质量文化具有与时俱进的特点,它紧跟时代发展步伐来改变自己的内容。

(4)继承性。它继承了过去的一些企业传统,是对优秀文化遗产的发扬光大。

质量文化在智能制造中具有自己的功能,表现为以下方面。

(1)凝聚功能。它凝聚人心,具有团结的力量。

(2)激励功能。它能激发员工努力实现质量目标,调动员工的主动性、积极性和创造性。

(3)规范功能。它约束员工行为,规范各种质量工作,提高工作成效。

(4)反馈功能。它反馈员工质量工作的好坏,为改善工作提供了可能。

八、建立、运行和改善质量管理体系

(一)质量管理体系的建立

质量管理体系是质量管理的总体架构,质量管理遵循这样的逻辑:以ISO 9000：2000 族标准为建设目标,构建质量管理体系,获得优秀的质量工作和产品,最终满足顾客的需求。建立质量管理体系是智能化工厂的客观要求。

质量管理体系包括如下方面内容:体系的理论依据;对产品的要求;体系的运转方法;各种具体质量活动方法;不同层次管理者发挥的作用;质量标准文件;质量管理体系评价;持续改进;统计方法;质量管理体系与其他管理体系的关系;质量管理体系与优秀模式之间的关系。

质量管理体系构建应该遵守以下步骤:策划准备→体系的总体设计→落实质量责任与所需资源→体系文件的编制→体系的试运行和完善。

(1)策划准备:以最高的企业领导为统领,思考要建立怎样的质量管理体系,明确建立体系的意义,然后组建体系的建设班子,制订体系建设计划,做好人力、物力和财力准备。

(2)体系的总体设计:首先是明确体系建设的原则。这些原则有全面质量管理,发挥各级领导的作用,注重实际效果,持续改进。其次是确定体系设计的任务。这些内容有制定质量方针和质量目标,分析原有体系状况,设计体系总体框架,确定体系运行过程。

(3)落实质量责任与所需资源:把质量责任分解,落实到部门和人;分配各种资源,实施资源的保障性,这些资源有原材料、能源、资金、人才。

(4)体系文件的编制:体系需要一系列的文件来描述和规范,文件具有指导意义,包括原则、方法、方针、措施,是体系运行的指南,它使体系运作有章法,有依据。

体系文件根据其所处的企业的不同层次,有不同的体系文件。处于公司上层的是《质量手册》,它依据质量方针和质量目标来编写,比较笼统、宏观,具有质量统领作用;处于公司中层的是《质量程序》,它写明了不同部门之间的质量关系,质量工作展开的程序和方法,是对《质量手册》的展开;处于公司下层的是《作业指导书》,它详细写明了质量工作的操作,面向生产一线的实际操作者。

(5)体系的试运行和完善:所制定的质量管理体系需要试运行,以检验它的有效性、可操作性如何,如果有不合适的地方,必须加以改正,使体系更完善,运作更加顺利流畅。试运行可以在某些部门进行,需要一定的时间,成功后再加以推广。

试运行要加强培训工作,对各级各类管理人员进行质量培训。

（二）质量管理体系的运行

质量管理体系的运行把质量文件变成了实际执行,也是对质量方针、原则、政策的贯彻。运行包括试运行和正式运行。不论是哪一种运行,都涉及的共同工作是发布与宣讲、组织协调、质量监控、信息管理。其中,试运行还必须发现错误、查找原因、分析错误、给予调整。在正式运行,并稳定一段时间后,企业就可以申请质量认证。

（三）质量管理体系的改进

在改进质量管理体系之前,应该对已有的质量管理体系进行评价。评价应该做好三个方面的工作:内部审核、管理评审和自我评估。

内部审核是指企业内部自己进行审核,其目的是检查组织的质量管理活动及相关结果是否符合既定的计划,即体系的复合性与有效性。

管理评审是指由最高管理者对质量管理体系的适应性、充分性和有效性进行正式评价。

自我评估是指由最高管理者进行的关于质量管理体系成熟度能力方面的评价。

根据评价结果,企业就可以对质量管理体系进行改进,这种改进应该在不断地评价基础上,持续不断地进行,永无止境。改进一般有突破性改进和渐进性改进。

突破性改进是激烈性改进,大刀阔斧,力求一次改进到位,震动较大,改进比较彻底,但风险较大。

渐进性改进是一步一步地改进,比较平缓,容易取得成功。

对质量管理体系的改进,应从几个方向进行。

(1)质量管理体系与其他体系融合,使企业总体系更完善。

(2)没有最好,只有更好,质量管理体系应该永不停止地改善。

(3)质量管理体系体现企业文化,形成鲜明的质量文化。

(4)把质量管理摆在企业管理最前沿,力图将各种先进管理理念融入其中。

(5)质量管理做到信息化、智能化、网络化,质量管理是智能科技应用的主战场。

九、质量管理体系认证

搞好质量管理体系认证既是提升战略管理水平,做到管理标准化、规范化的需要,也是获得市场认可,提高市场知名度的需要。在现代经济全球化的大背景下,为了取得市场的信任,为了获得公正、公平和科学的认证结果,企业应该走第三方认证之路,由社会公认的权威认证机构予以认证。认证应该对产品和质量管理体系两个方面实施。

（一）产品认证

产品认证就是经过认证部门认证,对产品进行评价,证明产品符合相关法律规定,符合技术规范和各种标准。产品认证是一种制度,其目的是保护广大消费者的利益,保证产品安全、健康、环保,达到了一定的质量要求。

产品认证包括的认证方面有:质量管理体系认证、环境管理体系认证、职业健康安全体系认证、食品卫生管理体系认证、农产品认证、信息技术产品和网络安全运作认证。

产品认证有强制性的安全认证和自愿性的合格认证。

强制性产品认证,是我国政府为保护广大消费者的人身健康和动植物生命安全,保护环境、国家安全,依照法律法规实施的一种产品评价制度,它要求产品必须符合国家标准和相关技术规范。某些重要物资产品必须经过强制性产品认证才能获准销售。

自愿性认证由产品生产企业自愿申请,除了必须强制性认证的产品外,其他绝大多数产品都可以实行自愿性合格认证。智能制造产品一般都要经过自愿性合格认证,才能获得市场的认可,否则难以被消费者接受。

（二）质量管理体系认证

质量管理体系认证是由第三方质量管理体系认证机构依据公开发布的质量管理体系标准,对组织的质量管理体系进行合格评定,并通过颁发体系认证书,以证明组织有能力提供合格产品的活动。质量管理体系认证是管理体系认证四大项认证中的一大项,它属于 ISO 9000 系列标准。智能制造企业应该努力通过质量管理体系认证,这是获得市场竞争力的需要。

产品认证和质量体系注册/认证的比较如表 8.2 所示。

表 8.2　产品认证和质量体系注册/认证比较

认证类型项目	产品认证	质量体系注册/认证
认证对象	产品	企业质量管理体系

续表

认证类型项目	产品认证	质量体系注册/认证
认证合格条件	产品质量符合规定标准的规定,符合技术规范; 生产企业质量体系符合规定的质量管理体系标准	质量体系符合认证合同上规定的质量管理体系标准
认证种类	强制性安全认证;自愿性合格认证	自愿性合格认证
认证合格表现	产品认证证书; 认证标志	质量体系注册/认证证书; 认证机构标记
认证使用范围	证书不能用于产品,认证标志可用于产品、包装、使用说明	证书和标记均不能用于产品、包装、使用说明

十、质量管理体系审核

1.审核的概念及目的

审核是一种评价活动,它是以获得审核证据为手段,按照规定,对程序评价对象予以系统的考察、分析,以科学方法予以评价,最终独立地取得评价结论,形成评价文件。

审核的总目的是检验审核对象与审核准则的符合程度有多少。具体来说,一是检验审核证据与审核准则的相符程度;二是确定受审核方管理体系与审核准则的吻合程度;三是评价管理体系的法律法规符合程度;四是确定其履行合同的能力;五是评价目标实现的程度;六是判定管理体系未来改进程度。

2.质量管理体系审核的方式

质量管理体系的审核对象是企业的质量管理体系。质量管理体系审核通过取得审核证据,分析评价此证据,以评价质量管理体系与审核准则有多大程度的一致性,最终以独立、系统的审核文件为其结果。根据审核主体的不同,质量管理体系审核分为第一方审核、第二方审核和第三方审核,如表8.3所示。

表8.3 质量管理体系审核方式

	第一方审核	第二方审核	第三方审核
审核方式	企业自审核	顾客对供方的审核	独立的第三方审核
审核员	企业自己的内审员	顾客或顾客的委托人	第三方审核单位的审核员

	第一方审核	第二方审核	第三方审核
审核目的	自我完善,自我进步	挑选、管理、控制供应方	注册/认证,提高知名度
审核依据	国家、行业、部门、企业标准	供应方产品、能力、资金、资历、规模、专业性等标准	国家、行业、部门等公认标准
审核范围	质量管理体系涉及的所有内容	供应方产品、能力、资金、资历、规模、专业性等	质量管理体系涉及的所有内容
审核时间	企业自行决定,比较灵活	集中固定时间	认证机构决定,可以灵活,也可以集中时间
审核员资质	内审员资格	顾客、内审员、企业主管人员资格	注册资格的国家审核员,符合 ISO 19011 标准要求
审核特点	深入、具体、完整、详细	突出重点,集中审核	全面覆盖,抽样审核
提建议必须性	必须提出建议	可以提出建议	不提建议

3.质量管理体系审核的步骤

第一步,审核策划与准备阶段。

①成立审核组,选定组长和成员,对人员进行分工。审核组长必须是由国家注册审核员或高级审核员担任,审核员为国家注册的审核员或实习审核员。

②对相关文件予以评审。

③做好现场审核的准备工作。

第二步,现场审核实施阶段。

基本过程是:召开第一次会议,进行现场审核,召开审核组会议,与被审核方进行沟通,写审核报告,召开终结会议,正式提交审核报告。

第三步,纠正措施的跟踪验证阶段。

受审核方应当将这些措施的状态告知审核委托方,应当对纠正措施的完成情况及有效性进行验证。

第二节　可靠性分析与设计

一、系统可靠性模型

由于对质量有很高的要求,智能制造企业应该有很高的可靠性。

(一)串联系统模型

组成系统的所有单元首尾相接,连成一串的系统模型就是串联系统模型,如图 8.4 所示。其中任一单元的故障都会导致整个系统出现故障。它是非贮备可靠性模型。

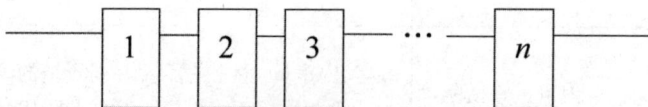

图 8.4　串联系统模型

如果有 n 个互相独立的单元,设第 i 个单元的寿命为 X_i,第 i 个单元的可靠度为 $R_i(t) = P(X_i > t)$,其中 $i = 1, 2, \cdots, n$,系统寿命 X 等于各单元寿命 X_i 中的最小值,系统的可靠度为:

$$R_s(t) = P(X > t) = P[\min(X_1, X_2, \cdots, X_n) > t]$$
$$= P(X_1 > t, X_2 > t, \cdots, X_n > t)$$
$$= \prod_{i=1}^{n} P(X_i > t) = \prod_{i=1}^{n} R_i(t)$$

其中,$R_s(t)$——系统的可靠度;

　　　$R_i(t)$——第 i 个单元的可靠度。

因为串联的单元越多,最小单元寿命的值可能会越低,系统的可靠度就越低。

如果各单元的寿命分布均为如下的指数分布:

$$R_i(t) = e^{-\lambda_i t}$$

则 $R_s(t) = \prod_{i=1}^{n} e^{-\lambda_i t} = e^{-\sum_{i=1}^{n} \lambda_i t} = e^{-\lambda_s t}$

$$\lambda_s = \sum_{i=1}^{n} \lambda_i$$

其中,λ_s——系统的故障率;

λ_i——各单元的故障率。

在各单元寿命分布满足指数分布的情况下,串联系统模型的寿命也符合指数分布。

(二)并联系统模型

所有单元的一端连接在一起,另一端也连接在一起,这样组成的系统模型就是并联系统模型,如图8.5所示。不管有多少个单元出现故障,只要还有一个单元完好,系统就可以正常工作,所以它是工作贮备模型。

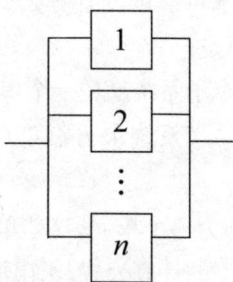

图8.5 并联系统模型

如果有 n 个互相独立的单元,设第 i 个单元的寿命为 X_i,第 i 个单元的可靠度为 $R_i(t) = P(X_i > t)$,其中 $i = 1, 2, \cdots, n$,系统寿命 X 等于各单元寿命 X_i 中的最大者,系统的可靠度为:

$$R_s(t) = P(X > t) = P[\max(X_1, X_2, \cdots, X_n) > t]$$
$$= 1 - P[\max(X_1, X_2, \cdots, X_n) \le t]$$
$$= 1 - P(X_1 \le t, X_2 \le t, \cdots, X_n \le t)$$
$$= 1 - \prod_{i=1}^{n}[1 - R_i(t)]$$

可见并联的单元越多,系统可靠度越高。

设系统的不可靠度为 $F_s(t)$,第 i 个单元的不可靠度为 $F_i(t)$,则有:

$$F_s(t) = \prod_{i=1}^{n} F_i(t)$$

由以上的连乘积计算可知,系统不可靠度小于任一单元的不可靠度,而且并联的单元越多,系统不可靠度越小。

(三)串并混联系统模型

如果一个系统里既有串联系统又有并联系统,这样的系统就是串并混联系统,如图8.6所示。

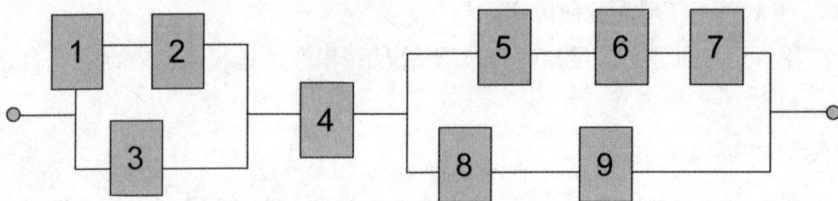

图 8.6　串并混联系统模型

分别利用串联和并联系统求可靠度的计算公式,把它们组合起来,就可以求混联系统的可靠度,其求解程序是:

第一步,划分子系统,每一个子系统就是一个串联系统或并联系统。

第二步,分别利用串联和并联系求可靠度的计算公式,求各子系统的可靠度。

第三步,把每一个子系统作为一个单元,这些单元成串联关系或并联关系,再次利用串联和并联系统求可靠度的计算公式,求出混联系统的可靠度。

[例 8.1]有如图 8.7 所示的混联系统,每一单元的可靠度已知,求该混联系统的可靠度。

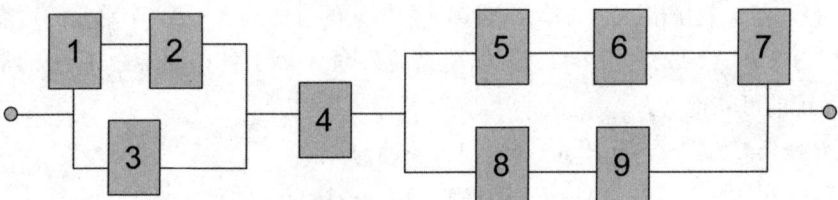

图 8.7 混联计算例题图

解:计算过程如下:

$$R_{s_1}(t) = R_1(t)R_2(t)$$
$$R_{s_2}(t) = R_5(t)R_6(t)R_7(t)$$
$$R_{s_3}(t) = R_8(t)R_9(t)$$
$$R_{s_4}(t) = 1 - [1 - R_{s_1}(t)][1 - R_3(t)]$$
$$R_{s_5}(t) = 1 - [1 - R_{s_2}(t)][1 - R_{s_3}(t)]$$

由此得全系统的可靠度为:

$$R_s(t) = R_{s_4}(t)R_4(t)R_{s_5}(t)$$

（四）r/n 表决系统模型

r/n 表决系统是指组成系统的 n 个单元中,不失效的单元数不少于 r 个(其中

$1 \leqslant r \leqslant n$)就可以正常工作的系统,它是工作贮备型系统。

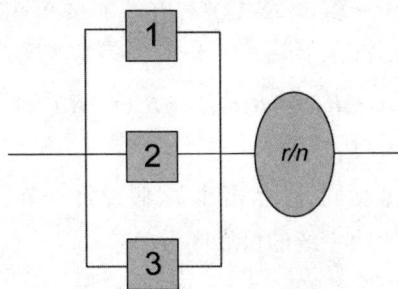

图 8.8 r/n 表决系统模型

"讨论:对于一般的 r/n 表决系统模型,n/n 系统变成 n 个部件的串联系统,$1/n$ 系统变成 n 个部件的并联系统"。

[例 8.2]对于一个 2/3 表决系统,各单元相互独立,各单元的可靠度为 Ri (t),第 i 个单元处于正常工作的事件为 A_i,系统处于正常工作的事件为 A,求系统的可靠度 R。

解:把原系统改画为等效并联系统,如图 8.9 所示。

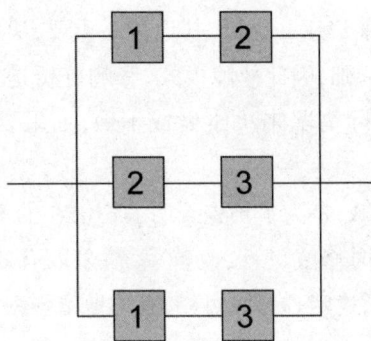

图 8.9 等效并联系统

则求系统的可靠度 R。

$R_i(t) = P(A_i) \quad i = 1, 2, 3$

$A = (A_1 \cap A_2) \cup (A_2 \cap A_3) \cup (A_1 \cap A_3)$

$R_s(t) = P(A)$

$\qquad = P(A_1 \cap A_2) + P(A_2 \cap A_3) + P(A_1 \cap A_3) -$

$\qquad P(A_1 \cap A_2 \cap A_2 \cap A_3) - P(A_1 \cap A_2 \cap A_1 \cap A_3) -$

$\qquad P(A_2 \cap A_3 \cap A_1 \cap A_3) +$

$$P(A_1 \cap A_2 \cap A_2 \cap A_3 \cap A_2 \cap A_3)$$
$$= P(A_1 \cap A_2) + P(A_2 \cap A_3) + P(A_1 \cap A_3) -$$
$$2P(A_1 \cap A_2 \cap A_3)$$
$$= R_1(t_1)R_2(t_2) + R_2(t_2)R_3(t_3) + R_1(t_1)R_3(t_3) -$$
$$2R_1(t_1)R_2(t_2)R_3(t_3)$$

如果每个单元的类型相同,且互相独立,假设每一单元可靠度均为 $R(t)$,则利用二项分布公式, r/n 表决系统的可靠度为:

$$R_s(t) = \sum_{i=r}^{n} C_n^i \left[R(t) \right]^i \left[1 - R(t) \right]^{n-i}$$
$$= R^n(t) + C_n^{n-1} R^{n-1}(t) \cdot \left[1 - R(t) \right] +$$
$$C_n^{n-2} R^{n-2}(t) \cdot \left[1 - R(t) \right]^2 + \cdots +$$
$$C_n^r R^r(t) \cdot \left[1 - R(t) \right]^{n-r}$$

二、FMECA 方法

(一)FMECA 的定义及目的

FMECA 是指对故障模式、影响分析、危害度分析这三者的综合分析。其中,故障模式和影响分析简称 FMEA 分析,其地位最重要,决定着危害度分析(CA 分析),也是危害度分析的基础,因此故障模式、影响分析是 FMECA 必做的工作,而危害度分析可以根据实际情况来决定做或不做,如果要做,也必须有前两者的基础。

之所以要进行 FMECA,是为了预先查明一切潜在的失效模式,为了避免这些失效模式带来的损失,及时修改设计,改善系统,采取有效的补救措施,消除不良模式隐患,保证系统优良、稳定、高效、可靠,有力地增强系统的可靠性。

(二)FMECA 的目标

FMECA 的目标可以归纳为以下几个方面。

(1)确定系统各单元之间的逻辑关系,判明系统的可靠性。并列出全部部件的故障模式和产生原因。

(2)找出系统可能存在的各种潜在故障模式,分析可能引发故障的原因。

(3)研判一旦发生各种故障,会对系统产生怎样的不同影响。

(4)预估各种故障发生的概率大小,以及危害程度会达到多大。

(5)针对故障,修改设计,优化方案,提出对策,预防不利故障的发生,减轻损害程度,把不利事件的发生消除在设计阶段。

（三）FMECA 分析的内容

FMECA 分析的内容包括：可能的所有失效模式；每一种失效的可能原因；失效引起的对系统的影响；设计消除失效方法；组合提出应对失效的措施；做失效修理时间预算；失效经济损失和社会损失计算；失效发生的概率估计；失效评级。

（四）FMECA 分析的步骤

FMECA 分析是一项相对复杂的过程，属于事先设计阶段的主要工作，其分析的好坏对系统的工作质量有绝对的影响，故应该遵循一定的程序进行分析。如图8.10 所示。

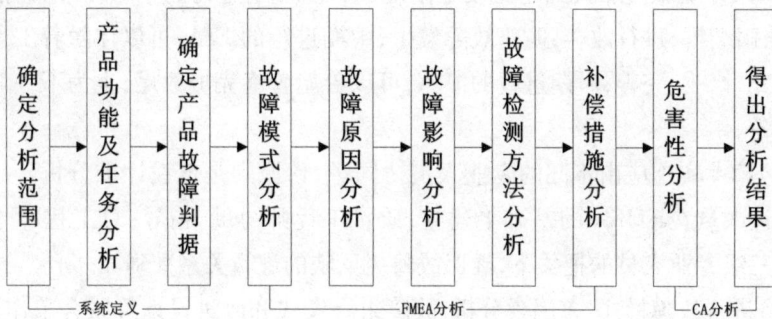

图 8.10　FMECA 分析的步骤

三、FTA 方法

（一）FTA 的定义及目的

FTA（故障树分析）是指以最终的事故为分析的起点，依据事件因果关系和逻辑关系，反方向地从结果逐步向前寻找原因，直到最后找出事故原始起因的方法。它是一种借助图形的逆向演绎方法。

FTA 的目的是找出事故发生的一系列原因，尤其是最初原因，判明各种事故的潜在影响因素；对事故实行预测，采取措施预防和控制事故发生；改进设计，改善薄弱环节，做好事先控制；在使用中做好事中控制，对故障正确诊断，指导维修工作。

（二）FTA 分析的步骤

FTA 分析应该遵循如下七个步骤。

（1）熟悉系统。弄清整个系统结构，掌握系统功能，熟知系统运转条件，搞清故障类型和特点。

（2）掌握在图形树顶端的事故性质。

（3）绘制故障树。要分别进行初次绘制故障树、规范故障树、简化故障树三项工作，使故障树全面反映整个故障过程。

（4）故障树定性分析。求解最小割集，并比较最小割集。

（5）故障树定量分析。求顶端事件发生概率，并分析事件重要程度。

（6）得出分析结论并形成 FTA 分析报告。

（7）制定改进措施，形成改进方案。

（三）FTA 实施要点

（1）FTA 实施应从头到尾持续不断地进行。早期进行的 FTA，可以提前发现问题，未雨绸缪，进行改善，防止故障发生；中期进行的 FTA，可以伴随着工作进展同步补充、修改、完善；后期进行的 FTA，可以善始善终完成收尾，也为下一个 FTA 做好准备。

（2）FTA 实施应由不同的专业人员协同进行，原则是谁设计谁分析。故障树应由设计人员在 FMEA 的基础上建立；质量工程师协助、指导；总工程师予以审查。在三级专业人员的把关下，确保故障树反映的逻辑关系准确。

（3）进行故障模式、多因素分析、故障组合模式和改进设计等联合工作。FTA 实施是一项综合工作，其一般过程是：首先，在 FMEA 的基础上，查找主要的故障模式，将其摆放于故障树顶端；其次，绘制故障树，同时做多因素分析；接着，研究各种故障组合的可能样式、特点、模式和结果；最后，设计针对故障的改善方案。

四、可靠性设计

（一）可靠性设计的定义

可靠性设计是指以系统工程理论为指导，采用各种可靠性技术、手段、方法和工具，以增强系统的可靠性为目标，从设计角度改善优化系统，使系统在产品质量、工作质量方面达到最佳水平，满足系统在性能、可靠性、使用寿命、成本等方面的需要，获得良好的系统经济效益。

有效的可靠性设计应该是针对生产和产品多种性能的可靠性设计，例如，产品的功能、结构、外观、耐用性、使用成本等，力争在产品的全寿命周期内可靠性达到要求。

（二）可靠性设计数理思路

可靠性设计应该是数理原理的应用，要进行系统的物理研究，做好物理、机械、电子实验，收集实验数据，统计与分析数据，建立物理数学模型，采用数理方法,在可靠性实验的基础上,计算各零部件在规定条件下的工作能力,预计其使用寿命,从而设计可靠性指标,确保所设计的产品满足可靠度。

（三）可靠性设计内容

(1)建立可靠性数理模型,计算可靠性指标,分解细化可靠性指标。

(2)对各种可靠性予以定性、定量分析,获取分析结果。

(3)可靠性设计。把可靠性设计方法结合到产品性能中,设计出既有满意可靠性,又有良好综合经济效益的产品。

（四）可靠性预计

可靠性预计是指从组成部分的可靠性推断整个系统可靠性的过程,它把元件、要素、分系统的可靠性予以综合归纳,由细到粗,由底层到高层,最终估计出全系统的可靠性。

可靠性预计的过程是:(1)进行调研;(2)确定可靠性目标;(3)确定可靠性设计原则;(4)对元部件进行可靠性预计;(5)对分系统进行可靠性预计;(6)对系统进行可靠性预计;(7)对系统可靠性进行修改;(8)对修改后的系统可靠性予以评估。

（五）可靠性分配

可靠性分配是可靠性预估的反过程,将系统总体可靠性指标分解到分系统、零部件及元件,是一个总体指标的化整为零过程。可靠性分配是可靠性预计的相反过程。

可靠性分配的过程是:(1)确立可靠性目标和可靠性设计原则;(2)确立系统可靠性指标;(3)把系统可靠性指标分配给分系统;(4)把分系统指标分配给元部件;(5)对各分配指标进行评估。

五、可靠性管理

可靠性管理就是以提高工作的可靠性为目标,对形成生产可靠性和产品可靠性的过程,进行系统的规划、实施、管理的多种工作的综合。可靠性是通过一系列综合过程才能达到的,可靠性来自设计、生产、管理。

（一）可靠性管理与质量管理的关系

1.二者的区别

质量管理可以认为是对产品在 $t=0$ 时的可靠性质量进行的管理,它把生产管理作为重点,控制生产质量和产品质量,使得生产严格按照工艺实施,产品的性能、结构、质量符合设计要求,保证各种质量指标达标。

可靠性管理则是对产品在 $t \geq 0$ 时的可靠性质量进行的管理,它是通过产品试验,获取试验数据,以可靠性设计方法来设计防止故障发生的措施。

2.二者的联系

可靠性管理与质量管理实现了以下三个过程的结合:在研究和设计阶段,采用可靠性技术予以设计,设计出满足质量需要的产品;在生产阶段,实施生产过程质量管理,确保生产质量和产品质量符合可靠性设计的要求;在使用阶段,通过维修、维护等质量管理活动来反馈可靠性设计结果的实现情况。

（二）可靠性管理内容

（1）建立主管机构。建立可靠性专业管理班子,配备人员,明确责任,理顺班子成员之间的关系。

（2）实施可靠性试验。进行重点试验和例行性试验,对试验进行项目式管理。

（3）技术管理。制定可靠性管理技术规范,研究各种可靠性技术,对技术应用、推广技术、评定技术、评定可靠性管理成果,组织技术交流。

（4）生产制造过程中可靠性保证的管理。

（5）采购管理。对可靠性试验所需的原材料采购予以规划和管理,管理采购合同,签订采购协议。

（6）标准管理。制定可靠性设计、试验、管理标准;制定标准文件,检验标准,执行标准。

（7）教育管理。在企业中对员工进行可靠性教育,树立可靠性意识,增强可靠性知识和技能。

（8）调研分析。进行产品可靠性的调查;收集数据,分析研究数据,得出结论,预测以后的可靠性。

（三）可靠性数据管理

可靠性管理是以数据为基础的,而数据有来自企业内部的数据和来自企业外部的数据。

企业内部的数据由企业自身生成,它在企业生产运营过程中产生,是关于设计、工艺、质量、生产、销售、试验等的内部数据。

企业外部的数据来自企业以外的数据,无法由企业控制,这些数据包括顾客、供应商、竞争对手、公众等的数据。

可靠性数据具有两方面特点。

（1）可靠性数据获得方法特殊。获取可靠性数据往往利用抽样方法和统计学方法获得。

（2）获取可靠性数据的成本高。许多数据只有在发生故障以后才能够得到,此时损失已经产生;不少可靠性数据需要通过试验才能获得,试验时间越长,耗费越大。

管理和交换可靠性数据具有十分重要的意义。通过可靠性数据的管理和交换,产生的结果可能是:制造成本降低,制造周期缩短,系统可靠性增强,生产质量和产品质量共同提高。实施这一过程的主要工具是互联网、数据库。互联网加快了数据获取和传递,能从海量的信息中方便地得到所需的数据;数据库对数据的存储、加工、查询带来极大的方便,极大地提高信息处理效率。

(四)可靠性过程管理内容

全过程的内容较丰富,主要涵盖开发设计过程、生产过程、销售服务过程、使用维修过程的四大过程可靠性管理。

(五)可靠性标准

可靠性工作是一种标准化工作,可靠性是以是否满足可靠性标准来评价的。可靠性有多种级别标准,它们组成了一个标准化体系。

可靠性标准包括:可靠性基础标准、专业可靠性基础标准、产品可靠性标准。

可靠性基础标准是整个可靠性工程与管理的基础,是最基本、原则性的标准,规定了其他标准不得超越它,具有最广泛的指导价值;专业可靠性基础标准是针对某些专业类别产品,具有指导意义,是类别型可靠性标准;产品可靠性标准是适合于某一种产品的标准,对具体产品有具体的明确标准。[①]

第三节 质量检验和抽样技术

一、质量检验概述

(一)质量检验内涵

质量检验是指检测被检对象的各种反映质量的指标值,把检验结果与标准进行对比,从而检测出被检验对象的特性与标准的吻合程度,进而得出该对象质量的优劣程度。虽然智能化生产是现代高新技术,但许多传统的质量检验方法依然可用,在智能化工厂并未过时。

---

① 梁工谦.质量管理学(第3版)[M].北京:机械工业出版社,2018.

（二）质量检验的作用

1.鉴别作用

判明被检验对象的特性与标准有多大差距,鉴别出其质量是否达标。

2.把关作用

鉴别之后,合格产品可以过关,不合格产品无法过关,起到质量把关作用。

3.预防作用

检验可以发现作业过程的差错,从而找到原因,分析原因,及时采取应对措施,防止质量问题的发生。

4.报告作用

形成检测报告,报告便于阅读,便于向决策部门汇报。

5.监督作用

检验就是对整个生产作业过程的监督,督促各项作业不断完善。

（三）质量检验工作程序

面对智能生产制造,质量检验工作程序大致包括以下内容。

（1）明确质量标准。建立质量标准,把标准作为质量检验准绳。

（2）测定质量特性。利用测量仪器,采用测量方法,对被测定对象的特性实施测定。

（3）对比测定结果。把测量结果与质量标准进行对比,观察它们的差距。

（4）判定质量状况。通过差距的正负、数值大小,分析形成的原因,得出质量好坏程度的结论。

（5）处理检验对象。采取措施改变影响质量的因素,提升质量水平。

针对不同阶段的质量检验,可以达到不同的检验目的。例如,对进货的检验,能获取满意质量的原材料;对制造流程的检验,能确保制造工艺的运用符合质量要求;对出厂产品的检验,能够保证交货产品满足顾客的质量要求。

（四）质量检验方法分类

根据不同的分类标准,质量检验方法可以分成多种不同的类型:依据生产过程次序标准,分为进货检验、工序检验和完工检验;依据检验人员特征标准,分为自检、互检和专检;依据检验数量特征标准,分为全数检验和抽样检验;依据检验后果特征标准,分为破坏性检验和非破坏性检验;依据检验手段特征标准,分为器具检验和感官检验;依据检验数据性质标准,分为计量值检验和计数值检验;依据检验地点标准,分为固定检验和流动检验。

二、抽样检验

（一）抽样检验的定义

抽样检验，就是依据统计学原理，采取一定的抽样方法，从待检产品全体中，按照一定的误差要求，随机抽取一定数量的样本，并对样本进行全数检验，获得描述统计结果，再根据特定的置信度，从样本检验结果来推断全体结果区间范围，从而断定全体产品合格与否的一种检验方法。

（二）抽样检验的过程

抽样检验的过程为以下步骤。

（1）确定被检验总体。

（2）设定置信度，设定允许最大误差，查表得出相应标准值。

（3）利用样本量公式求出拟抽取的样本量值。

（4）根据总体特点和检验要求确定抽样方法。

（5）正式抽取样本。

（6）对样本进行全数检验，得知合格品数量和不合格品数量，获得描述统计结果，尤其是求出平均值、标准差、变异系数。

（7）在一定的置信水平下，从样本检验值推断总体取值范围，从而确定合格批及不合格批。

（8）拒收不合格批，接收合格批。

（三）抽样检验方案

依据不同的分类标准，抽样检验方案有不同的类型。

1.次数检验方案

抽样检验依据次数可以分为一次抽检方案、二次抽检方案、多次抽检方案。

（1）一次抽检方案。从总体中只抽取一次样本，根据一次样本的检验结果来判定总体是否合格。

检验方法：设 $N-$ 为总体单位数，$n-$ 为样本单位数，$c-$ 为事先设定的不合格品数，$d-$ 为样本中不合格品数。即所谓 (N,n,c) 检验。

当 $d \leqslant c$ 时，判定总体合格。

当 $d > c$ 时，判定总体不合格。

（2）二次抽检方案。先从总体中抽取 n_1 个样本，根据对 n_1 的检验结果判定总体合格与否；当不能做出总体合格与否的判断时，再抽取 n_2 个样本进行检验，

再根据 n_1 和 n_2 中累计不合格品数来判定总体合格与否。

检验方法:就是所谓的 (N, n_1, n_2, c_1, c_2) 检验。

首先,从 N 中随机抽取 n_1 件样本,检验出有 d_1 件不合格品。

其次,做判断。

如果 $d_1 \leqslant c_1$,则判定合格;

如果 $d_1 > c_2$,则判定不合格;

如果 $c_1 < d_1 \leqslant c_2$,则再抽取 n_2 件,假设其中检验出 d_2 件不合格品。若此时 $d_1 + d_2 \leqslant c_2$,则判定合格;若此时 $d_1 + d_2 > c_2$,则判定不合格。

(3)多次抽检方案。按每次规定的样本容量 n_i 进行检验,以每次抽检的结果与判定基准做比较,判定合格与否或继续抽检,直到检验进行到规定次数为止,再判定合格与否。

2.抽样实施方式检验方案

抽样检验依据抽样实施方式可以分为标准型、挑选型、调整型和连续生产型。

(1)标准型。出于自身利益保护的需要,供、需双方往往都规定质量保护值,只有满足这些保护值才有成交的可能。

供方的规定值:p_0 为不合格品率,μ_0 为合格品率,α 为合格总体被误判为不合格总体的概率。

需方的规定值:p_1 为不合格品率,μ_1 为合格品率,β 为不合格总体被误判为合格总体的概率。

抽样方案应该同时考虑供需双方的不同规定,融合、兼顾两种规定,以便满足双方的需要。偶然市场交易、买方不熟悉产品质量的交易,比较适合使用这种标准型检验方案。

(2)挑选型。首先进行抽样检验,若抽样结果符合标准就接收总体;若抽样结果低于标准时,就对总体进行全部单位的一一检验,把全检后的不合格品换成合格品。当不能挑选供应方的收货时,对半成品、产品出厂的检验可以使用这种挑选型检验方案。

(3)调整型。依据供方信誉、表现、产品质量,调整对其供货检验的松紧程度,即优秀的供应商可以放宽检验,不良的供应商应该从紧检验。松紧程度分为放宽、正常和加严三种方案。如果连续购买同一供货商的同一种产品,就适合使用这种调整型检验。

(4)连续生产型。一开始对全部产品一一检验,当连续的全数检验的合格品累积到某一数量后,就可以改换为每间隔一定数量抽检一个产品,减少检验次数,变成抽检;如果抽检发现不合格品,就返回到原先的全数检验状态。对于流水线生产,其产品检验适合使用这种类型。

3.抽样抽检特性值检验方案

抽样检验依据抽检特征值分类,可以分为计数抽检方案、计量抽检方案。

(1)计数抽检方案。通过样本中不合格品数的多少,判定总体合格与否。

(2)计量抽检方案。通过对反映样本质量特性的计量数据进行统计分析,判定总体合格与否。

(四)抽检特性曲线(OC 曲线)

抽检特性曲线(The Operating Characteristic curve),简称 OC 曲线,是指在某一抽样方案(N,n,C)下,反映交验总体中,质量不合格品率 p 与接收概率 $L(p)$ 之间函数关系的曲线,简称 OC 曲线。其中 N 为总体单位数,n 为样本单位数,C 为规定的不合格品数。典型的 OC 曲线如图 8.11~8.13 所示。

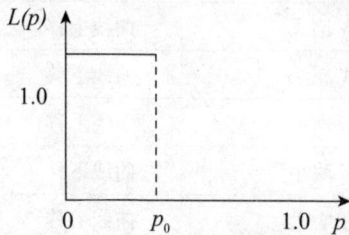

图 8.11 理想的 OC 曲线

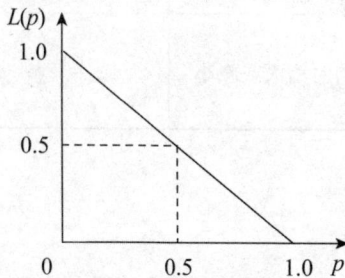

图 8.12 线性 OC 曲线

OC 曲线特征为:每一条 OC 曲线与一种抽样方案相对应。OC 曲线与抽样方案成一一对应关系。OC 曲线必经过(0,1)、(1,0)两点。OC 曲线是一条单调下降曲线。若 $p_1 < p_2$,则 $L(p_1) > L(p_2)$。各参数变化对 OC 曲线和方案宽严的影

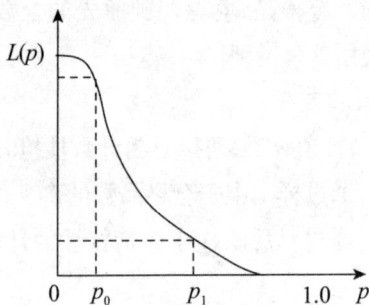

图 8.13 实际 OC 曲线

响如表 8.4 所示。

表 8.4 各参数变化对 OC 曲线和方案宽严的影响

保持不变量	变化量	OC 曲线变化	方案宽严变化
n, C	N 增大	曲线上移	放宽
	N 减小	曲线下移	加严
N, n	C 增大	曲线上移	放宽
	C 减小	曲线下移	加严
N, C	n 增大	曲线下移	加严
	n 减小	曲线上移	放宽
N	n 增大, C 减小	曲线下移	加严
	n 减小, C 增大	曲线上移	放宽
	n 和 C 同时增大或减小		视 n 和 C 各自的相对变化幅度,决定了放宽或加严

（五）接受概率的计算

1.超几何分布计算法

在抽检方案 (N, n, C) 中,当样本中不合格品的个数 d 不超过 C,则此批产品可以被认为是合格的,能够接受。设一批产品的不合格率为 p,则接受概率为：

$$L(p) = \sum_{d=0}^{C} \frac{C_{pN}^{d} C_{N-pN}^{n-d}}{C_{N}^{n}}$$

2.二项分布计算法

当 N 足够大时,达到 $N/n > 10$,以上的超几何分布近似二项分布,$L(p)$ 可用二

项分布求近似值,则接受概率为:

$$L(p) = \sum_{d=0}^{C} \left[C_n^d p^d (1-p)^{n-d} \right]$$

3.泊松分布计算法

当 $N/n>10$,且 $p<10\%$ 时,以上的超几何分布近似泊松分布,$L(p)$ 可用泊松分布计算其近似值,则接受概率为:

$$L(p) = \sum_{d=0}^{C} \frac{(np)^d}{d!} e^{-np} = \sum_{d=0}^{C} \frac{\lambda^d}{d!} e^{-\lambda}$$

其中,$np = \lambda$,指抽检样本中的缺陷数。

(六)同比例抽检法下总体数对方案宽严的影响

假设总体单位数为 N,当规定不合格品判定数 C 是一个固定值时,从总体中的抽取比例 k 也是一个固定值,抽检方案就是 $(N, n=kN, C)$,N 的改变会影响 OC 曲线的凹陷程度。如图 8.14 所示。

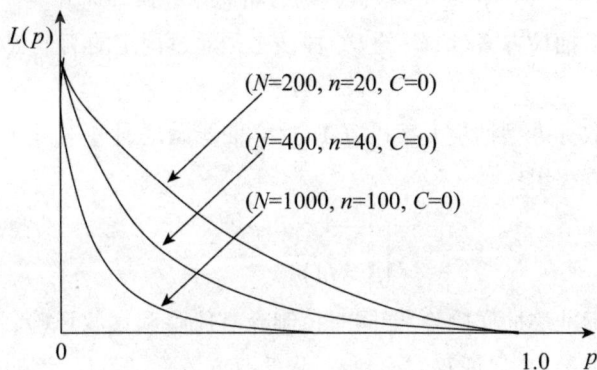

图 8.14 N 值对 OC 曲线形状的影响

由图 8.14 可知,不合格品判定数 $C=0$,抽取比例 $k=10\%$。总体 N 越大,OC 曲线的凹陷程度越大,接受概率越小,方案越严;反之,总体 N 越小,OC 曲线的凹陷程度越小,接受概率越大,方案越松。可见,总体数 N 越大,方案越严格。换言之,存在着对大批量严而对小批量松的不合理现象。

三、计数标准型抽样检验

(一)计数标准型抽检定义

为了同时保证生产方和需求方的双方利益,兼顾降低双方的风险,事先把双方风险固定在某一特定数值的抽样检验方案。如图 8.15 所示。

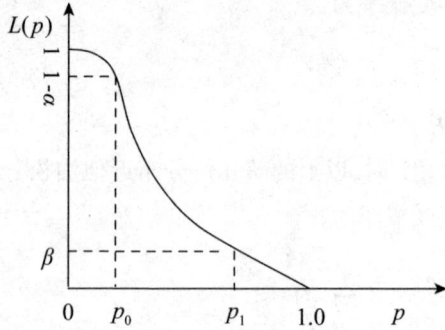

图 8.15 计数标准型抽检方案(n,C)的 OC 曲线

（二）设计原理

假设：接受上限为 p_0，拒收下限为 p_1，优质总体（$p \leq p_0$）被误判为不合格总体的概率为 α，劣质总体（$p \geq p_1$）被误判为合格总体的概率为 β。

计数标准型抽检方案（n,C）的 OC 曲线必须通过规定的两个点（$p_0,1-\alpha$）和（p_1,β）。

而要使计数标准型抽检方案（n,C）的 OC 曲线满足通过这两点的要求，n 和 C 必须满足如下方程组：

$$\begin{cases} \alpha = 1 - L(p_0) \\ \beta = L(p_1) \end{cases}$$

通过计数标准型抽样检验，能同时控制弃真风险和误收风险，将 α 值和 β 值控制在理想的范围内，保证双方的利益，降低双方风险。不过，该抽样检验需要抽取很大样本数量，劳民伤财，有时经济效益并不好。

（三）计数标准型抽检方案的抽检程序

计数标准型抽检方案的抽检程序包括：确定检验质量标准；确定质量特性不合格的分类标准和不合格品的分类标准；确定 p_0、p_1 及 a、β 值；确定批量 N；确定抽检方案（n,C）；抽取样本；检测样本质量特性值；判定合格与不合格；处理交验批。

四、计数调整型抽样检验

对于某产品的连续各批进行检验，如果各批的检验质量令人满意，则可以适当放松对以后各批的检验，减少检验的频次和检验单位数，节约检验的人力、物力财力；相反，如果以前各批的检验质量结果不佳，就应该加严对以后各批的检验，严格保证未来的产品质量。

这种检验应该宽严有度，适当调整，以保护供需双方的利益：当批质量正常时，采用一个正常抽检方案，以保护供需双方利益；当批产品质量下降时，以加严方案抽检，以保护需求方利益；当批产品质量上升时，以放宽方案抽检，以保护供方的利益。

在实际检验中，要根据供应方提供的以往批质量的变化，在以上三种检验方案中灵活调整。

根据定义，可见计数调整型抽检方案有如下特点：

(1)该检验的宽严程度必须依据过去供应商提供产品的质量情况来确定。

(2)在不丧失质量水平的基础上，可以节省检验的人力物力和财力。

(3)具有较强的灵活性。

(4)能够随身收紧标准，及时改进不良质量。

(5)促进供方不断提高供货的质量。

计数调整型抽检方案的抽检也有一定的步骤：

第一，确定检验质量标准。

第二，规定合格质量水平 AQL。

第三，确定检查水平。

第四，确定检查批量。

第五，确定检查严格度。

第六，确定抽检方式。

第七，确定抽检方案。

第八，抽取样本。

第九，检测样本。

第十，判定批是否合格。

第十一，处置批。

五、计量抽样检验

(一)计量抽样检验定义

它是指对随机抽取的样本，进行定量的数据检验，以样本数据构造统计量、计算统计量，把统计量与标准加以对比，从而判定整批产品合格与否。

(二)计量抽样检验与计数调整抽样检验的比较

计量抽样检验与计数调整抽样检验是两种不一样的检验，它们在特点上有一些不同,如表8.5所示。

表 8.5　计量抽样检验与计数调整抽样检验比较表

比较点	计数调整抽样检验	计量抽样检验
复杂性	简单	复杂
获得信息状况	获得一般多的信息	获得较多、精密的信息
可靠性	一般	很大
信息处理	对批产品的质量仅仅判断是否合格	对批产品质量特性进行严格的计量检验
所需样本数量	多	少
破坏性试验	不适合	适合
出现错误	右边的情况不会出现	可能会出现在样本中没有发现不合格品而被拒收的情况
质量特性分布	不要求正态分布	正态分布
对质量特征数的要求	可以把多个质量特征合并成一个抽样方案	只适用于单一质量特征

（三）计量抽样检验分类

依据不同的分类标准,计量抽样检验可以划分为不同类型。

根据产品质量水平衡量方式分类为:以质量特性总体分布的平均值 μ 为衡量质量水平的抽样检验方案;以总体不合格品率 p 为衡量质量水平的抽样检验方案。

根据总体分布的标准差是否已知分类为:σ 法;S 法。

根据产品规格界限分类为:单侧上规格界限 U 的计量抽检方案;单侧下规格界限 L 的计量抽检方案;双侧规格界限的计量抽检方案。

（四）质量特征均值的计量标准型一次抽样检验①

对于质量特性的均值,如果其满足正态分布,那么它可以运用这种检验方法。其检验步骤为:

———————

① 梁工谦.质量管理学(第 3 版)[M].北京:机械工业出版社,2018.

第一步,选择检查方式。

第二步,确定检验方式。

第三步,规定可接受质量水平与极限质量的上下规格界限。

第四步,确定抽样方案。

第五步,构成批及抽取样本。

第六步,样本检测与统计量计算。

第七步,判断批能否接受。

第八步,检验批的处置。

第四节　全面质量管理

一、全面质量管理定义

ISO 9000 族标准给全面质量管理下的定义是:一个组织以质量为中心,以全员参与为基础,目的在于通过让顾客满意和本组织所有成员及社会受益而达到长期成功的管理途径。

全面质量管理的最终目的还是通过全面提升质量来提高经济效益。为了质量的提高,要以顾客的需要为出发点,以顾客的满意为终点,围绕质量问题实施研究、设计、制造、加工、采购、物流、仓储和销售。质量管理涉及所有部门、人员、工作,是全方位的质量管理活动,是无死角的质量管理,整个质量管理体系由研制质量、维持质量和提高质量共同构成,智能制造客观上要求制造过程和产品的高质量,因此智能工厂应大力提倡全面质量管理。

二、全面质量管理特点

全面质量管理的显著特点就是突出一个“全”字。其具体特点表现为以下方面。

(1)全过程的质量管理。整个生产制造过程都要实施质量管理,每一个流程、环节、操作都包括其中,是自始至终的质量管理。

(2)全员参与的质量管理。所有员工都是质量的缔造者,质量不仅仅是生产工人的事。企业无闲人,质量管理人人参与。

(3)全企业的质量管理。企业上下所有部门都要投入质量管理,协同配合才能真正提升质量。

（4）综合多样性的质量管理。质量管理是一项系统工程，需要多种方法、技术、工具，需要进行多种多样的工作，所以它是综合多样性的质量管理。

三、全面质量管理体系构成

全面质量管理系统由软件要素和硬件要素构成。

软件要素是灵魂、核心。它包括：质量文化、质量意识、员工的主动性和积极性、领导重视、质量制度、质量原则等。

硬件要素是物质基础、条件。它包括：质量小组、质量控制工具、检测方法、质量体系、质量领导班子等。

全面质量管理的框架模型构成是：建立一套质量管理体系，在体系的基础上组建质量管理团队，质量管理团队运用科学的质量管理方法实施管理。

在以上的全面质量管理的框架模型运行中，应该基于过程管理，面向过程、流程。

以上的全面质量管理的框架模型运行必备三个条件：

（1）建立质量文化。质量文化是质量管理成功的思想基础，它影响着人们内心深处，具有最强大的精神动力，质量文化建设是一项长期艰苦的工作。

（2）上层领导的重视和支持。有了上层领导的重视和支持，才可能对实施形成有力的保证，才能够在人、财、物方面获得保障。

（3）有效的沟通。质量管理要依靠信息，信息沟通必须顺畅及时，因此要建立有效的沟通机制。

四、全面质量管理运行环节

全面质量管理的全程运行，就是按照戴明环的旋转循序实施运转。即分别经过 P（计划）、D（实施）、C（检查）、A（处理）四个步骤，完成一轮循环；然后在更高的水平上实施下一轮 PDCA 循环，这样周而复始地进行下去，质量水平不断上档次，使进步永无止境。

五、智能制造全面质量管理特点

（一）重视质量价值链

质量管理不但要完善企业内部质量管理，还要延伸到企业外部价值链，实施价值链质量管理。否则，不良的价值链质量必将严重影响企业全面质量管理。

（二）强化质量协同

这种协同包括人与人的协同、部门与部门的协同、企业与企业的协同、价值链与价值链的协同。强化质量协同才能带来质量的全面提升。

(三)质量管理的信息化

借助计算机技术、网络技术、通信技术实施质量管理,使质量管理智能化,与制造的智能化相匹配。

(四)质量向着卓越绩效模式发展

精益生产、卓越绩效模式生产日益普及,质量管理要为这些先进生产模式服务。没有全面质量管理就不可能完成卓越绩效。

(五)全面质量管理上升到战略高度

全面质量管理是企业总体战略的组成部分,它的地位应该提高到战略高度,因为其作用实在太大了。

(六)强化生态质量控制

质量管理追求生态质量,使生产制造环保、绿色、健康,符合持续发展理念。

第五节　六西格玛管理

一、六西格玛内涵

西格玛即希腊字"σ"的译音,是统计学上使用的标准差,它用于衡量产品质量偏离平均值的差异程度,反映了质量的变异性、分散性和不稳定性。企业用西格玛的级别来衡量在质量管理方面的表现。对于一般的制造公司,产品品质达到 3σ,此时产品的合格率已达至 99.73% 的水平,只有 0.27% 的为次货,即每 1000 个产品只有 2.7 件为次品,这已经是很令人满意的高质量产品了。可是,当产品的基数相当大的时候,按照 3σ 对应的次品率 0.27% 计算,次品的绝对数量也是十分庞大的,这在实际生产制造中是不能允许的。随着市场质量竞争的日益加剧,顾客质量要求的无休止提高,先进制造企业尤其是智能制造企业会把质量水准进一步提高到 6σ,此时次品率将减少到百万分之一,接近零缺陷,产品近乎完美。6σ 管理就是追求十全十美的精益管理。因为智能生产也具有这种尽善尽美的要义,所以六西格玛管理很适合智能制造企业。

二、六西格玛管理本质

六西格玛管理要达到的目标是既能增加顾客满意度,又能使企业经济效益获得增长。它是一项全新的管理模式,既是一种管理思想,又是一种管理技术,还是一种管理项目。6σ是一个统计测量标准,它可以告诉企业目前的产品、服务或流程的真实标准。6σ管理可使企业把自己的产品与竞争对手的产品加以比较,从而知道自己处于怎样的质量水平。

6σ是一把质量尺度,是一种质量高标准,6σ管理能让企业明确努力方向,明确奋斗目标。它是驱动经营绩效改进的一种方法论和管理模式。

6σ管理包括三个层次,由低到高分别是:

一种质量尺度和追求的目标。

一套科学的工具和管理方法,运用DMAIC(改善)或DFSS(设计)的过程进行流程的设计和改善。

一种经营管理策略。6σ管理是在提高顾客满意度的同时降低经营成本和周期的过程革新方法,它是通过提高组织核心过程的运行质量,进而提升企业盈利能力的管理方式,也是在新经济环境下企业获得竞争力和持续发展能力的经营策略。

6σ方法的成功建立在三个基本点之上:

第一,明确顾客认为十分重要的事项,观察、跟踪、服务这些关键事项,使其中的关键度量值优化。

第二,以顾客满意为依据,规定过程性能基线值。

第三,运用σ衡量标准度量过程能力,加以改进。

三、六西格玛中心要点

(1)顾客驱动。了解顾客、关注顾客,以顾客需要为出发点,以实现顾客需要为终点。

(2)数据型和事实型管理。以数据为依据,以事实为基础,管理尊重数据和事实,实事求是。

(3)面向过程的管理。管理方法、技术、手段、根据都面向过程,行动是过程导向的。

(4)预防为主。事前管理比事中管理、事后管理更加重要,强化预防性管理。

(5)广泛合作。管理就是合作,是最大面积的合作,甚至是超范围合作。

(6)按照定义、测量、分析、改进、控制五个阶段改进工作。

(7)建设高水平管理团队。

四、六西格玛管理流程改进

六西格玛管理是一项系统工程,从头到尾应该有一套完整过程,尤其是对管理流程的改进有一个步骤问题,按照这一步骤实施并循环往复才能够达到其应有的效果。这个流程概括为五部曲:定义、测量、分析、改进、控制。

（一）定义

它指找到、判明顾客需求,对此需求下明确的定义,尤其是定义关键需求,对顾客需求引申出的产品或过程予以界定,然后把企业提供的产品或过程限定在所界定的范围内。

其关键活动是启动项目和确定质量关键点。所运用的工具及方法是亲和图、树图、流程图、排列图、头脑风暴法、质量功能展开故障模式、影响分析。

（二）测量

它指测量系统的过程,测量并明确过程的基准值和期望值,确定欲达到的目标,弄清楚输出量与输入量之间的关系,以测量值对系统的有效性给予评价。

其关键活动是测量,确定项目基准值和目标值。所运用的工具及方法是运行图,分层法散布图,直方图,测量系统、过程能力、故障模式、影响分析,水平对比法,抽样计划。

（三）分析

它指分析数据,确定影响输出结果的输入变量,尤其是关键输入变量,从而确定影响结果的关键影响因素。

其关键活动是确定关键影响因素。所运用的工具及方法是因果图、散布图、箱线图、多变量图、5 个"为什么"、抽样计划、假设检验、回归分析、方差分析。

（四）改进

它指探寻输出最佳结果的优化过程,对关键输入变量实施有效控制,改进整个流程,减少过程失误,提高过程精准性,避免波动,稳定输出,提高 Y 过程质量。

其关键活动是设计方案和改进方案。所运用的工具及方法是试验设计,田口方法,响应面法,过程仿真、过程能力、故障模式、影响分析。

（五）控制

它指使改进后的过程固定下来,使其程序化、标准化,便于以后反复使用,并对程序运行实施控制,以保持最佳状态,巩固优化的成果。

其关键活动是保持成果。所运用的工具及方法是控制图、控制计划、标准操作、防错方法、目标管理。

五、六西格玛管理组织结构

(一)管理委员会

6σ管理需要坚强的领导机构管理,实践证明,最有效的领导机构是六西格玛管理委员会。

它是6σ管理的最高、最权威领导机构。该委员会由公司最高层和中层领导干部组成。其主要职责为以下内容。

(1)建立管理组织结构,确定各种职位和岗位。

(2)确定管理项目,明确改进程序,分配管理资源。

(3)评价和分析具体管理过程,对管理实施者给予指导。

(4)帮助解决管理者在管理过程中遇到的困难,实施排忧解难。

6σ管理要取得成功,必须得到企业各级管理层的大力支持和帮助,领导者首先要认识到六西格玛管理的意义,必须充满信心,坚强领导下属始终不渝地实施这一过程,使整个六西格玛管理团队共同努力。

(二)执行者

1.最高执行者

六西格玛管理的最高执行负责人应该由至少是副总裁以上的高层领导担任。他是整个领导的核心,必须具备综合领导素质,有很强的领导能力。最高执行者必须设定管理目标,指明管理方向,分配各种管理资源,协调人际关系,鼓励各成员努力进取,帮助管理团队克服困难,处理各种管理纠纷,做出决策,发布命令,监督成员完成任务,利用权力奖罚分明。

2.黑带

黑带是6σ变革的中坚力量,他们技艺精湛,知识水平和管理水平都很高。黑带通常由企业内部选拔出来,经过专门培训,并经过认证机构认证以后,才能取得黑带资格。黑带全职实施6σ管理,是除了最高执行者外的第二重要的质量管理领导者,权力仅次于最高执行者,带领管理组织进行具体质量变革,此外还要培养训练绿带。黑带的技能水平和知识水平应该足够高,有良好的数学能力、优秀的定量分析能力、很强的计算机能力,具备丰富的工作经验。黑带要经过系统的理论培训,由黑带大师一对一地进行项目训练和指导。由于要求极高,全公司大约只有1%的员工被培训为黑带。

3.黑带大师

这是6σ管理专家的最高级别,其领导地位高于黑带,知识和能力要求超过黑带,主要职责是对6σ管理提供技术指导。他们必须掌握所有黑带应该掌握的知识,此外尤其要精通统计学方法和知识、管理理论、数学计算方法、管理软件,能够保证对黑带的有效指导,确保黑带执行的正确性。黑带大师要培养训练黑带,是黑带的导师。黑带大师的人数只有黑带的1/10,人数极少,是管理精英。

4.绿带

绿带的工作地位低于黑带,工作形式是兼职,工作比较具体细致,他们经过大约五天的培训后,即可上岗工作,负责一些难度较小的项目小组,或成为其他项目小组的成员。黑带要负责培训绿带,在业务上要指导绿带,培训绿带的内容包括项目管理、质量管理工具、质量控制工具、解决问题的方法和信息数据分析等。

第六节 质量功能展开

一、质量功能展开的实质

质量功能展开(QFD)是指为了保证满足顾客的需要,根据顾客的需要来设计、生产,将顾客的需要转化为现实工序和产品,以顾客需要为导向来改善生产制造,体现产品特征和工序特征,系统推进企业质量工作,改进顾客导向的质量管理。

QFD的根本就是企业要调查了解顾客需求,以顾客需求为质量改进的行动指南,在设计、工序、生产、制造上反映顾客的需求,千方百计向顾客提供符合顾客期望的产品。因此,企业各部门要以顾客观念、质量观念为主,通力合作,各自采取有力的质量改进措施及方案,做到局部质量改善,从而从总体上提升企业质量管理工作水平。

QFD贯穿产品制造全过程,每一个制造阶段都不可避免地应该运用QFD,特别是产品的设计阶段,由于质量形成的孕育阶段,其设计如何决定了质量前景;生产阶段是质量形成的决定性阶段,其多种具体质量保证方法、工具、措施是最后质量形成的关键。智能型产品具有丰富质量功能,智能制造企业应重视质量功能的展开,如图8.16所示。

二、质量功能展开模型

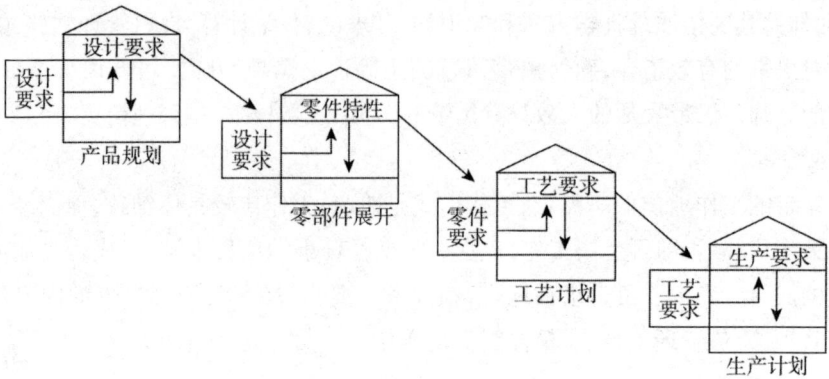

图 8.16　质量功能展开模型

QFD 是一种管理哲学,是一种质量管理思想及方法论。QFD 的核心工作是将顾客需求落实到所提供的产品上,因此必须将顾客具体需求分解,将产品制造过程分解,把这两种分解结合起来,形成分解的制造步骤体现具体需求,从技术、工艺、加工环节反映顾客需求,从质量控制保证顾客需求的实现。这种质量功能展开是瀑布式、从上到下逐步展开的,其展开程序是形成四个质量屋的四部曲:产品规划、零部件展开、工艺计划、生产计划。

形成四个质量屋的四部曲,又可以划分为具体的七个步骤。

(一)确定顾客的需求

确定顾客的需求是首要步骤,质量功能展开从获取顾客需求开始,顾客需求是 QFD 的信息基础,既是十分关键的工作,又是比较困难的工作。市场研究人员确定调查目的,确定调查对象总体,选择调查抽样方法,利用各种方法、手段、工具,收集顾客需求信息,对获取的信息予以整理统计,予以数据分析,得到数据后面隐藏的规律,得出调查结论,从而掌握顾客的真实需求信息。这里要用到多种调查方法、统计方法、分析方法,进行定性及定量预测,全面掌握顾客需求。

(二)产品规划

产品规划指的是设计满足顾客需要的产品,即把顾客愿望转化为合适的物理、化学、美学及使用特性。产品规划应该是需求与技术的结合,设计人员必须同时掌握顾客需求和企业自身的实际技术状况,对顾客需求予以精确理解,对企业技术给予准确评价,并将二者有机结合,以便做到技术能够满足需求。

（三）产品设计方案确定

制订好具体的产品设计方案后,即可先设计产品的概念,经过概念验证并通过以后,即可初步设计产品,反复比较各种产品设计方案、优选方案,这既是一个设计工程,又是一个改进过程,还是一个决策过程。产品设计方案的好坏为质量展开奠定了未来基础。

（四）零件规划

对选定的产品设计方案,根据产品规划矩阵中的产品技术需求,确定对产品质量形成的关键部件、主要部件、主要零件,确定这些零部件的主要技术参数。零件规划应该找出已经发生和即将发生的各种质量问题,并对出现问题的原因予以分析,针对原因制定实施对策,起到减轻已有质量问题和防范即将发生的质量问题的作用。

（五）零件设计及工艺过程设计

有了产品设计方案和零件规划后,即可进行产品的详细设计,进行零部件详细设计。依据零部件的主要技术参数,对零部件选型,确定其规格,确定其组合,完成一件总体产品的最后设计。同时设计工艺,确定工艺实施方案。

（六）工艺规划

通过工艺规划矩阵,确定必须予以保证的关键工艺、关键步骤,以便使零部件和产品的主要技术特性达到规定的要求。这就要求从众多的工序里面,选定最能显现零部件和产品特性的工序。

（七）工艺控制

工艺控制同时也是质量控制,此控制的有效工具是工艺/质量控制矩阵。该矩阵把零件工序变换为实施工艺,使得质量控制变得具体可行,通过具体工艺、质量控制方法完成最后的质量实现。

三、质量屋

（一）质量屋的组成

质量屋是一种基本分析工具,它的使用可以很有效地把质量功能展开,即瀑布式地将质量功能一步一步地展开,实现要求的特性转化,最终实现顾客需求借助产品得到很好地表达。如图 8.17 所示。

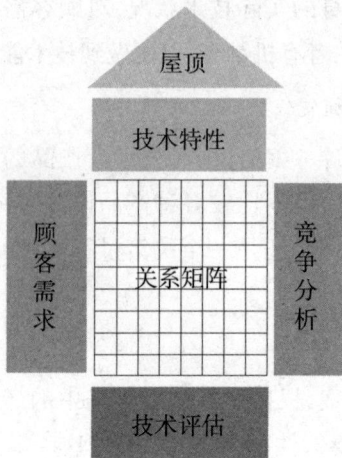

图 8.17　质量屋

质量屋结构类似于一座房屋,其组成部分包括基础、支柱、房间、天花板和屋顶。每一部分各自具有各自的作用,共同构建为一座完整的"质量建筑"。其六个组成部分为以下内容。

(1)顾客需求及其权重:它反映质量屋里容纳了顾客什么需求,表达了需求点,并说明各需求的重要程度。

(2)技术需求:它表达最终产品具有什么特性,以技术反映特性。

(3)关系矩阵:它表示顾客需求和技术需求有怎样的关系,以矩阵形式反映二者的相关性。

(4)竞争分析:它以顾客视角,分析本企业的产品在市场上的竞争地位,重点分析产品的销售量、市场占有率、与竞争者相比的竞争位次。

(5)技术特性:它是质量实现的技术保障,因为其地位的重要性,故它居于屋顶的位置。

(6)技术评估:它对实现质量的各种技术予以评价,得出技术评价值。

对于图 8.17 的质量屋,其中,"屋顶"表达了"相关矩阵";天花板"技术特性"反映了"质量要求";基础"技术评估"反映了"设计质量";支柱"竞争分析"反映了"质量策划",因此该质量屋也可以改画为如图 8.18 所示。

(二)质量屋中参数确定

1.顾客需求及权重

要调查掌握顾客需求,按照不同标准对顾客需求进行分类,这些分类标准有功能性、可靠性、实用性、安全性、经济性、时间性等,接着将分类结果安放在质量

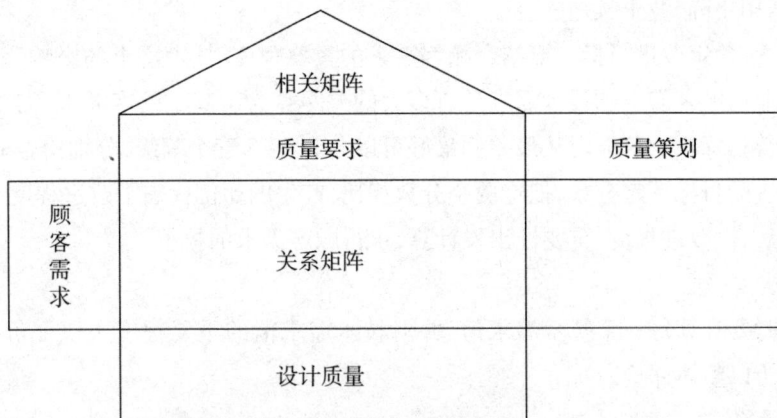

图 8.18　质量屋基础结构图

屋中的相应位置,再依据各结果的重要程度分别配以适当的权数。确定权数常可以使用专家评分法、层次分析法、德尔菲法。

2.技术需求

根据顾客需求来配置技术需求,技术需求要满足三种特性。

(1)针对性。技术需求是面向顾客需求的,后者决定前者。

(2)可测量性。技术需求应该定量化,以便可测量、可控制,能够实施数量化管理。

(3)指导性。从总体看,技术需求可以作为产品设计的指导思想,它既是生产设计的原则,也是产品设计的评价准则。技术需求的表达方式应该是宏观性、总体性的,不应该以技术细则方式出现。

3.关系矩阵

把顾客需求与技术需求联系起来,建立一个关系矩阵,此矩阵很具体形象,以图形方式反映了各个顾客需求与各个技术需求关系是否紧密,反映了技术需求表达顾客需求的程度。在关系矩阵中有太多的关系符号是"弱"的话,那么从总体上来说是技术需求没有很好地表达顾客需求,要对关系矩阵进行改善。

假设 nc 为顾客需求个数,Np 为技术需求个数,R_{ij} 为第 i 个顾客需求与第 j 个技术需求之间的相关程度值,其中 i = 1,2,3,…, nc;j = 1,2,3,…, np,那么,两种需求的相关程度以数值 R_{ij} 的大小来表示。

4.竞争分析

首先,把本企业、竞争对手企业的现状拿出来进行比较分析。这样基本上就可以分析出竞争态势,做到市场上的知己知彼。比较常用的分析工具有 SWOT 分析法、通用矩阵、波士顿矩阵。

其次,确定改进目标。要结合顾客需求的重要程度、技术需求的影响程度,看出本企业离顾客需求和技术需求还有多大的差距。为了满足顾客需求,需要制定技术改善目标。竞争能力从最差到最好可以分为1~5五个等级,分别给企业现状和拟改进的目标评定分数,把这两个分数相比,产生的比例代表了改进程度。

最后,以改进程度、重要性出发计算,求得顾客需求的权重。

5.技术评估

此时要计算每一个技术需求值,并对技术需求值的重要程度予以评价,对技术需求予以整体评价。

6.屋顶

技术需求之间有彼此的关系,该关系的组合可以用屋顶表示。关系有正相关和负相关之分,各种关系以这些符号来反映:正相关的符号是一个圆圈,负相关的符号是×,把各种技术需求的关系以对应的符号,在屋顶找到合适的位置,并标示出来。这些符号,即可有助于确定各技术需求所需的技术参数。

第七节　工序能力测定分析

一、工序能力概述

(一)工序能力分析

工序能力分析,就是分析工序的各种方法、工序环境它们对工序质量指标要求的适合程度。其分析的内容包括设备、工艺、人的操作、材料、测量工具等。

生产制造要经过许多工序,质量产生于工序之中,故工序质量保证是最基本的产品质量保证。工序能力分析是基础的质量技术分析,它对提高生产工序质量至关重要,它既能提供许多基础工序信息,又能为改造工艺做出贡献。

(二)与工序能力有关的概念

1.工序能力

是指当工作条件处于一般的正常状况,称之为标准条件,而且保持稳定,此时工序所处的工作能力。

2.稳定状态

是指环境条件维持不变,工序维持相对稳定,时间的推移不引起工序的变化,工序被很好地控制住。

3.标准状态

是根据实际情况设定的一般性状态,即作业条件处于一般性正常状态,也是最常见、最普通的状态。

4.工序的实际加工能力

是指工序质量特性离散程度,往往以标准差、方差和变异系数等指标反映。离散程度表达了工序质量的稳定状况,即质量波动幅度的大小,小的离散程度说明工序的实际加工能力强。质量波动性幅度以特性标准差 σ 表示,实践中,把分散性确定在 3σ 左右,就能较好地保证产品的质量和经济性。

有很多因素可以影响工序能力,具体包括六个方面。

人——工序操作人员的质量意识、操作熟练程度、操作能力、心理状态、身体情况。

设备——设备的精度、设备先进性、设备操作复杂性、机器的维护保养情况、机器技术参数、机器控制性、机器合理使用。

材料——原材料、零配件、半成品等的规格、品质、数量。

工艺——工艺的先进性、效率性、规范性和适用性。

测具——测量方法的科学性,测量仪器的精确度,测量手段的合理性。

环境——生产环境的好坏,生产条件的适宜性,生产氛围的舒适性。

(三)工序能力指数

工序能力代表了工序的真实作业能力,能力有大小,这种能力究竟能够在多大程度上适合技术要求、顾客要求,这是智能制造更为关心的问题,这种满足程度的高低可以用工序能力指数来衡量,工序能力指数的定义计算公式为:

$$C_p = \frac{T}{B} = \frac{T}{6S}$$

其中,T 是波动区域的宽度,T＝区域最大值 T_U － 区域最小值 T_L,B 是工序能力。公式表示每一单位的工序能力能支持多广的规格变动。

工序能力强调的是工作能力的强弱,而工序能力指数强调的是工作能力的高低能在多大程度上满足规格要求,二者有本质上的差别。工序能力指数高表示合格品率高,即产品质量高,反之则质量低,说明工序能力指数是质量实现的保证。由于智能生产作业的先进性,要求智能制造企业追求强的工作能力,增强工序能力指数。

二、工序能力指数计算

工序能力指数计算大致分为计量值计算和计数值计算;其中计量值计算又可以分为双侧规格界限、单侧规格界限两种情况计算;计数值计算又可以分为计件值、计点值两种情况。

(一)计量值——双侧规格界限

双侧规格界限是指既具有规格上限(T_U)要求,又有规格下限(T_L)要求的情况。

1.无偏——规格中心 T_m 与分布中心 $\bar{x}$ 重合

无偏——规格中心 T_m 与分布中心 $\bar{x}$ 重合分布图如图 8.19 所示。

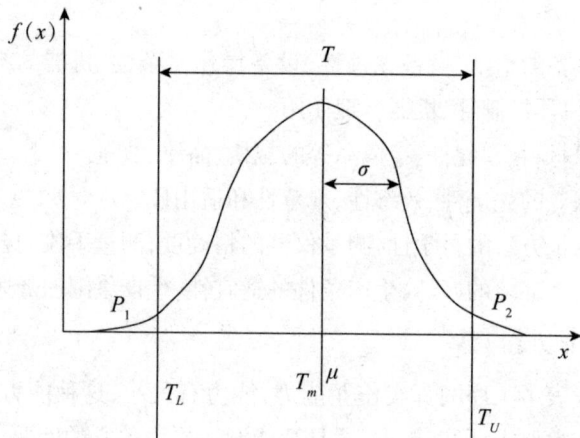

图 8.19　无偏——规格中心 T_m 与分布中心 $\bar{x}$ 重合分布图

下面推导工序不合格品率 p 的估计:

根据工序能力指数计算公式

$$C_p = \frac{T}{6S}$$

对以上公式变形,并求规格上限 T_U、规格下限 T_L

$$T = 6SC_p$$

$$T_U = T_m + \frac{T}{2} = \bar{x} + 3SC_p$$

$$T_L = T_m - \frac{T}{2} = \bar{x} - 3SC_p$$

则工序不合格品率 p 为:

$$p = 1 - \left[\Phi(\frac{T_U - \bar{x}}{S}) - \Phi(\frac{T_L - \bar{x}}{S}) \right]$$

$$p = 1 - \left[\Phi(\frac{\bar{x} + 3SC_p - \bar{x}}{S}) - \Phi(\frac{\bar{x} - 3SC_p - \bar{x}}{S}) \right] = 1 - \left[\Phi(3C_p) - \Phi(-3C_p) \right]$$

$$= 1 - \left[1 - \Phi(-3C_p) - \Phi(-3C_p) \right] = 2\Phi(-3C_p)$$

[例8.3]某种工序对零件进行加工,对其加工后的产品实施测量,测得产品某种尺寸的平均数 $\bar{x} = 6.5$,标准差 $S = 0.0055$,所设定的规格范围是 $\varphi\, 6.5^{+0.015}_{-0.015}$,该工序的工序能力指数是多少? 不良品率又是多少?

解:将已知数据直接代入公式计算可得

$$\bar{x} = T_m = 6.5$$

$$C_p = \frac{T}{6S} = \frac{0.030}{6 \times 0.0055} = 0.909$$

$$p = 2\Phi(-3C_p) = 2\Phi(-3 \times 0.909)$$

$$= 2\Phi(-2.727) = 2 \times 0.003197 = 0.006394$$

2.有偏——规格中心 T_m 与分布中心 $\bar{x}$ 不重合

规格中心 T_m 与分布中心 $\bar{x}$ 之差就是绝对偏移量 e,即,$e = |T_m - \bar{x}|$

计算偏移系数 k:

$$k = \frac{e}{T/2} = \frac{\left| \frac{1}{2}(T_U + T_L) - \bar{x} \right|}{\frac{1}{2}(T_U - T_L)}$$

工序能力指数:$C_{pk} = \frac{T}{6S} - \frac{2eT}{T6S} = \frac{T - 2e}{6S}$

或,$C_{pk} = (1 - k)C_p = (1 - k)\frac{T}{6S}$

当 $k \geqslant 1$,即 $e \geqslant T/2$ 时,规定 $C_{pk} = 0$

不合格品率估计:$p = 1 - \left[\Phi(\frac{T_U - \bar{x}}{S}) - \Phi(\frac{T_L - \bar{x}}{S}) \right]$。

[例8.4]对某种工序加工后获得的全部产品实施长度测量,其长度的平均值为 19.0101cm,标准差为 0.0143cm,所设定的规格范围是 $\varphi\, 19^{+0.04}_{-0.03}$,该工序的工序能力指数是多少? 不良品率又是多少?

解:由题意可知 $\bar{x} = 19.0101$cm,$S = 0.0143$cm,

$T_L = 18.97$

$T_U = 19.04, T = 0.07$

$T_m = \dfrac{T_U + T_L}{2} = 19.005 \neq \bar{x} = 19.0101$

$k = \dfrac{|19.005 - 19.0101|}{0.07/2} = 0.146$

$C_p = \dfrac{0.07}{6 \times 0.0143} = 0.816$

$C_{pk} = (1 - k)C_p = (1 - 0.146) \times 0.816 \approx 0.7$

或者,计算工序能力指数的另一种算法:

$e = |T_m - \bar{x}| = |19.005 - 19.0101| = 0.0051$

$C_{pk} = \dfrac{T - 2e}{6S} = \dfrac{0.07 - 2 \times 0.0051}{6 \times 0.0143} \approx 0.70$

不合格品率估计数为:

$p = 1 - \left[\Phi_{(\frac{19.04-19.0101}{0.0143})} - \Phi_{(\frac{18.97-19.0101}{0.0143})} \right]$

$= 1 - \left[\Phi_{(2.093)} - \Phi_{(-2.804)} \right] = 0.021 = 2.1\%$。

实践中,人们总结出一张表格,此表格利用已知的 C_p 和 k 值,就可以很方便地查到估计的不合格品率,此表略。本题对于已经计算出来的 $C_p = 0.816$, k = 0.146,查表即可得知不良品率估计为 2.1%~2.3%。

(二)计量值——单侧规格界限

1.仅给出规格上限 T_U

仅给出规格上限 T_U 的计量值分布图如图8.20所示。

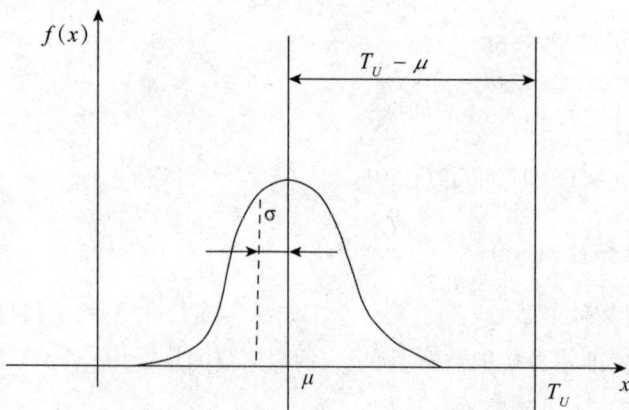

图8.20 仅给出规格上限 T_U 的计量值分布图

计算公式：$C_p = \dfrac{T_U - \mu}{3\sigma} \approx \dfrac{T_U - \bar{x}}{3S}$

当 $T_U \leqslant \bar{x}$ 时，$p \geqslant 50\%$，则规定 $C_p = 0$

不合格品率估计：$p = \Phi(-3C_p)$。

[例8.5]加工一批零件，规定加工后的零件产品重量不能超过 $71g$，测量部分零件产品的平均重量为 $70.2g$，标准差为 $0.24g$，问工序能力指数和不合格品率分别是多少？

解：由题意可知 $\bar{x} = 70.2g$，$S = 0.24g$，将已知数据代入公式进行计算得

$$C_p = \frac{71 - 70.2}{3 \times 0.24} = 1.11$$

$$p = \Phi(-3 \times 1.11) = \Phi(-3.33) = 4.342 \times 10^{-4} \approx 0.04\%$$

2.仅给出规格下限 T_L

仅给出规格下限 T_L 的计量值分布图如图8.21所示。

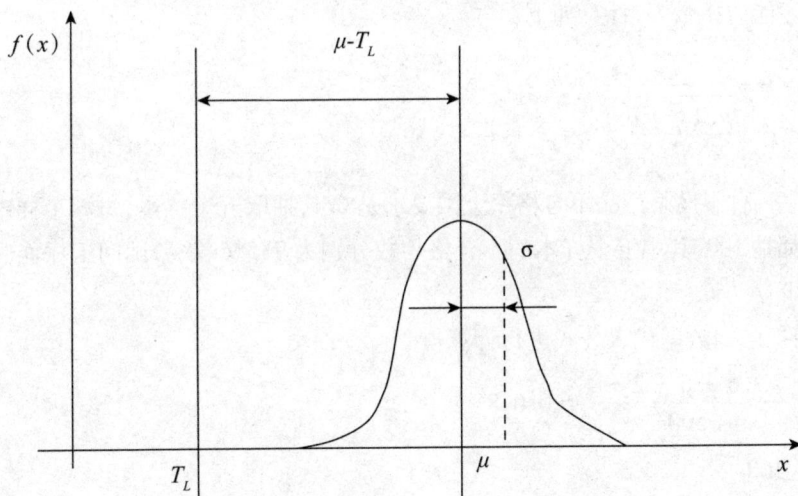

图8.21　仅给出规格下限 T_L 的计量值分布图

计算公式：$C_p = \dfrac{\mu - T_L}{3\sigma} \approx \dfrac{\bar{x} - T_L}{3S}$

当 $T_L \geqslant \bar{x}$ 时，$p \leqslant 50\%$，则规定 $C_p = 0$

不合格率估计：$p = \Phi(-3C_p)$。

[例8.6]某零件经过某道工序加工后，其硬度不得小于 $HRC\ 71$，对其成品进行硬度测量，发现其硬度平均数是 $HRC\ 73$，硬度标准差是1，问该工序的工序能力

指数及不良品率分别达到多少?

解:从原题可知 $\bar{x} = HRC\ 73, S = 1$

$$C_p = \frac{73 - 71}{3 \times 1} = 0.67$$

$$p = \Phi(-3 \times 0.67) = \Phi(-2) = 0.0222 \approx 2.2\%$$

(三)计数值——计件值

假设不合格品率上限为 p_U,取 k 个样本,每个样本的样本容量分别为 n_1, $n_2, \cdots, n_k$,每个样本中的不合格品数为 $d_1, d_2, \cdots, d_k$。平均不合格品率及平均样本量分别计算如下:

$$\bar{p} = \frac{\sum\limits_{i=1}^{k} d_i}{\sum\limits_{i=1}^{k} n_i} ; \quad \bar{n} = \frac{\sum\limits_{i=1}^{k} n_i}{k}$$

工序能力指数 C_p 计算如下:

$$C_p = \frac{p_U - \bar{p}}{3\sqrt{\dfrac{\bar{p}(1 - \bar{p})}{\bar{n}}}}$$

[例8.7]假设某产品不合格率上限要求是0.1,抽取五个样本,每一个样本的单位数都是100,其中五个样本的不合格品数分别为7、5、6、2、4,试问工序能力指数是多少?

解:把已知数据代入公式进行计算得

$$\bar{p} = \frac{7 + 5 + 6 + 2 + 4}{500} = 0.048$$

$$\bar{n} = 100$$

$$C_p = \frac{0.1 - 0.048}{3\sqrt{\dfrac{0.048(1 - 0.048)}{100}}} = 0.81$$

(四)计数值—— 计点值

假设样本中不合格品数上限为 C_U,取 k 个样本,每个样本的样本容量分别为 $n_1, n_2, \cdots, n_k$;每个样本的不合格品数为 $C_1, C_2, \cdots, C_k$。样本中平均不合格品数为:

$$\overline{C} = \frac{\sum\limits_{i=1}^{k} C_i}{\sum\limits_{i=1}^{k} n_i}$$

工序能力指数 C_p 为:

$$C_p = \frac{C_U - \overline{C}}{3\sqrt{\overline{C}}}$$

[例8.8]某批产品要求单位产品的最大不合格品数为2,抽取容量为10的5个样本,各样本的不合格品数分别为7、5、6、2、4,其工序能力指数是多少?

解:将已知数据代入公式计算得

$$\overline{C} = \frac{7+5+6+2+4}{5 \times 10} = 0.48$$

$$C_p = \frac{2 - 0.48}{3 \times \sqrt{0.48}} = 0.731$$

三、提高工序能力指数的途径

作为智能制造企业,由于智能制造的特点,在多数情况下应该提高工序能力指数。常用的提高工序能力指数的措施有:减小偏移量、降低标准差、修订标准范围。

(一)减小偏移量

即使工序能力基本满足容差要求,但如果加工中心存在中心偏离,也会减小工序能力,使不合格品数量增加,因此应该设法调整工序分布中心,减小偏移量。可以采取的措施有以下几个方面。

(1)收集数据并进行统计分析,观察大量数据,找出偏移规律,调整中心位置,也可采取设备、刀具的自动补偿,自动调整,以此减小偏移。

(2)把容差中心值作为加工力图达到的目标,以此为中心点来进行加工。

(3)使用高等级的精密测量仪器,强调测量的精准性。

(二)降低标准差

加工过程如果不精确,其工艺、操作和结果如果分散性大,则会造成标准差大,误差也大,使结果不稳定,这对工序能力必然形成不利影响。这种分散性往往由原材料不稳定、设备精密度差、工艺不合理等因素造成。降低标准差措施有以下方面。

（1）改进工艺，改进操作方法，调整加工过程，使用优质原材料，使用优良设备，采用新技术。

（2）对设备进行改造和更新，使用更为精密的设备，使设备与容差中心相适应。

（3）改变原材料采购周期和采购批量，使原材料库存量满足制造过程，避免采购的不合适造成对生产质量的不良影响。

（4）改善工作环境，优化工作条件，为生产创造良好的环境条件。

（5）加强操作人员培训，使每一个操作者成为熟练操作者，尤其要加强对新技术使用的培训。

（6）强化现场质量控制，控制住关键点，控制要及时，要加强检测，及时纠正错误。

（三）修订标准范围

在产品质量不受到影响的前提下，可以放宽容差范围，把不必要的过高容差要求降低，以此提高过程能力，因此有必要修订标准范围。

以上三种措施各有使用条件，也有优先顺序。减小中心偏移量的措施应该作为首选措施，因为它比较易于执行，技术上也容易实现，同时节省人力、物力和财力。只有当偏移量为0，工序能力指数小于1时，才使用提高过程能力、降低标准差的措施，提高过程能力需要对现场进行工艺改造，技术难度大，花费时间、精力较大，但是如果带来的质量效果超过这种花费，提高过程能力就变得很有意义。最后是采用修订标准范围措施，而修订标准范围以便放宽容差范围，必须以不牺牲质量水准为条件。

第九章

智能制造产品开发

第一节　工业产品开发

一、工业产品开发概览

（一）产品开发实质

产品开发是从最初的产品观念的形成到正式投产的一系列过程。它起始于市场调查,经过产品概念的形成、选择产品概念、产品设计、工艺设计、制造设计,最后到投入生产,其间要经过每一步的决策,而每一步的正确决策都为后来的正式投产打下了基础。智能产品开发是智能制造的基础,它解决了生产什么智能产品的根本问题。产品开发包括新产品的研究开发、老产品改进或换代两大主要内容。

（二）产品开发类别

按照产品创新程度由高到低程度上的差异,产品开发可以划分为如下四种类型。

1.全新产品开发

这是一种革命性、彻底的新产品,过去从未出现过,其表现在六个新:新原理、新结构、新技术、新材料、新工艺、新功能,它是科技的重大突破和重大应用的结果,对市场、社会有巨大的贡献。

2.换代产品开发

这是对原有老产品进行升级换代的开发,换代产品在功能、材料、质量上明显优于老产品,上了一个档次。

3.改进产品开发

这是对现有产品做一些局部改善的产品开发,使得新产品在性能、结构、功能、款式、花色、品种、材料等一个方面或几个方面,比老产品有所进步。具备任何一个小小的改变的产品都可以视为改进型新产品。

4.仿制产品开发

这是模仿市场上已有产品,生产出本企业产品的开发,此种产品对本企业来说是新产品,但对市场来说并非新产品。

（三）产品开发程序

产品开发是一个复杂的过程,为了使产品开发过程科学、合理,并能够顺利进行,应该遵循如下若干步骤。

构思产生—构思筛选—产品概念形成与测试—初拟营销规划—商业分析—分析结果（若结果不良就停止开发,若结果理想就进入下一步）—产品实体开发—实体开发结果（若结果不良就停止开发,若结果理想就进入下一步）—市场试销—试销结果（若结果不良就停止开发,若结果理想就进入下一步）—产品商品化。

（四）缩短产品开发周期

由于艰巨性、复杂性和困难性的存在,新产品的开发很难在短时间内成功,往往需要经过很多年的努力才会有结果,这势必带来极大的开发风险。例如,市场需求发生改变;竞争对手比本企业抢先一步开发出同种新产品;技术进步催生出比开发的新产品更优秀的新产品;由于资金的时间价值开发成本变高。所以,为了减少开发风险,迅速回收投资并产生经济效益,应该极力缩短产品开发周期。实际过程可以采取以下措施。

（1）加强针对缩短产品开发周期的产品设计。产品开发的关键是产品设计,开发的成功有60%~70%是取决于设计,因此,要采用良好的设计方法、先进的设计技术,在保证实现产品的功能、可靠性、效益的同时,设计出工艺简单、操作方便、省时省力的新产品。

（2）以项目管理方式实施产品开发。组建项目组,精选项目组领导和成员,比起非项目管理来说,项目管理的针对性更强,效率更高,能够缩短开发时间。

（3）实施并行工程。把原本按照前后循序进行的工作,予以并行展开,各部门人员工作同步展开,且各部门密切配合,相互协同,也可以大大缩短开发周期。

（五）新产品定义

站在不同的角度,对新产品的理解可以不同;站在不同的层次,对新产品的认识也可以不一样。例如,站在市场营销学角度看,对市场而言,第一次出现的产品就是新产品;对企业而言,第一次生产销售的产品也是新产品。而站在科技角度看,新产品就是使用的新技术、新原理、新材料的产品。市场营销学中的新产品与科技上的新产品的定义是不同的。根据划分标准的不同,新产品可以分为不同的类型。

1.按照市场和企业标准来分,新产品划分为七类

(1)全球性新产品。它是世界上第一次出现的新产品,是彻底的新产品,形成了全新的市场,这种新产品很难产生,约占全部新产品总数的1%。

(2)新产品线。对于一家企业来说,新增加的产品线技术属于新产品线,但对于整个市场来说,其早已存在,并非新产品线。

(3)新产品项目。它是在已有的产品线中增加新产品项目,添加新规格,使产品线加长。

(4)换代产品。它是对原有老产品的比较大的改进,是明显进步了的新产品。

(5)改进产品。它是对老产品的局部更新,部分改变原产品的功能、价值、结构。

(6)重新定位产品。它是对原产品开发其新的用途,重新确立市场位置的产品。

(7)降低成本产品。它在性能、结构等所有方面与原有产品没有区别,仅仅只是成本略低而已。

2.按照新产品创新程度标准划分,新产品分为三类

(1)高级新产品。此种新产品利用的技术、原理、方法都是全新的,是程度最高级的创新。

(2)中级新产品。此种新产品是在原来的技术、原理、方法的基础上,做出适当的改变,使外观、性能、质量有一定进步的新产品。

(3)初级新产品。除了以上两种新产品外,具备任何一点局部的改变,哪怕是微小的变化都可以视为初级新产品。

3.按照新产品开发方式标准划分,新产品分为三类

(1)技术引进新产品。这是直接引进先进技术的、且被证明是具有成熟可靠技术的新产品。

(2)独立开发新产品。这是依靠企业自己的力量,按照用户的需求,自力更生开发的新产品。

(3)混合开发的产品。这是把以上两种方法结合起来开发的新产品。

(六)环境迫使产品开发

严峻的市场竞争现实,迫使企业不能墨守成规,必须始终进行新产品开发。

1.产品生命周期理论的要求

任何产品都有生命周期,企业必须按照生命周期理论来经营产品。只有不断开发新产品,当老产品走向衰落时,才会有后续新产品跟进,实现新老更替,使企业永远有产品可卖,使企业永远有市场可去占领。

2.消费需求变化的要求

消费者的需求是多变的,为了迎合需求的多样性、变化性,企业必须不断推出新产品,以满足这种复杂的市场需求。

3.科学技术发展的要求

科技不断进步,科技快速发展,催生了许多新产品,产品更新换代速度加快,使新产品如雨后春笋般地不断出现,加快了创新步伐。

4.激烈市场竞争的要求

现代市场竞争越来越激烈,要想赢得竞争优势,立于不败之地,就要不断创新,开发新产品,创新是企业进步的源源不断的动力。

(七)新产品开发的目的

1.占领更大的市场份额

消费者的市场需求是不断变化的,只有开发出满足各种需求的新产品,才能适应市场变化,才能扩大销售,提高市场占有率。

2.提高企业竞争力

不断开发新产品,可以增强企业技术力量,增强企业创新能力,适应创新型社会发展的要求,增加企业盈利,增强企业的经济实力,避免产品过时淘汰使企业被竞争者挤出市场。

3.提高生产力

实施科技创新,采用新技术、新材料、新设备,使企业不断取得技术进步,使劳动生产率得到提高。科学技术就是生产力,这种产品创新必然带来生产力水平的提高。

4.充分利用企业的资源

开发新产品有利于充分利用企业的人力、物力和财力等各种资源,提高资源的使用效率,节约资源,降低资源使用成本,取得良好经济效益。

5.分散经营风险

用更多的新产品满足广泛的消费者的需要,培养多个利益增长点,多角化经营,防止吊死在一棵树上,分散企业的经营风险。

二、新产品开发策略

新产品开发,就是要合理科学地利用企业有限的各种资源,选准开发方向,采用先进技术和方法,开发出满足市场需求的新产品,这些新产品要体现多功能化、系列化、复合化、微型化、智能化、艺术化等特点。新产品开发难度大、复杂性高,要闯出一条新路,要摸着石头过河,失败率也高。因此,应该总结出一些曾经的成功经验,作为策略加以应用,提高新产品开发的成功率。我们从以下四个角度探索其策略。

(一)新产品开发中心的策略

1.以市场为中心的开发策略

做好市场调查,掌握消费者的需求欲望,根据其需求来设计、开发新产品,一切以满足消费者需求为出发点和归属点。

2.以技术为中心的开发策略

以企业的技术优势为中心,围绕企业的技术能力,充分利用企业专利,研发新产品,力图在产品的技术上有所突破,提高产品的科技含量。智能制造企业往往具有较好的技术能力,他们往往以企业的技术研究突破,去创造新产品的开发机会。

(二)新产品开发创新程度方面的策略

1.全新策略

采用新原理、新结构、新材料、新工艺,开发出从未有过的全新产品,让市场上第一次呈现这种产品。

2.仿造策略

模仿市场上其他成功产品,模仿性地开发出新产品。

3.局部改进策略

在原有产品的基础上,加入新的元素,适当改变结构、原理,使老产品得到一定程度的改善。

(三)新产品特色的策略

1.高质量策略

以提高产品质量为创新点,使新产品质量明显高于老产品质量,提高产品的质量竞争力。

2.低价策略

大幅度降低产品价格,实现产品物美价廉,实施薄利多销策略,以低价扩大销售量,占领更大的市场份额。

3.独特利益点策略

给消费者提供特色利益点,满足其特殊需要,满足其求异、个性化的心理需求。

(四)新产品市场竞争位次的策略

1.领先策略

力图做到新产品的行业领先地位,做到行业第一的新,采用新原理、新技术、新结构,开发出全新产品。

2.超越自我策略

具有未来发展的战略眼光,甚至暂时放弃一部分眼前利益,追求新产品长远利益的最大化。企业要不断超越自我,没有最好、只有更好,要培育潜在市场,要有强大的技术作后盾。

3.跟随策略

针对市场上已有的成功产品,予以模仿、改造,在保持原产品的基本原理和结构不变的前提下,适当改头换面,属于小打小闹的创新。

4.狭缝策略

对于市场上还未满足的需求狭缝,采取措施填补,比如,用特殊的新产品弥补狭缝需求,这是拾遗补阙式的策略。

三、产品改进与换代途径

全新产品的开发难度大、投入多、开发周期长、成功率低,因此,进行产品改进与换代是更加实际可行的做法。企业以原有产品为基础,在技术、材料、造型、结构、原理、工艺等方面予以适当改善,或者采取新的营销策略,或者改变产品整体概念中三个层次的任何一个层次,均可以实现产品改进与换代。

(一)开发节能型或环保型产品

产品的节能型和环保型是新产品未来的发展方向,开发新能源,利用节能技术,利用低成本能源,综合提高能源使用效率,推出节能新产品;给产品加上环保技术,实现绿色使用、安全使用,实现废旧产品的回收利用。

(二)挖掘新功能或转移原功能

任何产品都有满足消费者需要的功能,在原有产品功能的基础上扩展其功能,或者将原功能移植到其他产品上,都可以形成新产品。

（三）将产品系列化

根据人的需要的多种多样，延长产品线、增加产品宽度，加深产品深度，扩大产品线关联度，都有利于提供给市场丰富多样的产品，充分满足人们对产品规格、款式、色彩、功能的不同需要，这就是以多品种系列化创造新产品。

（四）改良落后产品

对某些滞销、处于衰退期的产品进行分析研究，找出落后原因，利用企业自身优势，结合现有的条件和需要，有针对性地改善其不足，从而能创造出新产品。

（五）重新定位产品

为不良定位的产品重新找到合适的市场位置，予以定位。定位显示了产品的独特性质，反映了产品的顾客对象，也体现了产品给予市场的印象，新的定位表明了产品新的形象，这就是新的产品。

（六）创新营销策略

采用不同于其他企业的新型营销策略，表现出市场营销策略的新颖性，产生营销角度的新产品。

（七）改变质量

对原有产品的质量，或者提高，或者降低，或者二者同时进行，都可以创造质量新产品。创造质量略低的廉价产品也是一种创新。[1]

第二节 产品实体开发

产品开发是一项创新工程，创新的特点之一就是复杂，创新开发自身的规律决定了产品实体开发是一项艰巨的工程。该工程起始于调查顾客需求，终止于新产品投放市场，全程经历许多阶段，利用多种技术、多学科交叉、牵涉许多部门和人员，风险大、持续时间长，有一定的规律可循，因此，各环节必须互相促进、制约，各专业部门需要彼此配合，并行工作，方能顺利完成整体实体开发任务。例如，对于智能机电产品开发，需要工业设计师、电路设计师、软件设计师、制造工程师、市场营销人员共同参与，需要调查部、设计部、生产部、财务部、营销部协同作战，涉及的学科包括机械制造、电子工程、机电一体化、数控技术、艺术学、计算机科学、

---

[1] 蒋亚南.工业产品设计与表达——机械产品开发概论[M].北京:机械工业出版社,2011.

材料科学、人因工程学、市场营销学、心理学等许多科学。

（一）产品实体开发流程

（1）调查研究。开发工作起始于市场调查，调查市场需求，分析市场需求。

（2）形成创意。根据调查结论，根据企业自身实际情况，凭借已有的经验和知识，形成新产品的创意，初步构思新产品的轮廓。

（3）新产品设计。对创意予以明确化、细化，并对其进行论证，如果可行，则对新产品分别进行初步设计和详细设计。

（4）新产品试制与评价鉴定。依据设计方案和图纸，试制新产品，评价和鉴定新产品，改进新产品。

（5）准备生产。制订生产计划，准备好生产技术、原材料、人力、机器设备。

（6）正式生产。按照订单或预测量，采用大量大批、成批或单件小批的生产方式，生产出新产品。

（7）市场营销。采用价格策略、渠道策略、促销策略、服务策略等多种营销组合策略，将新产品推向市场。只有市场推广获得了成功，新产品实体开发才算最终结束。

（二）产品实体设计开发流程

产品设计是产品实体开发的最关键环节，设计的好坏直接决定了实体开发的成功与否，而设计又是一个知识密集型的脑力劳动，其过程的复杂性和综合性较强。全设计要依次经过如下三个阶段、九个环节，问题概念化阶段：设计调查、设计分析、设计定位；概念可视化阶段：设计草图、设计效果图、模型制作；设计商品化阶段：结构设计、工程制图、试生产。

产品实体设计是面向硬件产品开发的。鉴于设计地位极其重要，为了保证设计工作的成功，应该制订产品设计计划，以便按照设计计划有序推进；设计过程中要进行人机工程学分析，综合利用多学科知识；所有的设计工作都是追求最后的效果图；以效果图进一步完成工程制图；按照工程制图完成模型制作；再完成试生产以及正式生产；最终实现新产品的市场化。[①]

第三节　服务产品开发

比起实体产品，服务是一种无形产品，服务没有大小、体积、尺寸、颜色、重量、

---

① 诸鸿,陈智勇.新产品开发[M].北京:中国人民大学出版社,2014.

形状等有形性质,它是一种抽象产品。在智能制造领域,同样有智能服务产品的制造问题,由于智能服务产品的特殊性,所以在开发方面,它与智能实体产品开发有一些区别。

任何一种产品多多少少都包含了一定的实体部分和服务部分,只是所占的比重不同而已,极少有纯粹的实体产品或纯粹的服务产品。例如,按照以下排列顺序的产品:钢铁生产、房屋修建、服装业、汽车维修、家政服务、教育,从前到后,实体化比重逐渐下降,而服务化比重逐渐增加。

一、多维化服务设计

服务设计就是为了客户的利益来设置服务,也就是对服务的类型、方式、方法、过程和操作予以设计,以保证服务界面,这不但对用户来说有用、可用、好用,而且对服务提供者来讲有效、高效、与众不同。服务设计往往把许多实体产品的设计方法移植到服务界面上,让成熟的创造性的设计方法在服务产品设计中有用武之地。如图9.1所示。

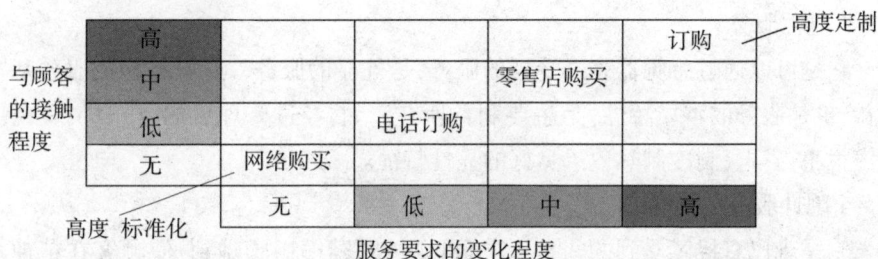

图9.1 二维角度的服务设计

每一种服务产品的设计可以从两个维度来考虑:与顾客的接触程度和服务要求的变化程度。根据这两个维度取值的程度不同,设计不同的服务形式。如果根据更多维角度来设计,还可以设计出更加细化、有效的服务形式。

二、服务设计的关键点——服务接触点

服务产品的提供与实体产品的提供相比,其最大的特点就是讲究服务接触点的优化,因为服务产品自身的特点,要求有更多更好的服务接触,所以把握住服务接触点这一个设计关键,便可以提供高质量服务产品。例如,读者到智能图书馆享受阅读服务时,接触到图书馆优雅的环境、先进的智能图书查阅系统、完善的资料数据库、工作人员热情的服务、方便快捷的借阅手续,这些都大大提升了图书服务产品的水平,能吸引更多的读者来到图书馆享受该种服务。总结起来,智能服

务产品的接触点包括:人、对象、过程和环境。

三、服务设计着眼点

实体产品的设计,主要考虑人与产品之间的相互作用;而服务产品设计,主要考虑人与人,人与机器,机器与机器之间的相互作用。这样就决定了服务产品设计的内容有别于实体产品设计的内容。

（一）组合系列服务设计

组合系列服务是一种服务包,服务包是企业提供的一系列产品和服务的组合,包含以下四个方面内容。

1.支持性设备

它是基础性物资,支持服务的实现,它务必在服务正式开始前配置齐全。

2.承载产品

它是承载服务的产品实体,使服务有所归属,消费者通过此产品的消费获得服务。例如,电冰箱承载着冷藏的服务,电视机承载着视听享受的服务。

3.显性服务

它是可以通过感觉器官感受到的服务,是外显的服务。此服务构成服务基本利益,也是服务的本质特性,是主要利益所在。如,经过修理后的空调机,表现出噪声很小、省电、制冷制热效果良好的显性特征。

4.隐性服务

它是难以直接感受到的间接服务,可以被顾客模糊感觉到,使顾客在精神上得到不确定的朦胧享受。此服务的特性是非本质的。如贷款后的金融机构的保密性。

（二）窗口设计

服务窗口就是服务接触点,服务产品的提供和消费必须通过很多服务接触点来进行,服务接触点的数量以及优劣决定了服务质量和服务水平,服务接触点是服务产品与外界进行连接的纽带、窗口,因此务必重视这种服务窗口的设计。常见的服务接触点有:出版、新闻、展览、电子邮件、包装、网站、广告、促销、公共关系、商业展示、演讲等。

（三）服务营销策略设计

在激烈的市场竞争中,服务产品营销的成功还需要借助服务营销策略的制定和实施,营销4P、4C等各种策略应该有良好的组合设计。例如,在销售空调机时,必须要做好事前、事中和事后服务,事前搞好咨询服务和产品宣传,事中提供财务、支付等便利,事后免费配送、安装、调试、维修。

（四）服务的有形展示设计

服务产品的优劣不像有形产品那么直观,因此购买服务的风险很大,但是顾客可以通过一些有形线索感知服务质量,例如,服务设施、场所、环境、服务人员的精神面貌、服务熟练程度、价格等,设计好有形展示能够有利于服务的销售。

四、服务设计的程序

由于服务内容的复杂性,服务领域的多样性,很难总结出一套总是行之有效的标准程序,因此,服务设计的程序相对灵活。一般来说,经常包括以下方面。

（一）服务蓝图设计

服务蓝图描绘了服务的整体状况,有利于人们对服务有一个完整清晰的认识,它也是下面服务设计图的基础。

（二）服务设计图绘制

服务设计图是服务提供具体过程的运作图,对于流程、步骤、操作方法均做了详细说明,它是重要的文档,以图示方式详细表明了服务时间和服务顺序。

（三）服务模拟

将真实服务予以原型模拟,建立场景,邀请有关人员承担角色,在场景中进行表演。只有通过表演,设计师才能发现服务设计过程中存在的问题,从而改变设计、优化设计。模拟场景务必逼真,使用真实道具,使场景有真实性和沉浸性。

第四节　产品全生命周期设计

从工业工程角度看,产品全生命周期是指产品从市场需求分析、工程设计、制造装配、包装运输、营销、使用到报废的整个生命过程。从市场营销角度看,产品全生命周期是指产品从问世一直到被市场彻底淘汰的整个过程。

产品全生命周期设计是对产品全生命周期所有环节进行的设计。工业工程角度的产品全生命周期分为以下五个阶段。

（1）孕育期。调查产品市场需求、产品规划、产品设计、技术设计、工艺设计。

（2）生产期。生产准备、材料选择、加工制造、装配、包装。

（3）销售期。仓储、库存、广告、促销、物流、配送、销售、安装、售后服务。

（4）使用期。使用、运行、养护、维修、更新、改造。

(5)转化再生期。报废、回收、再利用、再处理、降解。

产品的开发、设计之初就必须考虑产品生命周期各阶段的要求,把每一阶段都事先设计好,保证产品开发的每一环节被优化。为了提高设计质量,许多先进的设计技术可以被采用,例如,面向功能的设计、面向制造与装配的设计、面向测试的设计、面向环境的设计、面向质量的设计、面向成本的设计、面向服务和维修的设计等。

一、面向功能的设计(DFP)

功能设计一:改进型设计。它是利用价值工程的原理和方法,改进原来的功能。原有产品的某些功能不符合顾客需要,与产品定位不吻合,或者功能不足,或者功能过剩,这都需要以 DEP 予以改进。

功能设计二:重新型设计。它是按产品定位重新设计出新功能的设计,使得产品具有全新的且符合顾客需要的功能,是功能的创新,产品重大改进、重大创新需要 DEP 这种设计。

二、面向制造与装配的设计(DMFA)

制造与装配需要适用、先进的工艺和技术,各阶段要协调,使得技术得以充分发挥,使得制造过程顺利、高效,这就需要 DMFA 设计。该设计考虑了制造过程的所有因素,从产品全生命周期考虑制造及装配,通过分析、评价、规划、仿真等手段,对制造和装配予以优化设计。

三、面向环境的设计(DFE)

面向环境的设计本质上是绿色设计、环保设计。此设计利用了环境保护技术,利用了绿色制造技术,让材料的提取、制造、加工、运输、使用、废弃各个环节都对环境没有破坏作用,做到既保护自然生态系统,又保护社会系统,还保护人类健康。

(一)产品结构设计

产品结构设计是面向环境的设计的必备内容。设计时努力实现:结构简单,零配件尽量少,使用多功能零件,零件连接简单,体积尽量小,尺寸适当;结构稳定,结构与技术匹配,与工艺相符,结构节省材料,节省能耗,便于改装,便于扩展功能,有利于使用寿命的延长。

(二)面向拆卸的设计(DFD)

此设计使产品易于拆卸、便于维修、容易更换零配件,这样就方便设备和产品的维修保养,有利于废弃零件或材料的回收再利用,达到节约资源、能源和保护环境的目的。

(三)面向回收的设计(DFR)

此设计是在产品设计过程中充分考虑产品零部件及材料回收的可能性、回收价值的大小、回收处理方法、回收处理结构工艺性等与回收有关的一系列问题,以达到零部件及材料资源和能源的充分高效利用、环境污染最小的目标的设计思想和方法。

(四)面向材料的设计

应选择性价比高的材料、优质环保材料。设计考虑的问题是材料的性能、环保性、加工性、先进性。

四、安全性设计

产品的安全性设计服务于整个安全生产过程,它以各种安全标准为依据,在各专业领域实施安全设计通常包含符合产品安全设计标准的要求。在进行安全设计时,除了遵守安全标准外,还要结合产品对环境的影响和产品定位,细化各个安全标准,分解安全内容,尽力做到安全设计无死角,保证系统的总体安全。当然,安全是相对的,很难保证绝对的安全,安全设计追求的是尽最大可能保证安全,安全性达到满意的范围。

第五节　新产品开发的基本途径

一、殊途同归的创新之路

新产品开发之路十分宽广,也有不同的道路选择,选择了不同的开发就等同于选择了不同的开发之路。在智能新产品创新实践中,企业往往可以选定三个不同的出发点,从而十分有效地开发出新产品。

(一)紧盯消费者需求

新产品开发只有以市场需求为起点,按照消费者的需求来开发新产品,才能够确保新产品满足消费者需要,获得开发的成功。因此,做好市场调查非常重要,分析消费者需求十分关键,预测需求趋势相当必要。需要可以从消费者对产品的不满中找到,可以从某些高度敏感的消费者身上找到,可以从消费者心中的愿望找到,这些需要既有物质需要,也有精神需要。

面向满足精神生活需要能开发的新产品有:玩具、文化产品、旅游产品等。

面向满足健康需要能开发的新产品有:健美、减肥、保健食品、营养素、天然食品等。

面向满足方便需要能开发的新产品有:方便食品、自动化产品、轻便产品、小型化产品、省力产品、简易产品、一次性物品等。

面向满足专用需要能开发的新产品有:女士专用品、儿童专用品、老人专用品、残疾人专用品、职业专用品等。

面向满足多用需要能开发的新产品有:多功能组合用品。

面向满足消除不安情绪需要能开发的新产品有:环保电器、保险插座、防盗门等。

面向满足用量变化需要能开发的新产品有:可调节尺寸产品、可改变含量产品等。

(二)以技术发展为突破口

科学进步、技术发展都为新产品开发提供了机会和可能,新技术的使用可以成就一个新产品,潜心于新的智能制造技术的应用,很容易开发出新产品。技术发展可以是技术创新、技术模仿、采用新材料、技术复合。

(三)以功能和样式变化为创新主要形式

在新产品开发过程中,可以使用多种措施寻求创新。

(1)研究衰落产品。扭转衰落原因,避免衰落继续,实现逆衰落型创新。

(2)形成产品系列。让产品多规格、多型号,加深产品线深度,实现系列产品创新。

(3)美化产品。增加美学元素,增强美学设计,美化包装,实现美化创新。

(4)功能转移。把此产品功能移植到彼产品上去,进行功能嫁接,实现功能转移创新。

(5)挖掘特色。发掘老产品中不起眼的特色,将其放大、突出、强化,实现特色增强型创新。

(6)微型化。把产品设计得轻、细、薄、小,方便携带和使用,实现微型化创新。

(7)流行化。把产品设计得包含许多流行元素,使之更加时尚,实现流行型创新。

(8)环保化。让产品的产生、使用、报废均达到绿色、环保的要求,没有污染标准,实现环保型创新。

（9）节能化。让产品的生产、消费和处理过程,都能节省能源,实现节能型创新。

二、新产品的市场扩散

新产品被开发出来仅仅是一个开始,将其推广出去,占领更大的市场份额后才能称之为新产品的开发成功,这就牵涉到市场扩散的问题。

市场扩散就是指产品在市场上从无到有,购买和消费量从少到多,特性从新颖到一般的过程。

新产品的扩散是一个逐渐被市场接受的过程,符合新事物被人们认识以及接受的规律。扩散的主要任务是信息的扩散,这其中,企业需要利用营销学的理论及方法,传播产品信息。如广告、公共关系、促销策略、价格策略、新闻报道都是有力的传播手段。通过传播,使新产品最终被市场接受,在扩大销量的同时产生规模效益,创造利润。

新产品的扩散遵循人类接受新生事物的一般规律,消费者要经历五个阶段:知晓、兴趣、试用、评价、接受。对于五个阶段的经过以及所做的具体事情,不同的新产品是不同的,企业就是要促进每一个阶段的顺利进行,加速阶段的完成。

新产品的特点影响其被采用的速度和程度,以下的新产品特点极其有利于被采用:优点明显、适应面广、使用简单、成本低廉、外形美观、可以试用、服务良好。

消费者对新产品的接受有先有后,按照入市购买的先后顺序看,有 2.5% 的逐新者,13.5% 的早期采用者,34% 的早期消费者,34% 的晚期采用者,16% 的落伍者。这些不同的消费者都是企业的营销目标群体,只是对他们所施展的策略有所不同。

此外,企业应该按照合理的方向来扩展市场,这样容易成功。一般的扩展方向是:先发达地区后不发达地区,先沿海地区后内陆地区,先城市后农村。

第六节　新产品概念开发

一、新产品概念的获得及设想

新产品的开发的第一个重要环节是形成新产品的概念,概念明确了新产品到底是怎样的产品,规定了开发方向。而概念的形成过程是:做市场调查—形成创意—打磨创意—写下新产品概念—检验概念—确定概念。总的来看,概念的最后形成是从想象到设想,从设想到推敲,从推敲到定案的过程,其中的想象来自市场调查和平时的经验积累。设想是一种假想,它是对某种潜在需要和欲望,用功能性语言所做出的描述和勾画,可以使用"用……实现……"或者"通过……,满足……"的标准句子来描述设想。

设想应该多多益善,这样才能做到从众多的设想中筛选出最佳概念,或者把多种设想组合为最佳概念。新产品开发的淘汰率非常高,平均每 20~30 个新产品设想中只有一个能最终上市销售,绝大多数设想最终被终结,这也要求创新者要不断地产生许多设想。

新产品设想的来源非常广泛,既可以来自企业外部,又可以来自企业内部。常见的来源包括:消费者、竞争对手、经销商、政府机构、销售人员、管理部门、职工建议、创新小组等。设想的产生需要经过市场调查,包括一手资料调查和二手资料调查。为了鼓励更多设想的产生,应该对设想进行制度化管理,这包括对顾客的访问报告制度、维修服务报告制度、市场调研制度、合理化建议制度、鼓励创新制度、信息管理制度等。

二、精选新产品设想

这是一个筛选、过滤、淘汰的过程,从众多的设想中精选出最佳设想。可以采用经验筛选和评分筛选的方法。

(一)经验筛选

经验筛选是一种初步筛选,也是粗略筛选,其筛选的准确性如何与筛选者的知识、经验有很大关系。经验筛选主观性大,是定性筛选法,在筛选标准的框架内,要考察设想的如下方面。

第一,设想与企业经营目标和产品发展规划相符合吗?

第二,设想与企业生产、技术、财务能力相符合吗?

第三,设想与企业的销售能力相符合吗?

第四,设想与开发的时间相符合吗?

(二)评分筛选

评分筛选就是预先设定评分项目和评分标准,对通过经验筛选的设想,根据其在每一个项目上的优劣,给其评定相应分数,计算出总分,当总分达到了规定的分数线,即可以选定为开发对象。这种筛选方法是定量计算法,相对比较客观,也比较准确可靠,但是由于在评分标准的制定和具体给分时,难免受到一定的主观因素影响,所以其客观性也是相对的。常见的评分筛选方法有加法、连乘法、加乘法、相对指数法、多方案加权法、市场营销系数法等。

三、产品的创新构思

新产品的新首先表现在构思新颖,构思的创新有规律可循。创新充满未知数,风险极大,但是人们通过系统学习创新规律,就可以掌握创新的科学方法,提高创新的成功率,把风险程度降到最低。创新的基础是个人创新,但更需要组织协同创新,产生相互启发、相互激励和连锁反应的效果。产品的创新构思流程和相应的技法如下。

(一)准备

此阶段应进行的工作是:(1)提出问题和产生动机,方法是利用他人直接或间接经验,利用新技术成果,发现问题;(2)界定问题和明确目标,方法是给问题下明确的定义,设立创新目标;(3)补充知识和收集资料,方法是学习新知识,广泛收集资料,掌握最新技术。

(二)研究

研究就是探索,探索就是要深入研究问题的内在规律,弄清楚问题的本质,探究其性质,这需要知识及经验的支持。而知识及经验的支持包括两种思维,一是分析性思维,就是用逻辑思维的方法进行比较、推理、计算、归纳、演绎、组合,得出科学合理的结论;二是想象性思维,就是展开想象的翅膀,扩大思维范围,进行发散性思维,把貌似不相关的问题联系在一起,可以采用隐喻、类比、想象、侧向、反向、移植、直觉技法。

(三)出新

在探索的基础上进行创造,这是深思熟虑的结果,是厚积薄发的表现,在旧产品的基础上创造出优秀的新产品。

(四)检验

检验创新构思的可行性,发掘其不足并予以调整,改善创新构思,最后确认下来。

四、新产品概念创新技法

创新有道,创新有法。创新者要遵循创新规律,自觉利用创新学理论和技法。

(一)大脑激荡创新

大脑激荡创新是一种让与会者各抒己见,畅所欲言的智力创新方法。鼓励每个人发表高见,形成不同意见互相碰撞、斗争的氛围,迸发智慧的火花,从而激发出大量的、更高明的灵感。

此法的关键是"激励"。一是赋予与会者丰富的信息,填补知识空白,诱发旧知识与新知识结合,产生新设想;二是鼓励与会者大胆思维并积极提出各自的设想。

此法的四项基本原则是:自由思考原则、延迟评判原则、以量求质原则和结合改善原则。

(二)列举缺点创新

列举出产品营销所有能想到的缺点,如果能克服任一缺点,一个新创意便诞生了。缺点就是突破口,追求尽善尽美的愿望就是创新动力。

此法的步骤是:首先罗列现有产品中的缺点;其次分析缺点;再次确定研究课题;接着进行改进型设计;最后形成创新成果。

隐蔽的缺点是发现的难点,创新者需要锐利的眼光才能发现。改进隐蔽缺点比改进显性缺点创新的程度更高。不满足现状,吹毛求疵的人更容易利用此法成功。此外,创新者要善用缺点,利用逆向思维和变通思维,缺点也可能是优点。

(三)列举希望点创新

列举希望点,将不理想产品的现实,努力向理想状态转变,创新便产生了。

马斯洛的需求层次理论能帮助我们寻找希望点。人的需求从低级到高级分为五个层次:生理需求、安全需求、社交需求、尊重需求和成就需求。在每一个层次上都可以找到许多细分需求,即希望点。

引申裂变也能找到希望点。需求具有连锁效应,一种需求的产生会引申裂变出子需求,子需求还可引申裂变出孙需求,形成代代相承的关系树,关系树的每一个节点就是希望点。

(四)列举特性创新

根据产品特性,将问题化整为零予以列出,对列出点寻求创新。产品特性可按三个方面分解,一是名词特性:部分、整体、材料、制造方法。二是形容词特性:性质。三是动词特性:功能。对分解出的每一个具体特性,可以改变,延伸,产生创新点。该方法的实施步骤是:熟悉并分析创造对象—列举并归类特性—创造并修改创意。

(五)"主体+附属体"创新

以某一产品为主体,添加另一附属产品,形成新的创新产品。运用此法要点是:第一,找到主体身上的不足点,确定需要通过添加附加体弥补并创新的方面。第二,确定添加物。添加物的选择标准是针对主体弥补缺陷,扬长避短。第三,确定添加方法。可以渐进添加,混合添加,机械添加等。

（六）同类组合创新

把几个同类事物有机组合,创造新的产品。此种组合能引起新产品在形式上、结构上、原理上等不同水平的创新,形成"1+1>2"的效果。

（七）异类组合创新

把几个不同类事物有机组合,创造新的产品组合。它把产品不同要素、部分综合考虑,整体匹配,以综合手法求创新。该综合并非主观机械地拼凑要素,而是将整体的各个部分客观联结。此法要领是:首先确定一个基本要素作为基点,然后以发散思维方法确定其他要素,最后进行组合方案设计。组合方案设计体现了"综合就是创造"的思想。

（八）分解重组创新

将产品整体分解成各元素,把各元素再重新组合,改变结构,这就是分解重组创新。运用时,首先要分析结构,弄清组成成分、工作原理;然后采用变位、变形、模块等重组方法来重新组配。

（九）类比创新

将两类有共同之处的产品加以比较,由一种产品的已知性质,推出另一产品也有相似的性质。类比的属性应是事物的本质属性。类比可信度取决于两种事物的相似程度。其运用程序是:问题提出—选择类比对象—选择类比方法—类比设计—创新方案。

（十）移植创新

把某种产品的原理、技术、方法,借用到另一种产品上予以创新。他山之石,可以攻玉。现代产品彼此交叉、融合,为移植奠定了基础。移植可以是直接移植、间接移植和推测移植。

（十一）归纳创新

从众多个别产品特性,总结归纳出一般产品特性。归纳就是总结经验材料,发现共性知识,并提出科学假设。①

---

① 陈兵.农产品营销战略创新性研究[J].中国市场,2015(49).

第七节　工业产品设计

一、工业产品设计的二重性

产品设计,指的是根据人们的需求,对产品的造型、结构和功能等方面进行综合性的设计,以便生产出满足人类需要的实用、经济、美观产品。

工业产品设计是工业设计和工程设计的组合设计,工业设计师与工程设计师必须密切配合,才能共同完成一项工业产品的设计。工业设计既不是纯工程的设计,也不是纯艺术的设计,而是两者的联合设计,一方面要设计出结构合理、功能优异、实用好用的产品;另一方面还需设计出符合广大消费者审美情趣的美观大方的产品。因此,产品设计同时用到工程技术和美学艺术,从而设计出物质功能和美学功能兼备的物质——精神产品。

工业设计解决人与物的关系,或者说是人与产品的关系,它解决了人如何作用物,物如何反作用于人的问题,工业设计师承担此种设计。

工程设计解决物与物的关系,或者说是产品构造的关系,产品结构、产品原理、产品成分均属于物与物的关系,工程设计师承担此种设计。

二、关于设计的本质探究

设计就是把不存在的事物具体规划出来,它是生产制造的依据。设计的最初来源是实际需要,满足需求是设计的目标,也是设计的动力;设计是知识和技术的应用,属于高级脑力劳动;设计就是一种创新;设计的结果是可以执行的方案;方案的执行最终会把纸上谈兵的技术成果变为实际成果。

三、工业产品设计基本要求

1.功能性要求

物理功能:性能、构造、功率、机械运动、运转、精度、可靠性、耐用性等;生理功能:方便性、满意性、安全性、愉悦性、舒适性等;视觉功能:造型、尺寸、色彩、光亮等;社会功能:象征、地位、身份、职业等。

2.审美性要求

产品造型美观,体现时尚、典雅、传统、古典等各种风格,将产品变成艺术品,符合人们的审美要求。

3.节约性要求

产品全生命周期成本低,但又不降低质量,符合价廉物美的经济观念;同时节约各种资源、能源。

4.独特性要求

产品有特殊的优点,比起其他产品具备特殊的优势,且此优势不容易被竞争对手模仿。

5.抑制性要求

新产品克服或抑制其他产品的缺点。

6.方便性要求

产品的操作、使用和维修都要方便,力求简单。

7.轻小性要求

重量轻,体积小,携带方便,使用省力。

8.适应性要求

产品或者适用于特定环境,或者适用于多种环境、可变环境,使人、机器、产品、环境互相适应,关系协调。

四、工业产品设计系统

工业产品设计是一个复杂工程,应该建立一个设计系统,以系统工程思想运行设计系统。系统的输入端输入设计要求、相关信息以及约束条件;设计人员利用设计工具,采用现代设计技术和方法处理输入材料,发挥自己的知识和能力;得出设计成果然后输出,这种成果是方案、图纸、程序、文件等。

设计流程表现出阶段性和反馈性共存。设计按照阶段一步一步推进,每一个后面阶段发现的问题,必须反馈到前面阶段,需要调整前面阶段的结论和设计,这种循环式推进是不断重复进行的。产品设计流程包括五个阶段:计划阶段、设计阶段、试制阶段、批量生产阶段、销售阶段。

第八节　产品工程设计

工程设计就是对制造工程的过程进行设计,以便制造出的产品满足产品设计的要求,有效实现产品制造的目的,实现制造过程的优势,提供市场满意的产品,赢得用户,取得良好的经济效益。智能制造企业的产品很需要产品工程设计。

一、产品工程设计类型

(一)全新性设计

这是一种让产品从无到有的设计,是典型的创新性设计。其特点是在设计原理不清、未知因素较多的情况下,依据设计目标、有限条件,实施探索性设计,以求设计出全新性新产品,也可以说是对新产品的发明。

(二)更新改造性设计

在原先基本原理不变的前提下,根据顾客需要、情况的改变,对原先的产品做适应性改变,适当改变产品结构,改善性能,满足约束条件;使产品的使用更有适应性,适合改变了的环境,适合新的需求。

(三)指标参数性设计

在结构、组成、功能、原理总体不变的情况下,调整产品的数据参数,即改变能力的大小,使得功率、速度、稳定性、能耗等方面的指标参数得以优化。

二、产品工程设计基本要求

(一)满足市场和社会需求

产品工程设计是以需求为导向的,应按照市场和社会需求来进行产品工程设计,以保证所设计的产品销售出去。

(二)勇于创新

追求标新立异,勇于开展新的尝试,在继承传统的基础上加入新的元素,采用创造性思维方法,大胆进行发明创造。

(三)稳妥与先进并重

产品设计一方面追求技术先进;另一方面追求稳重和可靠,即质量过硬,故障率低,使用寿命长。

(四)追求效率和效益

追求效率就是在单位时间内有更多的产出;追求效益就是在单位成本内取得更大的收益;效益包括经济效益和社会效益。效率和效益是企业竞争力的体现,因此追求效率和效益就是追求竞争力。

(五)安全环保

安全就是一方面使机器系统安全,使机器的强度、刚度、稳定性、耐磨性等达到安全要求;另一方面实现人—机—环境系统的安全,人、机、环境彼此互相作用,三者良好协同才能确保整个生产运作系统的安全。环保就是在产品的设计、制造、物流、销售、使用和回收的整个过程,没有对环境造成危害。

（六）审核反馈

为了提高设计质量,要对每一个步骤的设计进行检验,随时进行审核,将检验与审核结果及时反馈给上一道设计。而上一道设计应立即调整,不允许错误不断累积,不允许前面工序的错误传递到后面工序。

三、产品工程设计各阶段的内容、方法和理论

产品工程设计是复杂的脑力劳动,是知识、方法、理论和工具的具体运用,针对设计的四个阶段,有对应的内容、方法和理论。

（一）产品规划阶段

(1)内容。做市场调查,做市场预测,制订产品开发方案,对方案进行可行性分析,编制技术任务书。

(2)方法。定性预测法、时间序列预测法、回归分析预测法。

(3)理论。技术经济学、市场营销学、信息技术学。

（二）方案设计阶段

(1)内容。一是功能原理设计,做功能分析,进行价值分析,设计功能;二是机械运动原理方案设计,设计结构,设计组成成分,确定外形;三是机械运动简图设计;四是对具体方案予以评价,选择方案。

(2)方法。系统工程学,工业设计学,创新技法,审计学,确定性决策,不确定性决策,风险性决策。

(3)理论。系统工程学,图论,形态学,创造学,心理学,决策论,线性代数,模糊数学。

（三）技术设计

(1)内容。把功能原理、机器结构、零部件具体化;设计产品参数,如尺寸、精度等;完成各种设计图,如总体布置图、传动系统图、液压系统图、电气系统图,进而完成总装配草图;完成结构设计、人机工程设计、环境系统设计及造型设计。

(2)方法。构形法,价值设计,优化设计,可靠性设计,宜人性设计,造型设计,模化设计。

(3)理论。系统工程学,价值工程学,力学,摩擦学,机械工程学,电子工程学,物理学,质量工程学,美学,人因工程学。

（四）施工设计

（1）内容。把总装配草图分解为零件图、部件装配图;再绘制总装配确定图;编制技术文件,如设计说明书、标准件明细表、专用工具明细表等。

（2）方法。5S 现场管理。

（3）理论。工程图学,工艺学,控制论。

第九节　零部件设计

零部件设计是最基本的设计,它是机械总体设计的基础,只有完成了零部件设计,才能得到零件工作图和部件装配图。

零部件设计要从事的工作是:弄清楚总体设计方案,在总体设计要求明确的前提下,进一步明确对零部件的次一级要求,设定零部件功能、参数,确定其结构、形状、组成、数量、规格、材料、质量和精度,对其进行可靠性分析、计算并确定其最大工作能力,所有确定下来的数据指标参数被设定好,画出零件图和部件装配图。

零部件设计应同时符合性能、工艺和经济性三方面的要求。从性能看,强度、硬度、弹性、刚度、寿命、抗腐蚀性、耐磨性、耐热性、精度等要合格;从工艺看,工艺要先进适用,而且要便于养护维修;从经济性看,零部件全生命周期成本要足够低,能为经济效益做出贡献。

零件在使用过程中,由于多种原因,难免会出现零部件的毁损失效,如断裂、老化、磨损、变形,这些毁损达到一定程度时就能使零部件无法正常工作。在零部件设计中,几项反映零部件性能的指标常常被重点考虑,它们也是衡量零部件失效程度的指标。

1.强度

强度是机械零部件抗断裂、抗疲劳、抗碰撞、抗压力的能力。

2.刚度

刚度是机械零部件在各种工作负荷下抗变形的能力。

3 稳定

稳定是机械零部件在运作中抵抗震动,保持稳定性的能力。

4.耐热

耐热是机械零部件在高温下,不氧化、不胶合、不变形、不软化的能力。

5.耐磨

耐磨是机械零部件在相互接触并有相对运动或相对运动趋势时,表面抵抗磨损的能力。

零部件的主要参数是要计算出来,并在设计中体现出来的。计算结果是理论分析和理论计算的结果,它是把零部件抽象化、理想化,简化为一个物理模型,然后在一定的标准条件下,利用理论力学、材料力学、流体力学、摩擦学、热力学、机械振动学等计算公式计算出参数值,也可以通过做实验,获取数据确定参数。

零部件应实施标准化。标准化就是对零部件的种类、尺寸、结构、材料、性能、检验方法、设计方法、公差配合及制图规范等制定出相应的标准,以便共同遵照使用,方便使用、重复使用,提高使用效率。

零部件也应实施系列化。系列化是指按照一定标准分类,形成系列的多种零部件,使得对零部件的选择有更多的余地,满足对零部件的多种要求。

零部件还应实施通用化。通用化是指对各种规格、类型的产品,采用相同的零部件,使得同一种零部件有很广的适用面,在类似产品中可以互换。

第十节　智能制造产品工业设计

一、产品设计中的工业设计

工业设计在国内外的工业发展过程中被广泛运用,也有人把工业设计称为工艺美术设计、产品造型设计、产品设计等。总的来看,工业设计是关于产品的设计,其本质就是设计产品。

从广义角度看,工业设计是根据产业状况,设计出产品以适应各种特质的创造活动。

特质指的是产品、生产者、使用者三方面的特质,该创造活动可以把抽象事物显性化,以直观形象的方式展现隐蔽的概念,创造的结果是一个一个看得见、摸得着的具体物品,是物品的形象,工业设计实现了功能、结构、形态、需求的统一。

从狭义角度看,工业设计是针对实际生产的工业产品,运用技术、知识、经验,给产品添加一定的材料、结构、形态、色彩,满足感觉器官的美化要求,赋予产品性能、质量等特性的设计。

此外,从市场营销角度看的有关包装、宣传、广告,其知识和技术的应用,也已被列入工业设计的范畴内。

工业设计把产品作为研究对象,视产品为一个系统,运用技术、艺术原理,对产品进行构思、设计,创造出新的产品,让新产品成为一个统一体、和谐体。此产品系统的基本组成要素包括:功能、物质技术条件、造型,它们之间相互联系,相互影响,成为不可分割的统一体。三者的地位是:功能是目的,物质技术条件是基础,造型是手段。

功能与造型的关系为:功能决定造型,造型展现功能,造型服务功能。

物质技术条件与功能和造型的关系为:物质技术条件是功能与造型实现的条件和中介因素。

二、工业设计起到的作用

(一)满足市场需要

经过工业设计,产品在不同方面多多少少会得到改进,性能进步,结构合理,外形美观。这就有利于建立产品的美好形象,树立品牌形象,从而在更广范围和更深程度上满足顾客需求,有利于扩大市场需求。

(二)获得经济效果

经过工业设计的产品,成本降低,性能更好,价值提高,进而形成较大的单位利润;另外由于更能满足市场需要而扩大了销售量,使得总利润增加,能够取得良好经济效果。

(三)创造美好生活

工业设计的作用不仅仅停留在提供好用、好看的产品这一层面,它还能引领新的生活方式,给人们提供便利、高效、舒适和清洁的生活模式,提高生活档次、生活品位,创造美好的高质量生活。

(四)提升企业竞争力

工业产品设计可以以优质创新产品提高产品竞争力。创新是企业进步的推动力、优质产品企业成功经营的基础,它可以增强企业的市场竞争力,获得巨大的竞争优势。

(五)促进科技成果实际转化

工业设计可以把先进技术应用到所设计的产品中,使新产品包含新的科技成果,尤其是专利产品。工业设计产品是先进科学技术成果的载体和归宿。

(六)三位一体的实现

工业设计的产品把实用性、技术、艺术三者完美结合,体现人、产品与环境的整体和谐美。

三、工业设计的创造方法

（一）创新型设计

创造性思维以别具一格的思维为特征，它不同于传统的思维方法，是创新思维，其基本特点包括：思维时的求新、无序、多维、立体、反常规、富含灵感、非逻辑等。因为工业设计的灵魂是创新，因此创新型设计在整个工业设计中有非常重要的地位。常用的创造性思维有发散思维、逆向思维、求异思维、抽象思维、形象思维、联想思维、收敛思维等。

（二）专项型设计

专项型设计是目的明确的专题设计，它根据顾客的特殊要求，有针对性地设计，是问题导向的有的放矢型设计。所设计的产品特征明显，个性鲜明，能满足消费者深层次的需求，很受欢迎。此种设计讲究深入细致研究，是一种定向设计，其定性范围越窄，功能就越少。

（三）颠倒设计

这是一种反向设计方法，按照正常思维方向的反方向来思考，属于违反逻辑的思维，它不受思维定式的影响，解放思想，一反常态，打破常规，解决正向思维不能解决的问题，可以起到柳暗花明的意想不到的效果。

（四）组合设计

组合设计就是把几种单功能的产品组合在一起设计，使一种产品承担多种功能，做到一物多用、一物多能。组合设计虽然没有增加新的元素，但是组合后的效果，也就是多种用途和多种功能，也是创新。组合设计不是简单的"拼接"，而是一种科学合理的组合，做到组合的协调性，起到 1 加 1 大于 2 的联合效果。组合音响、组合家具和组合桌面系统，就是组合设计的产物。

（五）移植设计

移植设计就是借鉴其他产品的原理、结构或方法，把它转移到新产品的设计上，从而产生新的产品。这仅仅是"借鉴"而已，不是"照搬"或"抄袭"，就是受到其他产品的启发，根据所设计新产品的要求，修改、补充所借鉴的内容，吸取其精华，去掉其不足，做到新的尝试。

第十一节　智能制造产品造型设计

产品造型设计是面向产品外形的设计,能起到提供良好视觉感受的效果。它结合了工程技术与美学艺术,不同于纯粹工艺美术品的造型设计,也不同于纯工程技术设计,体现了工程技术与艺术的完美结合。具体来说,造型设计一方面要设计出给人以美感的产品外在形象;另一方面还要设计合适的功能、结构、工艺、材料,它是两方面的创新,一种综合性创新。

造型设计包括实现产品真实空间立体形象过程中的所有相关设计。

一、产品造型设计原则

产品造型设计三项基本原则是实用原则、经济原则和美化原则。

(一)实用原则

实用原则是最基本的原则。产品的基本作用就是能带给人们实用性,这势必要求产品具有完善的功能,并且能够很好地发挥这种功能,使得人们能够得到使用后的良好效果,实现使用产品的目的。所以造型设计的核心内容是实现功能,进一步讲就是性能稳定可靠、技术先进、使用方便。这些就保证了对于实用原则的遵守。

(二)经济原则

经济原则是指对成本的要求,使得产品在全生命周期中财力、物力、人力和时间都最节省,但又不丧失实用原则和美化原则,性价比高、优质低价、价廉物美,其产生的直接效果是获得最大的经济效益。

(三)美化原则

美化原则是产品造型设计的视觉要求,即满足人们的审美要求,让产品外形好看、和谐,给人以美的享受,激发使用欲望。美化的产品往往能够体现产品的功能,它是产品内在质量的外在表现。

以上三项基本原则成为一个不可分割的整体,其地位有别:实用原则第一,美观原则服务于实用原则,经济原则约束了以上两个原则。

二、色彩造型设计

工业产品造型设计的构成要素主要包括形态、色彩、材质三个方面。

（一）形态

形态是由一种物质或结构的外表所提供的因素,形态包括概念性形态(抽象形态或纯粹形态)和现实形态,现实形态包括自然形态和人为形态,而其中,人为形态包括内在形态和外观形态。

（二）色彩

色彩与形态一样,最能打动人心,最容易被注意到,色彩必须与产品的功能相匹配,与环境相协调,影响使用者的心理。色彩造型设计力图通过色彩设计来表现产品的特性,提高产品的经济价值和使用价值。

1.色彩分类

色彩的两个类别是无彩色系和有彩色系。

无彩色系是指只有白色、黑色,或者是这两种色调按照不同比例组合而成的深浅不一的灰色。灰色的由浅入深程度有一个逐渐变化的规律,即白色—浅灰—中灰—深灰—黑色,它们组成了黑白色系列,具有唯一的明度物理属性。黑白电视机放出的视频和黑白照相机排出的照片,就是这种无彩色系的。

有彩色系是指按照可见光光波波长,由长到短组成的逐渐变化的彩色系,基本光谱变化规律是红橙黄绿青蓝紫,它具有色彩三项物理属性:色相、明度和纯度。

色相:它是指某种色彩所独有的相貌特征,色相是有彩色系的最大特征。

纯度:它是指色彩的纯净程度或凝聚度,是某色相中色素的含量。色素成分的比例越高,则色彩的纯度越高,色彩越艳丽,显得色彩越纯洁,杂色含量就会越低;反之色素成分的比例越低,则色彩越灰暗。

明度:它是指色彩的明亮程度。明亮程度是由于物体表面反射的光量不同,所形成的明暗强弱程度。对于单一色相的明度,强光照射下反射光量多,显得明亮;弱光照射下则反射光量少。对于各种颜色的明度,黄色光最容易反射,没有太多的照射光被物体表面吸收,显得明度最高;蓝紫色光不易于反射,大部分的照射光被物体表面吸收了,显得明度最低;红绿色为中间明度。

2.色彩对人心理的作用

色彩在工业造型设计中具有十分重要的作用。作用一:产生心理感觉,例如,大小、轻重、冷暖、胀缩、前后、远近感觉。作用二:产生情感效果,例如,喜爱、悲愤、激动、冷静等情感体验。作用三:激发联想,例如,看到红色联想到热烈和喜庆、蓝色联系到宽广、绿色联想到平静。作用四:具有象征意义,例如,白色象征洁白无瑕,黑色象征稳重。工业设计中的色彩选配务必要反映人们的美好情趣,体现人们的审美观念,使人产生愉悦的感觉。

3.工业造型的色彩运用技巧

我们在第九章中已经介绍了色彩在人机工程学里的运用,现在我们从工业造型设计的角度来研究色彩的使用技巧。

一些色彩运用小窍门包括:多使用识别性强的色彩以便引起注意;对于关键部位,如易损部件、活动部件要用特殊颜色表明;颜色与内容要匹配,如用绿色反映畅通无阻,用红色反映警告或禁止,用橙色反映危险;让产品颜色与环境颜色取得一致,如绿色生产环境的产品基本颜色也应该偏绿色;颜色不宜太多太杂,如超过三种颜色时就会显得凌乱;用明显的颜色反差凸显内容,如在人机界面、仪表盘、显示屏的设计中,要做到显示内容和背景颜色反差大,突出辨别性;用色彩来引起分离,如指示牌的颜色应该明显区别于环境颜色,方便人们寻找;用色彩来隐藏物品,迷彩服的颜色有利于在丛林中掩蔽。

4.利用先进色彩工业技术

现代色彩工业技术已经大大发展,颜料的配方、成分,材料的附色能力,着色工具均有较大进步,颜料生产和材料上色很多已经实现智能制造,解决了传统色彩工业技术的一些老问题,如色素纯度不高,容易褪色、掉色等问题;现代先进智能色彩技术使设计师的色彩选择余地大为增加,色彩的质量、成本、鲜明性、耐久性、抗腐蚀性、环保性和安全性更加优秀。

5.以色彩展现产品特性

利用色彩的视觉表现力来显示产品的性质。一是以色彩展示功能,如产品包装用绿色可以表达该产品是环保产品;二是以色彩弥补缺陷,如以浅颜色的包装带给人们产品分量不重的感觉;三是利用色彩的强烈对比来吸引消费者,如货架上颜色对比强烈的产品能起到较好的促销作用。

6.色彩营销

产品最终要迈向市场,从技术走向商业,因此可以用色彩的促销功能来进行产品营销,进行商业化运作。

(1)以色彩展现企业形象。很多企业选有固定基本色成为企业形象的标志,其辨识性和形象性强烈,意义重大。如建设银行的基本色为蓝色,工商银行的基本色为红色,农业银行的基本色为绿色。

(2)以色彩展现系列产品和谐统一的视觉效果。用不同配色反映产品途径、系列化、和谐化、联系化,这些都有利于产品的销售。

(3)以色彩助推流行。以流行色为主色调,因流行色是被人们广泛喜爱的色彩,这样容易使产品被接受,有利于产品的扩大销售。

（4）以色彩适应产品功能。这有利于功能产品的被接受,能扩大商业化,如配置电冰箱以明度高、纯度低的冷色系颜色,表示冷藏效果良好;配置烤箱以纯度高且暖的颜色,表示加热功能良好。

（三）材质

材质是产品质量的组成部分,同样是产品造型必备的第三个因素。材料科学是现代工业的前沿科学,好的材质能产生积极的造型审美效果。例如,喷砂、氧化、电镀等处理材质的加工工艺,使材质形成肌理,使视觉形态多样化,产品的造型可以变得丰富多彩,产生一定的艺术风格,给予人良好的视觉效果、舒服的触觉感受。

三、艺术美学在造型设计中的运用

造型设计就是要使产品获得一个美化的外形,使内容与形式相统一,尤其要把产品的内在特性用外在形象表达出来,这就需要利用艺术美学的理论、技术和方法来设计产品的外形。因此这是一个艺术创造的过程,所获得的造型成果应该是一件艺术作品,作品的形成牵涉到美术、书法、摄影、文学、视觉艺术、心理学、材料科学等多种学科。造型设计要利用美学理论,借用形态、线条、色彩等表达方式,通过加工制作,用合适的材料来最终表现造型。美学的造型应用如下。

（一）一致

一致就是各要素在内容展现、表达方式、风格上要协调一致,给产品形象一个统一的概念。同一个要素或者形态特征在同一产品中可以反复出现,但其表现保持稳定,具有连续性,基本保持一致,在多角度形成统一,如功能统一、形态统一、尺寸统一、色彩统一、风格统一、质地统一。

（二）差变

产品的各构成要素存在着差异性,每一要素也是可变的,这就是构成要素的差变性。差变性可以使得形象设计效果丰富多彩,必然造成产品造型的多样性,富有动感,增强其吸引力。这正好与上面提到的一致性相反,一致与差变构成了美学设计的一个对立统一体。

（三）对称

对称可以产生美感,可以是轴对称、点对称、面对称和体对称。造型设计往往利用对称来愉悦视觉系统,产生平稳协调的效果。

（四）均衡

均衡反映了质与量的和谐关系,如产品各组成部位,在上下、左右、前后等方位的关系;产品各种形态要素构成,以平衡支点为中心在顺序、数量上的关系。量感就是视觉对形态要素和物理量的综合感受,其中形态要素包括形体、尺寸、色彩、肌理等,物理量包括体积、重量、位移等。均衡形式主要有同形同量均衡、同形不同量均衡、不同形不同量均衡。

均衡和对称实际上既是一种统一,又是一对矛盾。它们的关系为:对称是同形同量的均衡,均衡是对于对称的破坏,是视觉上的对称;对称是绝对的,均衡是相对的。

（五）韵律

韵律表现出一种周期性的重复变化,它按照一定的规律,每隔一段时间或空间复现一次,具有一定的节奏感,有基本稳定的反复规律。产品工业造型的韵律是多样的。

1.连续节奏

它是事物的组成要素依据某种规律连续排列而成,产品造型设计上表现为可视化要素的规则排列,如色彩、线条、图案、形状的重复连续的规律排列。

2.渐变节奏

它是在产品的形态要素连续节奏的基础上,某种排列特性逐渐增强或减弱所形成的节奏。它是特性的连续性改变韵律,是非间断性、非跳跃性、阶段性的一种形态之美。造型设计上的渐变节奏包括形状渐变、尺寸渐变、颜色渐变、体积渐变、方向渐变、位置渐变和亮度渐变等。

3.交叉节奏

它是产品的形态要素在二维、三维或多维方向同时做规律性变化并予以交叉,也就是一种矩阵式的纵横交错所产生的韵律。维数少的交叉是简单交叉节奏,维数多的交叉是复杂交叉节奏。

4.动态节奏

产品形态要素的数值程度有起伏变化,类似海水的波涛起伏,有着动态变化的节奏,呈现动态起伏韵律之美。

5.比较

把不同的要素加以对比,在比较中突出要素特征,有比较才有鉴别,对比使得产品形体的活泼性、生动性、个性更加鲜明。所比较的特性往往是材料、色彩、线条、形状等。

6.调和

调和就是把不同事物或不同要素组配,按照成分比例调配,从而取得和谐效果。调和可以使得产品形态统一、协调,从理论上讲,调和的成果可以无限多,任何一个成分的微小改变都会生成新的结果。

7.比例

产品造型设计中的比例,是指产品造型的局部与局部、局部与整体之间的大小尺寸关系,即它们之间的长、宽、高的数值关系。

黄金比例原理是常用的设计法则。将线段 AB 分为两段,如果分割点 C 所在的位置刚好使分割后的各线段的长度满足如下比例关系: $AC : AB = BC : AC$,那么,C 点称为线段 AB 的黄金分割点。

如图 9.2 所示,通常 BC ：AC = 0.618,此比值关系表示分割后的线段,其短线段与长线段之比刚好等于分割后的长线段与分割前的线段之比,此比值等于0.618。自然界中的大部分物体的比例关系都满足这一关系,它是重要的比例法则,按照这种比例关系分割事物符合人们的习惯,也符合人们的审美观念,因此产品造型设计往往采用黄金比例原理来设计产品外形。

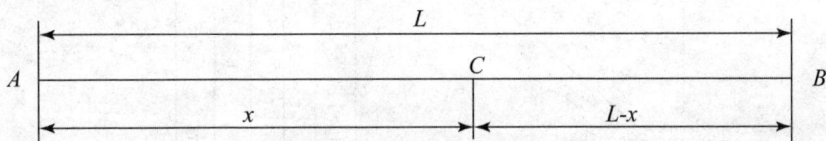

图 9.2　黄金分割比例示意图

根号矩形原理是另一个常用的比例设计法则。它是黄金比例原理的一种变形性原理,其内容是:矩形的宽与长的比例分别是 $1 : \sqrt{2}$、$1 : \sqrt{3}$、$1 : \sqrt{5}$ 等一系列比例关系。此系列比例关系中,$\sqrt{2}$、$\sqrt{3}$、$\sqrt{5}$ 矩形的比例关系最接近黄金比例,所以这三种矩形在产品设计中用得较多。如图 9.3、图 9.4 所示。

8.尺度

产品造型设计中的尺度,是指产品的局部或整体与人体之间在尺寸方面的比例关系。产品是提供给人使用的,因此产品尺寸应该适应人体尺寸,根据不同使用者的身体尺寸来设计相应的产品尺寸,达到二者的和谐,符合人的使用要求和习惯,这样才能做到舒服地、容易地使用。

四、造型错觉处置

产品造型的感觉器官是眼睛,眼睛的视觉误差无处不在、无时不有,误差成因

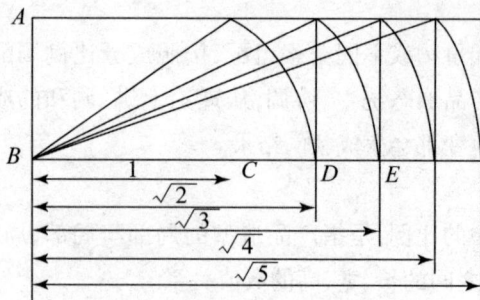

图 9.3　根号矩形原理示意图一

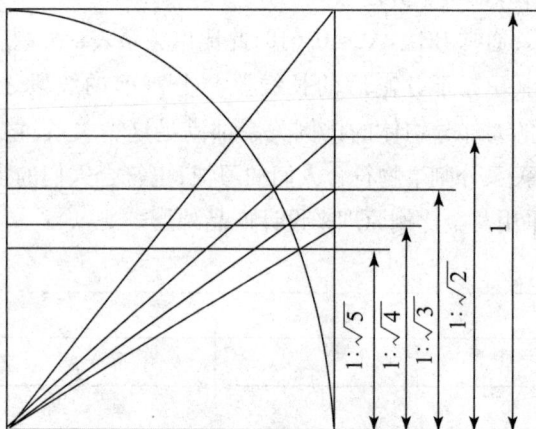

图 9.4　根号矩形原理示意图二

也较复杂。主要原因之一是生理因素,比如,视觉障碍、感受神经不健全等;原因之二是心理因素,比如,先入为主、心情不佳等。错觉的规律可以被发现和掌握,设计师可以自觉利用错觉规律,在产品造型设计中,或者避免错觉,或者故意利用错觉,达到期望的视觉效果。与产品造型设计有关的错觉包括以下几个方面。

（一）透视错觉

它是指人们处于不同的观察点观察物体时,由于位置不同,观察角度不同,受到透视规律的影响,感觉物体的大小发生了变化。

（二）光渗错觉

它是指对于尺寸相同的颜色深浅不同的两个物体,处于深色背景下的浅色物体,它的轮廓尺寸,比起处于浅色背景下的深色物体的轮廓尺寸,看起来要大一些。

（三）对比错觉

它是指某种尺寸不变的物品处于不同的环境中时,看起来大小会不同。这是由于此物品形状与环境图形进行对比所引起的感觉差错。

（四）变形错觉

它是指物体的形状,受到周围其他物体形状的影响、干扰,有一种变形的感觉。

（五）分割错觉

它是指图形或线段受其他线段来自不同方向的分割,在视觉上方向、长度要发生变化,面积发生改变,体积也会不同于从前。①

五、经济视角的产品造型设计

产品造型设计不但要满足视觉要求,满足功能要求,还要满足经济性要求。经济视角的产品造型设计就是要努力降低产品的设计成本、制造成本、使用成本,从而可以为使用者带来经济效益,实现产品价值的最大化。造型设计是视觉、功能、成本的有机统一。经济视角的产品造型设计要实施的措施有以下几个方面。

（一）做好成本核算

准确计算成本,准确分析成本,砍掉不合理成本,考虑产品生产的投入总额,无论是材料、模具、零部件的加工难易、造型部件的连接、套色以及表面印刷形式等,都有成本核算的问题。设计师如果不考虑这些,势必会增加成本。设计师通过精心设计,把投资控制在经济合理的范围之内,会起到事半功倍的效果。做好设计方案的成本设计,做好技术经济分析,设计多种方案并选择最佳方案。

（二）提高设计质量

提高设计质量,所生产的产品也将是高质量产品,这会减少产品的返修,延长产品使用寿命,从而降低产品单位使用成本。设计师必须以可靠的成本资料为根据,设计高质量产品。

（三）编制预算

预测成本,编制预算,实施财务预算管理。管理预算,从而有效控制成本。

---

① 蒋亚南.工业产品设计与表达——机械产品开发概论[M].北京:机械工业出版社,2011.

参考文献

[1]李晓雪.智能制造导论[M].北京:机械工业出版社,2019.

[2]王芳,赵中宁.智能制造基础与应用[M].北京:机械工业出版社,2018.

[3]邓朝辉.智能制造技术基础[M].武汉:华中科技大学出版社,2017.

[4]范君艳,樊江玲.智能制造技术概论[M].武汉:华中科技大学出版社,2019.

[5]德州学院,青岛央谷教育科技电子科技有限公司.智能制造导论[M].西安:西安电子科技大学出版社,2016.

[6]陈荣秋,马士华.生产运作管理[M].北京:机械工业出版社,2017.

[7]诸鸿,陈智勇.新产品开发[M].北京:中国人民大学出版社,2014.

[8]崔斌.生产运作管理[M].北京:中国人民大学出版社,2011.

[9]崔平.现代生产管理(第3版)[M].北京:机械工业出版社,2016.

[10]薛伟,蒋祖华.工业工程概论(第2版)[M].北京:机械工业出版社,2015.

[11]郭伏,钱省三.人因工程学[M].北京:机械工业出版社,2018.

[12]易树平.基础工业工程[M].北京:机械工业出版社,2017.

[13]蒋亚南.工业产品设计与表达——机械产品开发概论[M].北京:机械工业出版社,2011.

[14]李宗义,黄建明.先进制造技术(第2版)[M].北京:高等教育出版社,2017.

[15]梁工谦.质量管理学(第3版)[M].北京:机械工业出版社,2018.

[16]马风才.运营管理(第3版)[M].北京:机械工业出版社,2014.

[17]沈永刚.现代设备管理(第3版)[M].北京:机械工业出版社,2018.

[18]宋克勤.运营管理教程[M].上海:上海财经大学出版社,2010.

[19]王海军.运营管理[M].北京:中国人民大学出版社,2013.

[20]王俊涛,肖慧.新产品设计开发[M].北京:水利水电出版社,2011.

[21]王隆太.先进制造技术(第2版)[M].北京:机械工业出版社,2015.

[22]韦林.设备管理[M].北京:机械工业出版社,2017.

[23]吴爱华,赵馨智.生产计划与控制(第2版)[M].北京:机械工业出版社,2019.

[24]张平亮.设备管理[M].北京:机械工业出版社,2017.

[25]赵云龙.先进制造技术(第2版)[M].西安:西安电子科技大学出版社,2019.